21世纪经济管理新形态教材 · 统计学系列

新编统计学

王海文　王　波 ◎ 主　编
李晓莉　刘子玉 ◎ 副主编

清华大学出版社
北　京

内 容 简 介

本书按照"应用型、技能型"人才培养目标，本着由浅入深、学以致用的原则，系统介绍：统计学理论、统计调查、统计整理、综合指标、时间数列、统计指数、抽样推断、相关与回归分析、统计分析与统计报告等统计学基本知识，并通过相关例题与案例培养学生解决实际问题的能力。

本书具有知识系统、理论适中、案例经典、贴近实际、通俗易懂等特点，既可作为普通高等院校本科经济管理、物流、工商管理、国际贸易、电子商务等相关专业的首选教材，同时兼顾高职高专及高等学历继续教育的教学需求，也可用于统计工作者的在职培训，对于广大社会读者也是一本有益的参考读物。

图书在版编目(CIP)数据

新编统计学/王海文，王波主编. —北京：清华大学出版社，2021.8
21世纪经济管理新形态教材. 统计学系列
ISBN 978-7-302-58507-7

Ⅰ. ①新… Ⅱ. ①王… ②王… Ⅲ. ①统计学－高等学校－教材 Ⅳ. ①C8

中国版本图书馆 CIP 数据核字(2021)第 121975 号

责任编辑：贺 岩
封面设计：汉风唐韵
责任校对：宋玉莲
责任印制：宋 林

出版发行：清华大学出版社
网 址：http://www.tup.com.cn，http://www.wqbook.com
地 址：北京清华大学学研大厦 A 座 **邮 编**：100084
社 总 机：010-62770175 **邮 购**：010-62786544
投稿与读者服务：010-62776969，c-service@tup.tsinghua.edu.cn
质量反馈：010-62772015，zhiliang@tup.tsinghua.edu.cn
印 装 者：三河市天利华印刷装订有限公司
经 销：全国新华书店
开 本：185mm×230mm **印 张**：15.5 **字 数**：326 千字
版 次：2021 年 9 月第 1 版 **印 次**：2021 年 9 月第1次印刷
定 价：45.00 元

产品编号：082964-01

前言

生产离不开统计，流通也离不开统计。随着国家经济建设迅猛发展，无论是在制造业，还是在商务活动、经营领域，统计的作用日趋明显。在当今信息社会中，不论是科学研究，还是宏观调控、微观管理，乃至人们的社会生活，信息的获取与利用都非常重要，因而统计信息作为社会经济信息的主体越来越受到各行业、各领域人士的普遍关注。

新时代背景下，随着国家"一带一路、互联互通"的快速发展，我国企业正在大步走出国门，积极参与"一带一路"经济建设。当前，面对全球经济一体化进程的加快和国际市场的激烈竞争，面对世界经济高度融合、社会经济生活节奏日趋加快，云计算、大数据、人工智能的广泛运用，对各类信息数据的需求明显加快和增多，处理技术也更加复杂化和多样化。加强统计从业者应用技能培训、提高统计调查和统计计算分析作业水平，既是我国工商企事业单位长远发展的战略选择，也是本书出版的目的和意义所在。

统计学是高等教育经管类专业学生一门重要的专业基础核心课程。由于统计工作的政策性、专业性和应用性很强，所以已经广泛应用在社会学、心理学、管理学、人口学、政治学、经济学及公共卫生等社会各个领域，并成为从业者必需的知识。

本书作为高等教育与教学创新的特色教材，严格按照教育部关于"加强职业教育、突出实践能力培养"的教学改革要求，根据国家新修订实施的《统计法》和《中华人民共和国统计法实施条例》，针对统计学课程教学的特殊需要和培养目标，以学习者应用能力培养为主线，既注重基础知识体系完整，又突出操作技能训练等实践教学理念，具有与时俱进、知识系统、理论适中、案例经典、贴近实际、通俗易懂等特点。

本书由李大军筹划并具体组织，王海文和王波主编，王海文统改稿，李晓莉、刘子玉为副主编；由吴青梅、刘徐方教授审订。作者编写分工：王波（第一章、第六章），王海文（第二章、第四章），刘子玉（第三章、第五章），李晓莉（第七章、第九章），孙旭（第八章），李晓新（文字修改、课件制作）。

在书编写过程中，我们参阅了大量有关统计的最新书刊、网站资料，以及国家新颁布实施的有关统计的政策法规，精选收录了具有典型意义的案例，并得到业界有关统计专家教授的具体指导，在此一并致谢。为了方便教学，本书配有教学课件，读者可以从清华大学出版社网站（www.tup.com.cn）免费下载使用。

因作者水平有限，书中难免有疏漏和不足之处，恳请专家、同行和广大读者批评指正。

编　者

2021年6月

目录

第一章 总　论

知识目标

1. 深刻理解统计的基本含义。
2. 理解统计学的学科性质、含义与研究对象，了解统计学的产生和发展过程。
3. 熟悉统计研究的基本方法，掌握统计学中的基本概念。

技能要求

1. 能够结合实例正确区分统计总体和总体单位。
2. 重点掌握统计学中的指标、标志、变量、变量值等基本概念和作用。
3. 准确理解统计指标与数量标志的联系与区别。

学习导航

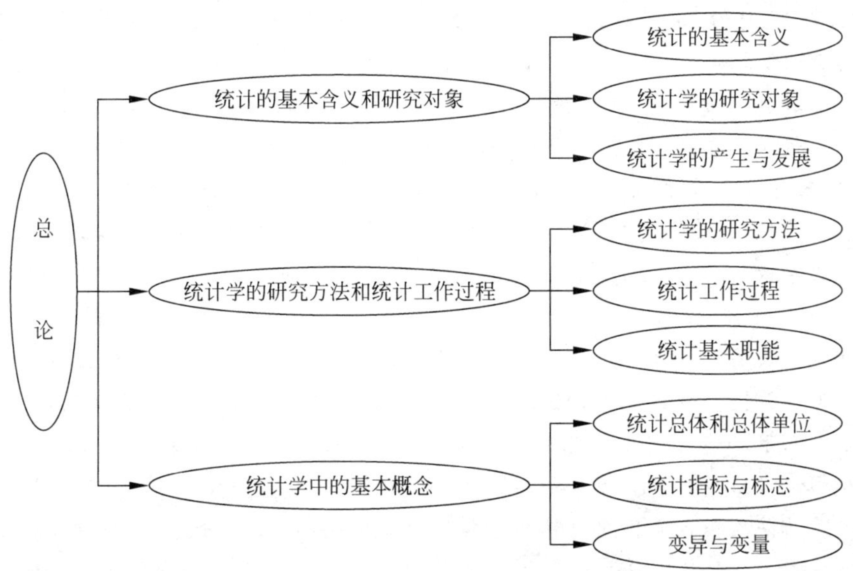

案例引导

2018年10月中国采购经理指数运行情况

一、中国制造业采购经理指数运行情况

2018年10月份，中国制造业采购经理指数(PMI)为50.2%，比上月回落0.6个百分点，制造业总体继续运行在扩张区间，但扩张速度放缓。

从企业规模看，大型企业PMI为51.6%，比上月回落0.5个百分点，继续保持扩张态势；中、小型企业PMI为47.7%和49.8%，分别比上月回落1.0和0.6个百分点，低于临界点。从分类指数看，在构成制造业PMI的5个分类指数中，生产指数和新订单指数高于临界点，原材料库存指数、从业人员指数和供应商配送时间指数低于临界点。生产指数为52.0%，比上月回落1.0个百分点，继续位于扩张区间，表明制造业生产扩张步伐放缓。

新订单指数为50.8%，比上月回落1.2个百分点，但仍位于临界点之上，表明制造业市场需求增速有所回落。原材料库存指数为47.2%，比上月下降0.6个百分点，位于临界点之下，表明制造业主要原材料库存继续减少。从业人员指数为48.1%，比上月微落0.2个百分点，位于临界点之下，表明制造业企业用工量回落。供应商配送时间指数为49.5%，比上月微落0.2个百分点，位于临界点之下，表明制造业原材料供应商交货时间有所放慢。

二、中国非制造业采购经理指数运行情况

2018年10月份，中国非制造业商务活动指数为53.9%，比上月回落1.0个百分点，表明非制造业继续保持增长态势，增速有所放缓。

分行业看，服务业商务活动指数为52.1%，比上月回落1.3个百分点，服务业增速有所放缓。从行业大类看，铁路运输业、航空运输业、邮政业、电信广播电视和卫星传输服务、互联网软件信息技术服务、保险业、租赁及商务服务业等行业商务活动指数均位于55.0%以上的较高景气区间，企业经营活动较为活跃。资本市场服务、房地产业、居民服务及修理业等行业商务活动指数继续位于临界点以下，业务总量有所回落。建筑业商务活动指数为63.9%，比上月上升0.5个百分点，建筑业生产活动继续加快。

新订单指数为50.1%，比上月回落0.9个百分点，微高于临界点，表明非制造业市场需求扩张步伐放慢。分行业看，服务业新订单指数为49.1%，比上月下降1.0个百分点，降至临界点以下。建筑业新订单指数为56.2%，比上月上升0.5个百分点。

投入品价格指数为54.9%，比上月回落0.7个百分点，高于临界点，表明非制造业企业用于经营活动的投入品价格总体水平继续上涨，涨幅收窄。分行业看，服务业投入品价格指数为53.4%，比上月回落0.9个百分点。建筑业投入品价格指数为63.0%，比上月

上升 0.2 个百分点。

销售价格指数为 51.2%,比上月回落 0.3 个百分点,在临界点以上,表明非制造业销售价格总体水平涨幅有所收窄。分行业看,服务业销售价格指数为 50.7%,比上月回落 0.3 个百分点。建筑业销售价格指数为 54.0%,比上月回落 0.4 个百分点。

从业人员指数为 48.9%,比上月下降 0.4 个百分点,位于临界点以下,表明非制造业企业用工量有所收缩。分行业看,服务业从业人员指数为 48.0%,比上月下降 0.5 个百分点。建筑业从业人员指数为 54.1%,比上月上升 0.2 个百分点。

业务活动预期指数为 60.6%,比上月上升 0.5 个百分点,继续处于高位景气区间,表明非制造业企业对市场发展预期持乐观态度。分行业看,服务业业务活动预期指数为 59.7%,比上月上升 0.4 个百分点。建筑业业务活动预期指数为 66.0%,比上月上升 0.9 个百分点。

资料来源:国家统计局统计资料汇编

引例分析

该案例是 2018 年 10 月中国采购经理指数的数据资料汇总。那么,这些数据是怎样汇总出来的?数据资料汇总的过程又是怎样进行的?如何保证这些数据资料的完整、准确和科学?它又能为今后的工作带来什么样的影响?为今后相关工作的决策带来哪些依据?这些实际问题,就是我们统计学需要解答并且能够解决的问题。

第一节 统计的基本含义和研究对象

"统计"一词由来已久,其含义在历史上不断发展和变化。"统计"最早源于中世纪拉丁语的"status",意思是指各种现象的状态和状况。由这一词根组成的意大利语"stato",意为国家,作为各国的国家结构和国情知识的总称。"统计"最早作为学名使用是在 1749 年,德国哥丁根大学政治学教授阿亨瓦尔将课程"国势学"定为"statistik"(统计)。此后,各国相继使用"statistik"一词,并将其译为本国文字。"统计"一词在 20 世纪初由日本传入我国,成为记述国家和社会状况数量关系的总称。

一、统计的基本含义

统计一词有着丰富的内涵,一般讲到"统计",可以从三个方面理解,即统计工作、统计资料和统计学。

1. 统计工作

又称统计实践,即指利用科学的方法搜集、整理、分析和提供关于社会经济现象数量资料工作的总称。例如,各级统计部门对其所属地区的工业、农业及商业等方面的数据资料进行搜集、整理、分析等工作就是统计工作。

2. 统计资料

又称统计数据,即指通过统计工作取得的、用来反映社会经济现象的数据资料的总称。目前,搜集和积累的统计资料已经十分丰富,大量的统计资料多以各种统计公报、统计年鉴、数据库以及光盘等形式公布和收藏。

3. 统计学

是指研究如何对统计资料进行搜集、整理和分析的理论与方法的科学。统计学既是统计实践活动的经验总结和理论概括,又是指导统计工作的原理和原则。

统计的三种含义之间并不是相互孤立、相互排斥,而是有一定的联系。它们的联系主要表现在三个方面:

(1) 统计工作与统计资料是统计工作过程与活动成果的关系,统计工作的目的是取得统计资料。

(2) 统计工作与统计学是统计实践与理论的关系。一方面,统计学是统计工作的经验总结和理论概括;另一方面,统计学又指导统计工作的实践。

(3) 统计工作是先于统计学而发展起来的。自从有了国家以来,统计工作就随着社会经济的发展和国家管理的需要而发展起来,统计工作有四千多年的历史,而统计学只有三百多年的历史。

小贴士

跨境电商出口商品和海淘方式进口商品都计入网上零售额的统计中吗?

网上零售额是指通过公共网络交易平台(包括自建网站和第三方平台)实现的商品和服务零售额。网上零售额是销售方统计,如果境内企业开展跨境电商出口商品或通过海淘等方式进口商品,并在境内互联网上向个人、团体等商品使用者进行销售,所销售商品的金额都会计入网上零售额。但是在境外电商平台开展的商品零售活动不计入我国网上零售额。

二、统计学的研究对象

任何一门独立的学科,都有区别于其他学科的独特研究对象。只有明确了研究对象,才能根据它的性质、特点采用相应的研究方法,达到认识现象客体规律性的目的。统计学的研究对象是大量社会经济现象的数量问题。

统计学的研究对象具有如下的特点。

1. 数量性

统计学研究对象的数量性,就是通过各种统计指标和指标体系来反映对象总体的规模、水平、速度、比例、效益和趋势等。可见，研究现象的数量问题是统计学研究对象的基本特征，数字是统计的语言。

需要指出的是，统计学不是研究现象的纯数量关系，而是在质与量的辩证关系中研究现象的数量关系。现象的质和量是对立统一的两个方面，在研究现象的数量问题时，决不能离开现象的质，应以现象质的分析为基础，来确定现象数量表现的特定范围。

2. 总体性

统计认识社会经济现象的数量问题必须是对总体现象的认识，而非对个体现象的认识。例如，我们可以通过对一个国家或地区的众多工业企业的研究，了解工业企业的生产能力、生产规模、产品结构和工业品满足社会需要的程度等方面的情况。但如果只对该国或该地区的个别工业企业进行观察，就不可能得到整个工业产品的结构及其他重要的信息，因为它不具备代表性。

统计对现象的研究要求具有总体性，也是从满足统计研究的目的来考虑的。但强调总体性的要求，并不排斥统计对社会经济个体现象观察的重视。事实上，统计对总体事物的研究是从对个体的观察开始的，例如，在人口统计中，如果没有对一个自然人各方面情况的观察和记录，就得不到对人口总体的性别比例、民族分布、出生率、平均寿命等方面的数量认识。

3. 具体性

统计学是研究具体地点、时间、条件下的社会经济现象的数量方面，这一特点是统计学与数学的根本区别，数学所研究的量是抽象的量，而统计学所研究的量是经济现象具体的量。但是，统计学毕竟是研究量的科学，虽然统计学与数学有区别，但并不是说，统计不需要利用数学研究方法。事实上，在实际统计工作中，研究具体的经济现象时，更要注意广泛利用各种数学分析方法进行研究。

三、统计和统计学的产生与发展

（一）统计的产生与发展

统计作为一种社会实践活动，已有四五千年的历史。早在原始社会末期，人类就有了计数的概念和原始的计量方法，这可以说是统计的萌芽。当时统治阶级为了征税、征兵、服劳役的目的，需要对人口、土地、粮食和牲畜的数量进行计数，因此统计是适应社会发展和国家管理的需要而产生的。

我国早在公元前21世纪的夏朝，就有了人口与土地数字的记载，当时全国分为九州，人口1 355万人。而在公元前27世纪，古埃及为了建造金字塔和大型农业灌溉系统，曾进行过全国人口和财产调查。公元前6世纪，罗马帝国规定每5年进行一次人口、土地、牲畜和家奴的调查，并以财产总额作为划分贫富等级和征丁课税的依据。

进入封建社会以后，随着生产的发展，统计的范围逐渐由人口、土地发展到社会经济生活的各个方面。由于自给自足的自然经济占主导地位，经济落后，长期的封建生产关系阻碍了社会生产力的提高，也阻碍了统计实践的发展。

统计实践活动的进一步发展始于资本主义社会。在公元17—18世纪资本主义上升时期，由于生产发展的需要，包括人口、畜业、工业、农业、海关、外贸、物价等方面的统计，先后都得到了极大的发展。为了适应生产的发展和提升统计实践活动的需要，一门新兴的统计科学便应运而生了。

（二）统计学的产生与发展

17世纪中叶，英国著名学者威廉·配第《政治算术》一书的问世，标志着古典政治经济学的诞生，也标志着统计学的诞生。统计学从诞生开始，许多人从不同的角度去认识和研究统计理论，逐渐形成不同的统计学派，它们同时共存、互相影响、互相争论，统计学就是在这种争论中逐步得到完善、充实和发展的。

在统计学的发展史上，比较主要的学派有政治算术学派、国势学派、数理统计学派和社会统计学派。

1. 政治算术学派

政治算术学派产生于17世纪中叶的英国，政治算术学派代表人物是英国学者威廉·配第(William Petty，1623—1687)和约翰·格朗特(J. Graunt，1620—1674)。威廉·配第在其代表作《政治算术》中，运用数字、重量、尺度和数量对比分析的方法，为统计学的产生奠定了坚实的基础。正是在这个意义上，马克思称：威廉·配第是“政治经济学之父，在某种程度上也可以说是统计学的创始人”。

政治算术学派一直未采用“统计学”这一科学术语，被后人认为是无统计学之名而有统计学之实的统计学正统。

2. 国势学派

国势学派产生于17世纪的德国，国势学派代表人物是德国学者阿亨瓦尔(G. Achenwall，1714—1722)和康令(H. Conring，1606—1681)。国势学派所做的工作是对国家的重要事项进行记录，因此该学派又被称为记述学派，代表著作是《欧洲各国国势学概论》。阿亨瓦尔在大学中开设了一门新课程叫“国势学”，因为在德文中“国势”与“统计”相通，后正式命名为“统计学”。

国势学派搜集了各国大量实际资料，分门别类，记述有关国情国力的系统知识，包括土地、人口、政治、军事、财政、货币、科学、艺术和宗教等。但是始终没有把数量对比分析作为“统计学”的基本特征，被后人称为是有统计学之名而无统计学之实的统计学。

3. 数理统计学派

数理统计学派产生于19世纪中叶，创始人是比利时的天文学家、数学家和统计学家阿道夫·凯特勒(A. Quetelet,1796—1874),其著作有《统计学的研究》《关于概率论的书信》等。国际统计学界称凯特勒为"近代统计学之父",由于这一学派主要在英美等国发展起来,故又称英美数理统计学派。

数理统计学派最先将概率论应用于人口、人体测量和犯罪等问题的研究,完成了统计学和概率论的结合,发现了大量现象的统计规律和开创性地应用了许多统计方法,使统计方法产生了重大飞跃。从此,统计学开始进入更为丰富发展的新阶段。

4. 社会统计学派

社会统计学派于公元 19 世纪后半叶兴起于德国,主要代表人是恩格尔(C. L. E. Engel,1821—1896)和梅尔(G. V. Magr,1841—1925)。社会统计学派融汇和发展了政治算术学派的观点,他们主张统计学是研究社会现象的科学,研究方法为大量观察法。社会统计学派在理论上比政治算术学派更加完善,对国际统计学界影响较大,流传较广。

第二节　统计学的研究方法和统计工作过程

一、统计学的研究方法

每门学科都有其特定的研究对象,不同的研究对象,需要有不同的方法去研究。统计学是一门研究现象数量关系的方法论科学,长期以来,人们根据研究任务的要求,总结了一系列统计研究方法,如大量观察法、统计分组法、综合指标法、抽样推断法等,这里所讨论的是统计学研究中使用的基本方法。

1. 大量观察法

大量观察法是统计学中的特有方法。它是指统计在研究社会经济现象数量方面时,必须对总体现象中的全部或足够多的个体进行观察,以达到对现象总体数量特征及其规律性的认识。社会经济总体现象是复杂的,它是在各种错综复杂的因素影响下形成的,总体中的个体之间存在着数量上的差异,如果统计仅对少数个体进行观察,就会失之偏颇,得出不合乎实际的结论。

2. 统计分组法

统计分组法是根据统计研究问题的目的不同,选择不同的标准对总体进行不同的分组,以反映总体的构成和现象之间的依存关系。例如:要研究我国国有企业的有关情况,选择"企业规模"为标准进行分组,结果可以反映出国有企业中大、中、小型企业的数量和比例。

3. 综合指标法

综合指标法就是根据大量观察法获得的资料,计算、运用各种综合指标,以反映总体一般数量特征的统计分析法。通常使用的综合指标有总量指标、相对指标、平均指标、变异指标等。这些指标各自从不同的角度对总体的特征进行分析,将其结合运用,可以更加全面、深入地分析社会经济总体现象的数量问题。

4. 抽样推断法

抽样推断法是指按照随机原则从总体中选择一部分单位进行调查,并根据结果对总体的数量特征做出有一定正确性和一定把握性估计的统计方法。这种方法主要用于难以进行全面调查的场合和不宜进行全面调查的场合。

除此以外,统计学研究中使用的其他方法还很多,如时间数列分析法、指数分析法和相关分析法等。在实际应用中,要根据具体情况,按照需要与可能,分别采用不同的研究方法,同时善于把多种研究方法结合应用,相互补充。

二、统计工作过程

统计工作是通过对社会经济现象进行调查研究,认识其本质和规律性的一种认识过程。统计认识过程和其他认识过程一样,是一个由感性认识到理性认识、不断发展与深化的过程。一项完整的统计工作可以分为四个阶段,即:统计设计、统计调查、统计整理和统计分析。

1. 统计设计

是根据统计研究对象的特点和研究的目的、任务,对统计工作的各个方面和各个环节进行通盘考虑和安排,确定调查对象的范围,明确分析对象的统计指标、指标体系和分组方法。统计设计既是统计认识过程的第一阶段,也是定性认识的阶段。统计设计的结果表现为统计调查方案。

2. 统计调查

是根据统计研究的对象和目的,依据统计设计的内容、指标和指标体系的要求,有计划、有目的、有组织地搜集统计资料的工作过程。统计调查既是统计认识过程的第二个阶段,又是定量认识的阶段。统计调查的结果表现为各种调查表或者登记表。

3. 统计整理

是指根据统计研究的目的,将统计调查得到的资料进行科学的分类和汇总,使其条理化、系统化的工作过程。统计整理是统计认识过程的第三阶段,是一种定量认识活动。统计整理既是统计调查的继续,也是统计分析的开始。统计整理的结果表现为各类统计图和统计表等。

4. 统计分析

是在统计整理的基础上,根据研究目的和任务,利用科学的统计分析方法,对统计研究对象的数量方面进行计算、分析的工作过程。统计分析的目的是要揭示统计研究对象的状况、特点、问题和规律性,统计分析是统计认识的定性阶段。统计分析的结果表现为各类统计报告。

可见，统计工作的过程是经过统计设计到统计调查和统计整理，最后，通过统计分析而达到对事物本质和规律性的认识。这种质—量—质的认识过程，是统计工作的完整过程；缺少哪个环节，统计工作都会出现偏差。

需要注意的是，统计工作过程四个阶段的划分在很大程度上只是理论上的，在实践中，统计工作过程是很难这样清晰分开的。

三、统计基本职能

《统计法》规定："统计的基本任务是对国民经济和社会发展情况进行统计调查、统计分析，提供统计资料和统计咨询意见，实行统计监督。"这是国家基于统计工作特有的性质、功能和作用对统计职能和职责作出的界定。

小贴士

我国政府统计中有关统计的法律法规有哪些？

政府统计中有关统计的法律有《中华人民共和国统计法》；统计行政法规有《中华人民共和国统计法实施条例》《全国人口普查条例》《全国农业普查条例》《全国经济普查条例》《全国污染源普查条例》等；统计规章有《部门统计调查项目管理办法》《涉外调查管理办法》《统计执法监督检查办法》《统计执法证管理办法》《统计调查证管理办法》《统计违法违纪行为处分规定》等。

统计基本职能通常概括为统计的信息、咨询和监督职能。

统计的信息职能是指统计人员根据科学的统计指标体系和统计调查方法，搜集经济、科技和社会等各方面的信息，并向全社会提供各方面所需的信息。统计信息服务主要以统计报表或统计公报为载体。在当今社会，统计信息已成为企业经营活动、人们日常社会生活和国家进行宏观经济管理必不可少的重要依据。

统计的咨询职能是指统计部门利用已掌握的丰富的统计信息资源，运用科学的分析方法、先进的技术手段，通过全面综合分析和专题研究，为各级机关、团体、企业以及社会公众提供可供选择的咨询建议和对策方案。统计咨询服务通常以统计咨询报告为载体。

统计的监督职能是指通过统计调查和分析，及时、准确地从总体上反映社会经济现象的运行状态，并对其进行全面系统的检查、检测和预警，以供有关职能部门及时研究和解决发展中存在的问题，促使国民经济按照客观规律持续、快速和健康地发展。

在上述三个职能中，信息职能是统计职能的基础，咨询、监督都必须以统计信息为前提，统计咨询职能是统计信息职能的延续和深化，而统计监督职能则是统计信息、统计咨询职能的进一步拓展，并促进统计信息和统计咨询职能的优化。统计的信息、咨询和监督职能是一个有机整体，它们是彼此依存、相辅相成的。

第三节 统计学中的基本概念

统计学是一门方法论的学科，它和其他学科一样，在论述其理论和方法的过程中，经常要使用一些专门的术语和概念。统计学的基本概念包括统计总体和总体单位、统计指标和标志、变异和变量等。

一、统计总体和总体单位

（一）统计总体

凡是客观存在的、在同一性质基础上结合起来的许多个别事物的整体，就称为统计总体，简称总体。例如，一个国家或某一地区的所有工业企业是一个总体，它是由各个工业企业组成的，每个工业企业的经济职能是相同的，都是进行工业生产活动的基层单位。

总体具有以下三方面的特征。

1. 同质性

总体具有同质性，即构成总体的所有总体单位至少在一个方面具有相同的性质，必须具有某一方面的共性，这是构成总体的基础。例如，要调查我国的工业企业的生产情况，全国的工业企业就构成一个总体，尽管这些企业规模大小、组织形式、产品属性和产量等各不相同，但它们都有一个共同的经济职能，即都是从事工业生产活动的。

2. 大量性

总体的大量性是指总体是由许多单位所组成的，构成总体的总体单位数量足够多，不能只是个别或者少数个体。因为统计研究的目的是要揭示现象的规律，而个别或者少数个体很难显示出现象的规律性，只有把大量个别现象汇总起来才能表现出相对稳定的规律性。

总体根据所包含的单位数量多少，可以分为无限总体和有限总体。无限总体是指总体所包含的单位数很多，乃至无限多。例如，研究海洋中鱼类的生长情况，海洋中的全部鱼类难以计数，就是无限总体。有限总体是指总体中所包含的单位数量是有限的，是可以计数的。例如，某一时点上的人口数、工业企业的个数、校园里的学生人数等所组成的总体都是有限总体。

3. 差异性

总体的差异性是客观存在的，即总体的各个单位之间，除了必须在某一方面有共性之外，在其他方面还存在着差异，这些差异是统计研究的基础。

必须同时具备上述三个特征，才能够形成总体，由此可以进行一系列的统计计算和统计分析。

（二）总体单位

构成统计总体的个别事物称为总体单位。总体单位是构成总体的基础，要了解总体的数量特征，就必须要从总体单位一个个登记调查开始。上例中的各个工业企业都是总体单位。如果把“全国总人口”作为一个总体，那么，每一个具有中华人民共和国国籍的公民都是总体单位。

（三）总体和总体单位的相互关系

总体和总体单位的概念是相对而言的，不是固定不变的，随着研究目的不同，总体和总体单位的确认也会有所不同。例如，在前面所举的工业企业这个统计总体的例子里，每个工业企业都是一个总体单位，但是，当研究一个工业企业中职工工资情况时，则该企业的所有职工就成为统计总体，各个职工是总体单位。

二、统计指标和标志

（一）统计指标

1. 统计指标的含义

统计指标简称指标，从统计理论上讲，统计指标是反映总体现象数量特征的概念。例如：国内生产总值、人均工资、人口数、劳动生产率等。这种含义的统计指标包含三个要素，即：指标名称、计量单位和计算方法。在实际统计工作中，使用的是另一种含义的统计指标，这种含义的统计指标是指反映总体现象数量特征的概念及其数值，如：我国2017年人均GDP(gross domestic product，国内生产总值)为59 261.80元，这时统计指标除包含上述三个要素外，还包含了时间限制、空间限制和指标数值等另外三个要素。

不同含义的统计指标在不同的场合使用，在进行统计设计时，只能设计指标的名称、内容、口径、计量单位和计算方法，不包括数值的统计指标。然后经过搜集资料、汇总整理、加工计算后，可以得到统计指标的具体数值，用来反映总体现象的实际数量状况及其发展变化的情况。

小贴士

“国家统计数据库”中的数据何时更新？

国家统计局官方网站上“国家统计数据库”的更新时间一般是：进度数据发布后5个工作日内更新当月(季)发布数据；10月份前后出版《中国统计年鉴》；3个月后更新年度主要经济指标详细数据。

2. 统计指标的种类

可以从不同的角度,对统计指标进行分类。

(1) 按统计指标所说明的总体现象内容的不同,可以分为数量指标和质量指标

数量指标又称为总量指标,是反映总体绝对数量多少的指标,用绝对数的形式来表示,并有计量单位。数量指标的数值随总体外延范围的大小而增减,如全国的人口数大于某一省的人口数。数量指标可表现为总体总量,即一个总体中单位的数目,如企业数;也可表现为标志总量,即总体各单位某一标志值的总和,如某企业职工的工资总额。

质量指标是说明总体内部数量关系和总体单位水平的指标,它通常以相对数和平均数的形式来表示,如劳动生产率、平均工资等。质量指标的数值不随总体范围的变化而变化。例如,2008 年北京市职工年平均工资为 44 715 元,2008 年全国城镇单位在岗职工年平均工资为 29 229 元。也就是说,平均工资是一个质量指标,它与总体规模的大小没有直接关系。

(2) 按统计指标表现形式不同,可以分为总量指标、相对指标和平均指标

总量指标是反映总体规模的统计指标,表明总体现象发展的结果。如人口总数、国内生产总值、工资总额等都是总量指标。

相对指标是反映现象之间的对比关系的统计指标,如发展速度、计划完成相对数等。

平均指标是反映现象总体内部各单位的一般水平的统计指标,如平均工资、平均年龄、粮食平均亩产量等。

(3) 按统计指标所反映现象的时间状况不同,可以分为静态指标和动态指标

静态指标反映既定时间上现象的规模、水平、数量关系等,如一般平均数、绝对数和相对数等。动态指标反映现象在不同时间内发展变化的情况,如序时平均数、发展速度、增长速度等。

(4) 按统计指标的作用不同,可以分为描述指标、评价指标和预警指标三种

描述指标是用来反映现象基本情况的指标,如医生总数、学生总数、外汇储备数等。评价指标是用来对客观事物活动的结果进行评估和考核的指标,如对工业企业经营活动效益进行评价的产品销售率、流动资金周转率、劳动生产率等指标。预警指标是对现象宏观运行进行监测,并据此对可能出现的总体失衡、结构性矛盾、突发异常情况作出预报的指标,如通货膨胀率、失业率、人口增长率等,这类指标涉及面广,敏感性强,对国民经济的发展和社会稳定具有重要作用。

此外,统计指标还可以从其他角度进行分类,如按指标的时间标准不同可以分为时点指标和时期指标;按指标的计量单位不同分为实物指标、价值指标和劳动量指标等。

3. 统计指标体系

(1) 统计指标体系的含义

由于一个统计指标只能反映社会经济现象的某一个侧面的特征,而社会经济现象有

许多个侧面和特征，它们相互依存、相互制约。为了全面、深入地认识社会经济现象，就必须采用多个具有相互联系的统计指标来综合反映社会经济现象的整体特征。

将由若干个相互联系的统计指标组成的整体称为统计指标体系。如用劳动生产率、资金利税率、工业增加值等一系列指标来研究工业企业的全面情况，这些指标就组成工业企业的统计指标体系。

(2) 统计指标体系的种类

① 统计指标体系按其所反映的内容不同，可以分为基本统计指标体系和专题统计指标体系。基本统计指标体系是经常、系统地反映生产、分配、交换、消费的经济指标体系，反映文化、教育、卫生的社会指标体系，反映科学技术人员、投入和成果的科技指标体系等。专题统计指标体系是为了对某一专门问题进行统计研究而设计的统计指标体系，如反映农村贫困状况的指标体系、反映小康的指标体系、地区可持续发展指标体系等。

② 统计指标体系按其实施范围不同，可以分为国家统计指标体系、行业(或部门)统计指标体系、地方统计指标体系、基层单位的统计指标体系。

小贴士

经济地带是如何划分的？

目前，统计中所涉及东部、中部、西部和东北地区的具体划分为：

东部 10 省(市)包括北京、天津、河北、上海、江苏、浙江、福建、山东、广东和海南；中部 6 省包括山西、安徽、江西、河南、湖北和湖南；西部 12 省(区、市)包括内蒙古、广西、重庆、四川、贵州、云南、西藏、陕西、甘肃、青海、宁夏和新疆；东北 3 省包括辽宁、吉林和黑龙江。

(二) 标志

标志是说明总体单位所具有的属性或特征的，包括标志名称和标志表现两部分。每个总体单位都有许多属性和特征，如企业中每一名职工作为总体单位考察时，都具有性别、民族、文化程度、年龄、工资等属性和特征，这些都属于标志名称，而这些标志名称各有一定的具体表现，如性别表现为“男”或“女”，这些就是标志表现。

标志有品质标志与数量标志之分。品质标志表示事物的品质属性特征，是不能用数值表示的，例如性别、民族等；数量标志表现事物的数量特征，是可以用数值表示的，例如年龄、工资等。各种标志都有自己的标志表现，数量标志表现为具体的数值，如在人口研究中某人的年龄 30 岁、体重 56 公斤等，这里的 30 和 56 都是标志值；品质标志表现为对特征加以描述的文字，比如民族“汉”等。

在一个总体中，每个总体单位都具有不变标志与可变标志。不变标志是指对所有总

体单位都有完全相同标志表现的标志；正因为具有这个不变标志，才使它们集合在一起构成同质总体。可变标志是指在总体单位之间具有不同标志表现的标志。

例如，对某地区所有工业企业这个总体来说，其不变标志是“某个地区”“工业”，这两个标志对总体各单位进行了具体的界定，构成企业的同质性；而每个企业的职工人数、产量、产值等都可能不同，是可变标志，它们构成总体单位的变异性。总体的同质性和总体单位的变异性是进行统计核算的条件。

统计总体、总体单位、统计指标、标志的关系，如图 1-1 所示。

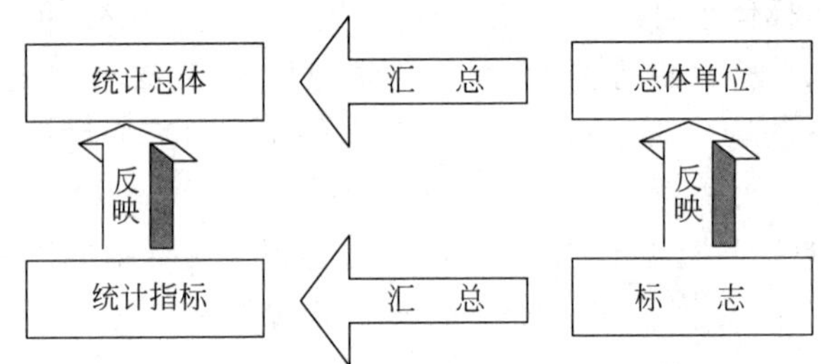

图 1-1 统计总体、总体单位、统计指标、标志的关系

（三）统计指标与标志的关系

统计指标与标志既有明显的区别，又有密切的联系。

1. 两者的区别主要表现在

（1）指标是说明总体特征的，而标志是说明总体单位特征的。

（2）标志可以分为不能用数值表示的品质标志与能用数值表示的数量标志，而指标都是用数值表示的，没有不能用数值表示的指标。

2. 两者的联系主要表现在

（1）许多指标的数值是从总体单位的数量标志值汇总而来的。

（2）指标与数量标志之间存在着变换关系。由于研究目的不同，总体和总体单位也会不同，有的指标可能会变成标志，有的数量标志也可能变成指标。例如，当北京市 18 个区县人口数构成总体时，则密云区的人口数是标志。而当密云区所有乡镇人口数构成总体时，密云区的人口数就是指标，因为它反映的是总体的数量特征。

三、变异和变量

（一）变异

变异是指总体单位在标志上表现不尽相同，即总体的差异性。

可变标志的具体表现由一种状态变到另一种状态，统计上称为变异，所以可变标志也称为变异标志。

在一个总体中不变标志和变异标志各自发挥着重要的作用。一个总体至少要有一个不变标志，才能够使各单位结合成一个总体。例如，工人总体中职业的标志是不变的，才能使全体工人结合成一个工人总体，所以不变标志是总体同质性的基础。如果没有不变标志，总体也就不存在。

一个总体必须存在变异标志，这表示所研究的现象在各单位之间存在着差异，这才需要统计。例如，工人总体中的职业标志是不变的，但又存在工资等变异标志，需要开展统计调查工作，并计算平均工资指标等。如果各工人的工资水平都一样，也就没有必要去统计，也不要用统计方法测度平均工资水平了。由此可见，总体的同质性是研究问题的前提，而总体的变异性则是研究问题的本身。

（二）变量

所谓变量，指的是可变的数量标志。如在工人总体中，年龄、身高、体重、工资收入、运输量等不可能所有单位都一样，因此这些可变的数量标志就是变量；同一总体中数量标志之和构成指标，指标也是变量。

变量的具体取值是变量值，例如某物流公司职工的工资有 3 200 元、3 500 元、3 800 元等几种，这 3 200 元、3 500 元、3 800 元就是工资这个变量的变量值。

变量根据不同的划分标准，可以有以下几种分类。

1. 按数值的连续性不同分类

变量按数值的连续性不同，可以分为连续变量与离散变量。连续变量的数值是连续不断的，相邻的两个数值之间可作无限分割，即可取无限个数值。例如人的身高、体重、劳动生产率等。连续变量的数值要用测量或计算的方法取得。

离散变量的数值是以整数位断开的，相邻的两个变量值之间不可能再分割出新的变量值，这样的变量称为离散变量，例如职工人数、工业企业数、产品件数等。离散变量的数值只能用计数的方法取得。

2. 按事物的性质不同分类

变量按事物的性质不同，可以分为确定性变量和随机性变量。确定性变量是指变量受某些确定性因素影响，现象的量会沿着某一方向持续变化。如由于科学技术的不断提高和医疗卫生条件的不断改善，人类的死亡率在逐步降低，人类的平均寿命在不断延长，因此从长期来看，人的平均寿命和死亡率都是确定性变量。

随机性变量是指变量的变动受许多因素变动的影响，变量值的大小没有明确的方向，结果带有偶然性。如按随机原则从总体中选取容量一定的样本，每一次都会得到不同的结果，因此，样本是个随机变量。

3. 按事物的类型不同分类

变量按事物的类型不同,可以分为分类变量、顺序变量和数值变量。

(1) 分类变量

分类变量是说明事物类别的一个名称。如"性别"就是分类变量,其变量值表现为"男"或"女";"宗教信仰"也是分类变量,其变量值表现为"佛教""天主教""伊斯兰教"等。分类变量的变量值用文字表示,变量值顺序可以改变。

(2) 顺序变量

顺序变量(次序变量)是说明事物有序类别的变量,顺序变量的值是有序的。如"受教育程度"是一个顺序变量,其变量值可以表现为"小学""初中""高中""大学"等;一个人对某种事物的看法也可以是一个顺序变量,其变量值可以表现为"满意""较满意""不满意"等。

(3) 数值变量

数值变量是说明事物数量特征的名称。如"家庭子女数""城镇登记失业率""年龄""时间"等都是数值变量。数值变量有测量单位,可以说出一个值比另一个值大多少或小多少。

我们可以把数值变量转换成分类变量或顺序变量,但反过来却不行。例如,收入水平可以转换成贫困、温饱、小康和富裕的顺序变量,但贫困、温饱、小康和富裕却不能变成数值型的收入水平。分类变量、顺序变量和数值变量的特点,如表 1-1 所示。

表 1-1 分类变量、顺序变量和数值变量的特点

分类变量	顺序变量	数值变量
顺序可以改变	顺序不可以改变	可以进行各种数学运算
不可比较大小	可比较大小	
不可进行数学运算	不可进行数学运算	
性别:男、女	考试成绩:优、良、中、差	年龄:11 岁、12 岁、13 岁

本章小结

统计一词有统计工作、统计资料和统计学三种含义,它们三者之间存在着密切的联系。统计学的研究对象是指研究大量社会经济现象的数量方面,具有数量性、总体性和具体性三大特点,统计学研究的基本方法有大量观察法、统计分组法和综合指标法等。

统计工作过程一般包括统计设计、统计调查、统计整理、统计分析四个阶段。统计有信息、咨询和监督三大职能。统计总体是客观存在的,总体单位则是构成总体的基础。

统计指标是反映现象总体特征的数量概念和具体数值。标志是说明总体单位的属性

特征的，指标与标志既有联系又有区别。

变异是总体单位间同一标志的差别，所有的统计指标和所有的数量标志，都是变量。变量的具体数值表现就是变量值。变量有离散变量和连续变量等分类。

同步测试

一、单项选择题

1. 统计总体的基本特征是（　　）。

A. 同质性、大量性、差异性　　B. 数量性、大量性、差异性

C. 数量性、综合性、具体性　　D. 同质性、大量性、可比性

2. 下列属于品质标志的是（　　）。

A. 工人年龄　　B. 工人性别

C. 工人体重　　D. 工人工资等级

3. 下列总体中，属于无限总体的是（　　）。

A. 全国人口总数　　B. 水塘中的鱼

C. 城市年流动人口数　　D. 工业中连续大量生产的产品产量

4. 物流管理 1641 班学生物流学考试成绩分别为 80 分、95 分、76 分和 92 分。这四个数字是（　　）。

A. 标志　　B. 指标　　C. 标志值　　D. 变量

5. 调查吉林工程技术师范学院 5 000 名学生的学习成绩，则总体单位是（　　）。

A. 5 000 名学生　　B. 5 000 名学生的学习成绩

C. 每一名学生　　D. 每一名学生的学习成绩

6. 要了解某企业职工的文化程度，其统计总体是（　　）。

A. 该企业全部职工　　B. 该企业每一名职工

C. 该企业每一名职工的文化程度　　D. 该企业全部职工的平均文化程度

7. 工业企业的设备台数、产品产值（　　）。

A. 都是连续变量　　B. 都是离散变量

C. 前者是连续变量，后者是离散变量　　D. 前者是离散变量，后者是连续变量

8. “统计”一词的基本含义是（　　）。

A. 统计调查、统计整理、统计分析　　B. 统计设计、统计分组、统计计算

C. 统计方法、统计预测、统计分析　　D. 统计科学、统计工作、统计资料

9. 标志是说明（　　）。

A. 总体单位量的特征的名称　　B. 总体质的特征的名称

C. 总体单位特征的名称　　D. 总体量的特征的名称

10．变量是(　　)。

A．可变的质量指标　　B．可变的数量标志

C．可变的品质标志　　D．可变的数量指标和标志

二、判断题

1．在全国工业普查中，全国所有工业企业是统计总体，每个工业企业是总体单位。(　　)

2．总体和总体单位是永远不变的。(　　)

3．数量指标是数值形式，质量指标不是数值形式。(　　)

4．对某校学生的身高进行调查，则学生的身高是离散型变量。(　　)

5．质量指标通常是以相对数和绝对数的形式表现。(　　)

6．职工的年龄是品质标志。(　　)

三、思考题

1．简述统计工作、统计资料和统计科学的关系。

2．统计研究的对象和特点是什么？

3．统计的基本任务是什么？

4．简述统计指标和标志的联系与区别。

5．我国统计的管理体制是怎样的？

扩展阅读

2018年上半年全国物价运行平稳

第二章

统计调查

知识目标

1. 了解统计调查的概念、任务、要求以及基本原则，掌握统计调查方案的制定。
2. 掌握统计调查的种类、特点以及适用条件。

技能要求

1. 掌握各种统计调查方法的特点，熟悉调查方案涵盖的内容。
2. 准确理解统计报表的含义以及适用性。
3. 能根据实际案例，明确调查目的，正确采用调查方法。

学习导航

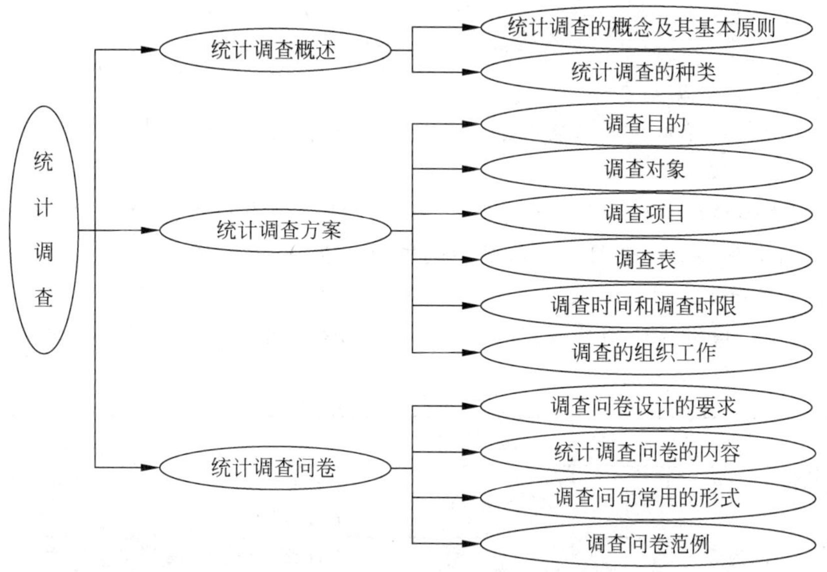

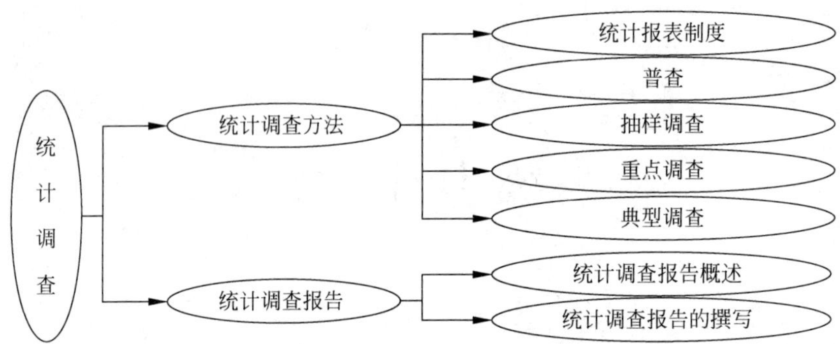

案例引导

基本单位统计报表制度(2018)

一、总说明

1. 调查目的

为及时反映全国基本单位的增减变动情况,做好名录库资料的维护更新工作,依照《中华人民共和国统计法》,制定本制度。

2. 调查内容

调查内容包括统一社会信用代码、单位详细名称、单位地址、联系方式、行业类别、登记注册类型及其他分类属性指标等。

3. 调查方法

全面调查。

4. 调查范围

辖区内所有新增和变更的法人单位和产业活动单位。

5. 调查组织方式

依据有关部门的单位审批登记资料和经常性统计调查中查到的新增、变更和注销单位基本情况,由基层统计部门组织人员实地进行调查,并填报调查表。

6. 数据发布

按年度通过国家统计局外网、统计年鉴或其他统计资料等形式对公众发布。

二、报表目录

表　　名	报告期别	统 计 范 围	报 送 单 位	报送日期及方式
按行业分组法人单位数	年报	辖区内全部法人单位	各省、自治区、直辖市统计局	次年5月31日前,电子邮件
按三次产业和机构类型分组法人单位数	年报	辖区内全部法人单位	各省、自治区、直辖市统计局	次年5月31日前,电子邮件

续表

表　　名	报告期别	统 计 范 围	报 送 单 位	报送日期及方式
按控股情况分组企业法人单位数	年报	辖区内全部企业法人单位	各省、自治区、直辖市统计局	次年5月31日前，电子邮件
按登记注册类型分组企业法人单位数	年报	辖区内全部企业法人单位	各省、自治区、直辖市统计局	次年5月31日前，电子邮件

三、主要指标解释

国民经济行业分类：按照修订后的《国民经济行业分类》(GB/T 4754—2017)填报。

企业登记注册类型：企业或企业产业活动单位的登记注册类型，依据在工商行政管理机关登记注册的类型填写。

工商行政管理部门对企业(单位)登记注册的类型分为以下几种。

(1) 国有企业：指企业全部资产归国家所有，并按《中华人民共和国企业法人登记管理条例》规定登记注册的非公司制的经济组织。不包括有限责任公司中的国有独资公司。

(2) 集体企业：指企业资产归集体所有，并按《中华人民共和国企业法人登记管理条例》规定登记注册的经济组织。

(3) 股份合作企业：指以合作制为基础，由企业职工共同出资入股，吸收一定比例的社会资产投资组建，实行自主经营，自负盈亏，共同劳动，民主管理，按劳分配与按股分红相结合的一种集体经济组织。

(4) 联营企业：指两个及两个以上相同或不同所有制性质的企业法人或事业单位法人，按自愿、平等、互利的原则，共同投资组成的经济组织。联营企业包括国有联营企业、集体联营企业、国有与集体联营企业和其他联营企业。

(5) 有限责任公司：指根据《中华人民共和国公司登记管理条例》规定登记注册，由两个以上，五十个以下的股东共同出资，每个股东以其所认缴的出资额对公司承担有限责任，公司以其全部资产对其债务承担责任的经济组织。有限责任公司包括国有独资公司以及其他有限责任公司。

国有独资公司：指国家授权的投资机构或者国家授权的部门单独投资设立的有限责任公司。

其他有限责任公司：指国有独资公司以外的其他有限责任公司。

(6) 股份有限公司：指根据《中华人民共和国公司登记管理条例》规定登记注册，其全部注册资本由等额股份构成并通过发行股票筹集资本，股东以其认购的股份对公司承担有限责任，公司以其全部资产对其债务承担责任的经济组织。

(7) 私营企业：指由自然人投资设立或由自然人控股，以雇佣劳动为基础的营利性经济组织。包括按照《公司法》《合伙企业法》《私营企业暂行条例》以及《个人独资企业法》规定登记注册的私营独资企业、私营合伙企业、私营有限责任公司、私营股份有限公司和个人独资企业。

(8) 港澳台商合资经营企业：指港澳台地区投资者与内地的企业依照《中华人民共和国中外合资经营企业法》及有关法律的规定，按合同规定的比例投资设立，分享利润和分担风险的企业。

(9) 外商投资股份有限公司：指根据国家有关规定，经商务部(原外经贸部)批准设立，并且其中外资的股本占公司注册资本的比例达25%以上的股份有限公司。凡其中外资股本占公司注册资本的比例小于25%的，属于内资中的股份有限公司。

资料来源：中华人民共和国国家统计局网站

引例分析

《中华人民共和国统计法》第七条规定：国家机关、企业事业单位和其他组织及个体工商户和个人等统计调查对象，必须依照本法和国家有关规定，真实、准确、完整、及时地提供统计调查所需的资料，不得提供不真实或者不完整的统计资料，不得迟报、拒报统计资料。

第一节　统计调查概述

统计调查是统计整理和统计分析的基础。通过统计调查取得丰富的实际资料，是统计整理和统计分析的前提，是保证统计工作质量的基本环节。统计调查是搜集资料获得感性认识的阶段，它是对现象总体认识的开始，只有搞好统计调查，才能保证统计工作达到对于客观事物规律性的认识，并从中可以预测未来。

如果调查的资料不完整、不真实或不及时，即使是科学的整理、周密的分析，也不可能得到正确的判断，这将直接影响整个统计工作的成果。统计调查在很大程度上直接影响着统计工作任务完成的好坏，决定着整个统计工作质量的优劣。

一、统计调查的概念及其基本原则

(一) 统计调查的概念

统计调查是以收集占有大量的数字资料为主体信息这一特征而区别于一般的调查。它是根据统计工作的目的、任务和要求，运用科学的调查方法，有计划、有组织地向被研究现象收集统计资料的工作过程。统计调查的基本任务，是取得反映社会经济现象总体全部或部分单位以数字资料为主体的信息。与一般社会调查比较，相同点是同属于调查研究活动，区别是统计调查要搜集大量的、以数字资料为主体的信息。

在统计实践中，我们搜集到的基础资料有两类，一种是初级资料，又称原始材料，是直接向调查对象搜集到的反映调查单位特征的未经任何加工整理的统计资料；另一种是次级资料，是指从统计台账、内部报表、财务报表、统计报表中搜集到的已经经过加工整理的统计资料。统计调查的主要资料来源是初级资料。

（二）统计调查的基本原则

为了保证调查资料的质量，统计调查应该遵循准确、及时和全面三个原则，这是衡量统计工作质量的重要标志。

1. 准确性

统计调查所取得的资料，必须要如实反映客观实际。只有资料准确，才能正确地反映被研究现象的真实情况，对这些资料进行整理和分析，才能得出正确的结论。所以，应把调查资料的准确性当作统计工作的生命线来看待。

2. 及时性

及时性，即时效性，就是指在统计调查规定的时间以内完成统计调查工作并提供统计资料。统计信息的时效性是统计工作的价值所在，失去了时效性的资料犹如“雨后送伞”“亡羊补牢”。因此，各级统计部门都应及时向各级领导提供所需资料，从时间上满足各层次对统计资料的需求，当作统计工作的重中之重。

3. 全面性

全面性就是对要调查的单位和项目，必须毫无遗漏地进行资料搜集，只有系统地从不同方面搜集反映现象发展过程、特征及问题的全面材料，才能对所研究现象总体的全貌加以如实反映。反之，如果资料不全，就不能全面反映调查对象的全貌，甚至会得出错误的结论。

二、统计调查的种类

由于社会经济现象的复杂性和统计研究任务的多样性，为了准确搜集原始资料，应该根据统计研究的目的和调查对象的特点不同，采用不同的调查方式和方法。常用的统计调查方式主要有以下几类。

（一）按照调查对象分类

按调查对象包括范围的不同，统计调查可分为全面调查和非全面调查。

1. 全面调查

全面调查是对构成调查对象的所有单位进行逐一的、无遗漏的调查。它包括全面统计报表和普查。全面调查的目的在于掌握所有调查单位的全面情况，例如：全国经济普查、人口普查、农业普查等。全面调查的项目较多，取得较细致、较深入的材料，但由于需要耗用的人力、物力、财力较多，花费的时间较长，出现调查误差的可能性较大，因此在不影响统计研究目的实现的条件下，一般可以采用非全面调查的形式。

2. 非全面调查

非全面调查是对调查对象中的一部分单位进行调查，包括非全面统计报表、抽样调查、重点调查和典型调查。例如，为了了解城市居民家庭收入水平，从10万户中随机抽选5 000户进行抽样调查。由于非全面调查方式调查的单位少，可以节约大量的人力、物力、财力，花费的时间较短，从而可以提高统计资料的时效性。

知识链接

政府统计调查包括哪些

根据《中华人民共和国统计法》第十一条、第十二条、第十四条的规定，统计调查项目包括国家统计调查项目、部门统计调查项目和地方统计调查项目。

国家统计调查项目是指全国性基本情况的统计调查项目。国家统计调查项目由国家统计局制定，或者由国家统计局和国务院有关部门共同制定，报国务院备案；重大的国家统计调查项目报国务院审批。

部门统计调查项目是指国务院有关部门的专业性统计调查项目。部门统计调查项目由国务院有关部门制定。统计调查对象属于本部门管辖系统的，报国家统计局备案；统计调查对象超出本部门管辖系统的，报国家统计局审批。

地方统计调查项目是指县级以上地方人民政府及其部门的地方性统计调查项目。地方统计调查项目由县级以上地方人民政府统计机构和有关部门分别制定或者共同制定。其中，由省级人民政府统计机构单独制定或者和有关部门共同制定的，报国家统计局审批；由省级以下人民政府统计机构单独制定或者和有关部门共同制定的，报省级人民政府统计机构审批；由县级以上地方人民政府有关部门制定的，报本级人民政府统计机构审批。

制定统计调查项目，应当同时制定该项目的统计调查制度，并按上述规定一并报经审批或者备案。统计调查应当按照统计调查制度组织实施。变更统计调查制度的内容，应当报经原审批机关批准或者原备案机关备案。

（二）按照调查登记时间分类

按调查登记的时间是否连续，统计调查分为经常性调查和一次性调查。

1. 经常性调查

经常性调查是指对研究对象的变化进行连续不断的登记，观察事物在一段时期内的发展变化。例如：工业企业总产值、产品产量、原材料消耗量等，在观察期内连续登记。经常性调查所得资料是现象在一段时间内的总量。

所谓经常性调查是指调查周期在一年以内的调查，间隔超过一年的为一次性调查。这种划分和调查对象没有关系，不要把经常性调查误以为是全面调查，也不要误以为经常性调查就是调查时期现象，而一次性调查就是调查时点现象。

2. 一次性调查

一次性调查是指间隔一段相当长的时间对研究对象某一时刻的资料进行登记。如人口数、机器设备台数等资料短期内变化不大，没有必要连续登记资料。不连续调查所得资料体现现象在某一瞬间所具有的水平。

（三）按照调查组织方式分类

按调查组织的方式不同，统计调查可分为统计报表制度和专门调查。

1. 统计报表制度

统计报表制度是国家统计系统和专业部门为了定期取得系统、全面的统计资料而采用的一种搜集资料的方式，目的在于掌握经常变动的、对国民经济有重大意义的指标的统计资料。

2. 专门调查

专门调查是为了解和研究某种情况或问题而专门组织的统计调查，包括抽样调查、普查、重点调查和典型调查等几种调查方式。

（四）按照调查搜集资料的方法分类

按搜集资料的方法不同，统计调查分为直接调查法和间接调查法两大类。

1. 直接调查法

（1）直接观察法

又称直接调查，是由调查人员到现场对调查单位直接查看、测量和计数等取得调查资料的一种方法，如库存商品的盘点、车流量的计数调查等。此种方法简便易行，调查取得的资料一般比较准确，但需要投入的人力多、时间长。

（2）采访法

是通过指派调查员对被调查者询问、采访，提出所要了解的问题，借以搜集资料。此种方法调查取得资料的准确性取决于调查人员和被调查者配合程度以及被调查者的态度，优点是调查人员与被调查者可以直接交流，但需要的人力多，花费也较多。

（3）报告法

是以各种原始和核算凭证为调查资料来源，依照统一的表格形式和要求，按照隶属关系，逐级向有关部门提供资料的方法。此方法取得的资料快，节省人力物力。

(4) 通信法

是指调查人员利用通信方式向被调查者收集资料的方法。如邮寄调查、电话调查、网络调查等。这种调查方式的优点在于花费较少,缺点是被调查者缺乏协助和引导,调查的回报率和准确率较低。

(5) 实验调查法

是指调查人员通过某种实践活动的验证去收集资料的方法。如新产品免费发放给消费者试用,通过回馈意见来收集资料。

2. 间接调查法

间接调查法是指调查人员收集二手资料的方法。调查人员可以查阅文献、报刊、统计报告和统计年鉴等获得资料,也可以通过广播、电话、电视、网络等通信手段获得信息。目前,网络搜索是一种快捷、便利、高效地获取资料的形式。

小贴士

如何获取省级以下城市、区县的统计资料?

我国实行统计资料的分级管理与发布,国家统计局一般只发布全国和分省的宏观统计数据。目前,获取省级以下城市及区县的统计资料有以下三个渠道:

(1) 查阅当地统计部门出版的统计年鉴(如《威海统计年鉴》《宁波统计年鉴》等)或专业统计年鉴(《中国城市统计年鉴》《中国县域统计年鉴(县市卷)》等)。

(2) 通过当地统计机构的官方网站搜索所需信息。

(3) 咨询当地统计机构。

第二节　统计调查方案

统计调查工作,尤其是大规模的统计调查工作,调查的内容多,调查的范围广,需要大量人员参与才能完成任务。为了保证统计调查工作的顺利进行并能达到预期的目标,在统计调查之前,要制定一个科学合理的统计调查方案。

统计调查方案是指导统计调查工作的纲领性文件。调查方案设计的好坏直接影响调查数据的质量。不同调查任务的调查方案在具体内容和形式上会有一定的差别,但包括的主要内容大体是一致的。统计调查方案是调查工作有计划、有组织、有系统进行的保证,统计调查方案应确定的内容有:调查目的、调查对象、调查项目、调查表、调查时间和调查时限、调查的组织工作等。

一、调查目的

确定调查目的是任何一项统计调查方案首先要解决的问题。它回答的是:为什么调查？要解决什么样的问题？调查具有什么样的社会经济意义？调查目的的写作应简明扼要。不同的调查目的需要不同的调查资料，不同的调查资料又有不同的搜集方法。调查目的明确了，搜集资料的范围和方法也就确定下来了。调查目的是调查所要达到的具体目标。

统计调查的目的决定了调查任务，统计调查的基本任务就是按照所确定的指标体系，通过具体的调查，取得反映社会经济现象总体全部或部分单位以数字资料为主体的信息。

二、调查对象

调查对象即统计总体，是根据调查目的所确定的研究事物的总体或调查范围。统计总体这一概念在统计调查阶段称为调查对象。调查对象是根据调查目的确定的调查研究的总体。在确定调查对象时，还必须确定调查单位和报告单位。调查单位就是总体单位，也是调查对象的组成要素，即调查对象所包含的具体单位，是搜集数据资料的基本单位。

例如：人口普查的调查对象是具有中华人民共和国国籍并在中华人民共和国境内常住的人，人口普查的调查单位是每一个人。调查对象和调查单位的概念不是固定不变的，随着调查目的的不同二者可以互相变换。报告单位也称填报单位，也是调查对象的组成要素。它是提交调查资料的单位，一般是基层企事业组织。

调查单位是调查资料的直接承担者，报告单位是调查资料的提交者，二者有时一致，有时不一致。如工业企业生产经营情况调查，每一工业企业既是调查单位，又是报告单位；工业企业职工收入状况调查，每一职工是调查单位，每一工业企业是报告单位。

三、调查项目

调查项目是调查的具体内容，它可以是调查单位的数量特征，如一个人的年龄、收入，一个企业的职工人数、产值；也可以是调查单位的某种属性特征，如一个人的性别、职业，一个企业的经济类型等。确定调查项目时，首先应注意所选择的项目能够取得确切资料；其次，注意所选择的项目应有确切的含义和统一解释；另外要注意各项目之间的联系和衔接，便于核对和分析。

四、调查表

调查表是用于登记调查数据的一种表格，其目的是保证统计资料的规范化和标准化。调查表有单一表和一览表两种形式。单一表是一个调查单位填写一份表格，可以容纳较多的项目。一览表是许多调查单位共同填写一份表格，在调查项目不多时较为简便，且便于合计和核对差错。为了正确填写调查表，须附有填表说明和项目解释。

调查表一般由表头、表体和表外附加三部分组成，如表 2-1 所示。

表 2-1 调查表组成部分

表头 某企业基本情况报表 制表机关：

表体

调查项目	项目代码	计量单位	实际数值
甲	1	人	
乙	2	台	
丙	3	人	
…	…	…	…

表外附加 说明：……

五、调查时间和调查时限

为确保调查资料的准确性，统计调查必须规定两种时间：调查时间、调查时限。

调查时间指调查资料所属时间。如果调查的是时期现象，调查时间是资料所反映的起讫时间；如果调查的是时点现象，调查时间是统一规定的标准时点。

调查时限是进行调查工作的期限，包括搜集资料和报送资料的整个工作所需要的时间。如某上级部门要求所属企业在 2009 年 1 月 10 日上报 2008 年产成品库存资料，则调查时间是标准时间 2008 年 12 月 31 日，调查时限是 10 天。再例如，第四次人口普查规定的标准时间是"2000 年 11 月 1 日 0 时"，并要求在"2000 年 11 月 1 日至 10 日完成普查的登记工作"。2000 年 11 月 1 日 0 时就是调查时间，2000 年 11 月 1 日至 10 日就是调查时限。

六、调查的组织工作

调查组织工作是指从组织上保证调查工作顺利进行的措施。其主要内容包括：调查工作的组织机构、调查人员的配备、调查方式的选择、调查工作地点的确定、调查文件的准备、经费来源和主要开支计划等。对规模大又缺乏经验的统计调查，事先需要组织进行试点调查。

案例示范

大学生毕业就业调查方案

一、调查背景

就业是关于国家政治成效与经济景气程度的最重要指标，全球化和技术进步在激发经济增长和工作岗位增加的同时，也加剧了工作的不稳定性以及就业者的失业风险。千方百计扩大就业，是政府保障和改善民生的头等大事。在全球处于经济复苏脆弱的今天，增加就业是各国面临的根本性挑战。而大学生就业一直是中国社会的最重要指标之一。

二、调查目的

了解吉林工程技术师范学院2018届大学毕业生半年后的就业状态，用人单位对当届毕业生的思想品德、专业知识、业务能力和工作业绩等方面的总体评价和要求；了解用人单位的招聘标准、毕业生对就业政策的看法，发现存在的问题；了解高校对当届大学毕业生提供的求职服务的有效性；了解当届大学毕业生的自主创业、读研及专升本状况。最终对调查结果做出分析和总结。

三、调查内容

(1) 调查大学毕业生在校期间的努力程度对迈入社会之后的影响。

(2) 对工作环境、薪资水平等方面的满意程度。

(3) 个人职业生涯规划：主要调查职业生涯规划对个人发展的重要性。

(4) 择业就业现状分析：签约前对企业的选择标准、选择目前工作的原因、成功就业因素、毕业生眼中的企业单位择才标准等。

(5) 对学校就业工作的评价与建议：专业课程的设置、与外界社会的联系工作、就业推荐形式等。

(6) 专业对口程度。

(7) 调查毕业生从毕业以后到正式签约之间所花费的时间长短。

(8) 大学生毕业后的工作现状和主要就业方向。

四、调查方法

网上收集资料，在求职网站收集求职者联系信息并以电子邮件方式发放调查问卷，利用好友关系网发送电子邮件的调查问卷，现场派发调查问卷，深度电话采访等方法。

五、调查时间和地域

调查时间：__年__月__日至__年__月__日

调查地域：以东三省为主要调查地域。

六、调查对象

已经毕业半年的吉林工程技术师范学院2018届大学毕业生。

七、抽样方案

采用简单随机抽样的方法，将从包括电子邮件、现场调查、电话采访等所有途径接收的全部调查问卷中抽取出20%作研究分析数据。

八、调查步骤

(1) 小组成员选定题目。

(2) 制订方案并修改调整。

(3) 小组成员培训讨论具体的调查方案。

(4) 收集调查对象联系方法，扩大调查对象范围。

(5) 网上以电子邮件方式发放调查问卷、现场做问卷调查、联系毕业生。

(6) 正式展开调查并接收调查问卷。

(7) 统计收集所得数据,撰写调查报告。

九、经费预算

(1) 网上收集就业形势的现况和收发电子邮件,费用约__元。

(2) 复印调查问卷费用约为__元。

(3) 联系调查学生费用约为__元。

合计:约__元人民币。

十、调查工作的组织实施

此项调查由吉林工程技术师范学院团委指导并负责调查经费筹集,由校学生会具体负责组织实施,勤工俭学协会协助,参与调查人员由各个院系推荐。

第三节 统计调查问卷

问卷调查是调查者根据调查目的和要求设计的一系列问题、备选答案、说明等组成的一种调查形式,是用来收集数据、获取信息的工具。问卷调查始于 20 世纪 30 年代的美国,主要用于政治生活中的民意测验和民主选举、市场营销、经济预测等方面。如今,问卷调查已成为信息收集的主要方式,被应用于各种领域。

统计调查问卷又称为调查表,是调查者根据调查目的,按照严密的逻辑结构精心设计的一份调查表格。经过被调查者填写过的问卷,就是调查所取得的原始资料。

问卷调查是统计调查的一种十分重要的方法,而在问卷调查中,问卷设计又是其中的关键,问卷设计得好坏,将直接决定着能否获得准确可靠的统计信息。

一、调查问卷设计的要求

问卷设计的思想性和技术性很强,它对于资料收集的准确可信具有重要影响。在设计过程中要注意以下几个要点:

(1) 主题明确,形式鲜明。

(2) 问句的文字通顺,容易理解,便于回答;措词要准确客观,内容必须十分具体;不带有任何倾向性和暗示;不同问句要避免重复。

(3) 涉及的问题应该是可以测定的,易于进行后续的数据录入和分析。

(4) 问句排列应充分体现调查提纲要求的逻辑结构,层次分明,先易后难;先问事实性问题,后问态度和意向方面问题,最后问理由方面问题。

(5) 问句数量不宜过多。考虑到被调查者的耐心程度,问题的数量以被调查者能够接受的答题时间范围为准则。

(6) 尽量避免敏感性问题。被调查者不愿意回答涉及个人隐私的问题,如收入、个人生活问题、政治方面的问题等。对于敏感性问题，若采用匿名问卷的方式，被调查者会倾向于如实回答。

二、统计调查问卷的内容

一份完整的统计调查问卷，通常包括问卷名称、问卷说明、问卷主体和作业记录四部分内容。

1. 问卷名称

问卷的名称应该简明扼要，概括统计调查的主题，以使被调查者明确主要的调查内容和调查目的。

2. 问卷说明

问卷说明是指置于问卷前面，用来说明调查目的、内容和要求，请求被调查者给予合作等内容的说明词句。通常包括：

(1) 调查目的和意义。

(2) 指标解释、调查须知及其他事项说明等。

(3) 如果涉及需为被调查者保密的内容，必须指明予以保密，不对外提供等，以消除被调查者的顾虑。

3. 问卷主体

调查问卷的主体内容主要是根据调查目的所设计的一系列问题和可供选择的答案。问卷主体是调查者所要调查的基本内容，是调查问卷中最重要的部分。问卷主体内容设计的好坏，将直接影响整个统计调查的准确性。

4. 作业记录

作业记录是由调查者最后填写自己的姓名、访问日期、访问时间等，表明问卷执行和完成情况的记录，以便于审核和进一步追踪调查。

三、调查问卷常用的形式

1. 自由回答法

这类问卷只提出问题，没有指定可供选择的答案，由被调查者自由回答，不受限制。这种问卷的答案，有利于获得丰富的统计信息，但其答案可能漫无边际，词不达意，可信度差，同时也不容易汇总，给统计信息处理带来难度。

2. 两项选择法

这类问卷的问题给出非此即彼的两个答案，要求被调查者从中选择一个，回答“是”或“否”。这种方法，容易提问，也容易回答，答问者态度明朗，能够获得明确的答案，便于事后统计处理。但其不能反映答问者意志的强弱，对于那些既不肯定也不否定的答案无法表示，只适用于收集简单的事态或表态。

3. 多项选择法

这是由调查者列出问题,同时给出多种可能的答案,由被调查者从中选择最符合自己意愿或情况的一个或几个答案,这种方法具有两项选择法的优点,但灵活性更大。

在采用此种方法时,所给出的答案应该注意几点:给出的答案包括需要了解的所有可能的答案;各种可能的答案应互相排斥,不能相互交叉和互相包容;应是从多项答案中选择一项或者两项以上,要给予说明;设问时必须表达明确,使设问与答案之间不会出现矛盾。

4. 赋值评价法

这种方法是用打分数或定等级来评价事物的好坏与优劣的方法。打分时,通常用百分制或十分制,等级一般规定一级到五级或一级到十级。这种方法简便易行,评价活动余地也比较大,而且便于统计处理和比较。但其分数的多少和等级的高低难以掌握尺度,往往因人而异,差距较大。因此,应用此法时,对其打分或定级的标准要作出统一的规定,供答问者参考。

四、调查问卷范例

大学生消费观调查问卷

您好,我们是吉林工程技术师范学院学生记者,我们正在进行一项关于大学生消费观的调查,想邀请您用几分钟时间帮忙填答这份问卷。本问卷实行匿名制,所有数据只用于统计分析,请您放心填写。题目选项无对错之分,请您按自己的实际情况填写。谢谢您的帮助。

Q1:你的性别?

○ 男　○ 女

Q2:你所在的年级?

○ 大一　○ 大二　○ 大三　○ 大四　○ 研究生

Q3:你平均一个月的花费大约是多少元?

____

Q4:你期望一个月的月消费是多少元?

____

Q5:你一般每个月花费主要在哪些方面?

○ 伙食　○ 购买衣物　○ 日用品　○ 学习

○ 娱乐　○ 通信　○ 其他

Q6:你每个月在这些方面的花费大约是多少元?(填写数字,没有填0)

伙食________　衣服饰品________　日用品________　学习________

娱乐________　通信________　其他________

Q7:你日常一般在哪里用餐?

□ 食堂　□ 饭馆　□ 路边小摊　□ 外卖　□ 其他

Q8：你一般在这些场所用餐的频率是？（填写数字，没有填 0）

食堂________　饭馆________　路边小摊________

外卖________　其他________

Q9：你一般在哪里购买服饰？

□ 大型超市或商场百货　□ 专卖店或品牌店　□ 特色店、折扣店

□ 路边小摊　□ 小店　□ 网购　□ 其他，请注明

Q10：你购物时主要考虑哪些因素？

□ 时尚　□ 实用　□ 价格　□ 品牌　□ 其他

Q11：当你和朋友聚会及外出时，你一般采取的埋单方式是？

○ AA 制　○ 有人埋单请客　○ 视情况而定

Q12：以下哪项符合你的消费方式？

○ 能省则省　○ 事先做好消费计划再计划花钱

○ 毫不在乎，想花就花　○ 其他

Q13：你平时是否做消费记录？

○ 有，全部做记录　○ 有，主要部分做记录

○ 有，偶尔做记录　○ 几乎不做记录

Q14：你的生活费主要来源？

□ 父母给予　□ 勤工俭学　□ 奖学金　□ 兼职　□ 其他

Q15：以下物品你拥有哪些？

□ 笔记本电脑　□ 台式电脑　□ 手机　□ 数码相机　□ MP3/4/5

Q16：你是否有网购经历？

○ 是　○ 否

Q17：你网购的频率是？

○ 每天网购　○ 每周 4～5 次　○ 每周 2～3 次　○ 每周 1 次

○ 每月 2～3 次　○ 每月 1 次　○ 更少次数

Q18：你一般会在网上买哪些商品？

□ 衣服鞋帽及饰品　□ 日用品　□ 书籍　□ 电子产品　□ 其他

第四节　统计调查方法

统计调查方法指的是搜集调查对象原始资料的方法，也就是调查者向被调查者搜集答案的方法。我国统计调查工作要求建立以必要的周期性普查为基础，经常性的抽样调查为主体，同时辅之以重点调查、科学推算和少量的全面报表综合运用的统计调查方法体

系。统计调查方法按组织方式可以分为统计报表和专门调查，包括普查、抽样调查、重点调查、典型调查等。

一、统计报表制度

（一）统计报表的概念

统计报表是企业，事业、行政单位，各级政府机构和各业务主管部门，依照《中华人民共和国统计法》的有关规定，按照统一的表式，报送程序、报送时间等统一要求，自上而下布置，自下而上逐级上报提供统计资料的一种统计调查方式。我国大多数统计报表要求调查对象全部单位填报，属于全面调查范畴。

统计报表制度是一国掌握社会经济发展动态的基本情况，稳定获取统计资料的重要途径。国家统计部门利用统计报表，为政府制订、编制和检查计划提供了大量可靠的依据，也可以指导有关部门、企业的生产、经营、管理和决策。

（二）统计报表的特点

(1) 统计报表是国家和地方政府部门收集统计数据的主要方式。统计报表在我国几十年的政府统计工作中，已形成了一套比较系统、完备的统计报表制度，是国家和地方政府部门收集统计数据的主要方式。

(2) 统计报表的资料来源于基层单位的原始记录。从原始记录到统计报表，中间经过统计台账和企业内部报表。

(3) 统计报表只是一种补充性的统计调查。统计报表较笨重，缺乏灵活性，而且财力、人力投入较大，调查效益差，基层负担重，中间环节多，容易受到行政干扰，数据信息质量很难得到保证，面对日益发展的多种经济成分、多种分配方式等复杂多变的调查对象，它只能作为一种补充性的统计调查方法。

小贴士

“三新”统计制度包括哪些方面

在建立“三新”统计制度方面，国家统计局是以及时反映和揭示新产业、新业态、新商业模式(简称“三新”)为目标的。2017 年，国家统计局制定了《新产业 新业态 新商业模式统计监测制度》(试行)。

该制度主要包括“三新”经济综合情况以及新兴现代农业、工业战略性新兴产业、新产品、新服务、高技术产业、科技企业孵化器、企业创新、互联网平台、电子商务、互联网金融、城市商业综合体、开发园区等 12 个重点领域。随着“三新”的不断发展和对“三新”研究认识以及统计工作水平的提升，该制度将不断修改完善，逐步充实统计内容。

（三）统计报表的种类

1. 按调查对象范围的不同

可以分为全面统计报表和非全面统计报表。

全面统计报表是调查对象的每个单位都填报；非全面统计报表，只要求调查对象的一部分单位填报。我国大多数统计报表要求调查对象全部单位填报，属于全面调查范畴，所以又称全面统计报表。

2. 按报送周期长短的不同

可以分为日报、旬报、月报、季报、半年报、年报。

日报、旬报可以及时反映经济发展的状况，只限于少量最主要的指标；月报、季报主要用于检查月、季计划执行的情况；半年报、年报是具有总结性的报表。指标项目最多，内容全面完整，对摸清国民经济运行的详细情况有重要作用。

3. 按报送方式的不同

可以分为邮寄报表和电讯报表。

电讯报表包括电报、电话、传真和网上报表等方式。

4. 按填报单位的不同

可以分为基层报表和综合报表。基层报表主要由基层企事业单位填报，它所提供的原始资料是统计的基础资料。综合报表是由主管部门根据基层报表逐级汇总填报的统计报表。

5. 按内容和实施范围的不同

可以分为国家报表、业务部门报表和地方报表。目前我国统计报表是由国家统计报表、业务部门统计报表和地方统计报表组成，其中国家统计报表是统计报表体系的基本部分。

国家统计报表是在全国范围内实施的，用以搜集有关社会经济发展全貌的基本统计资料。业务部门统计报表是在各个部门系统内实施的，用以搜集各个部门自身发展情况的专业统计资料。地方报表是在各地所辖范围内实施的，用以搜集满足地方所需要的区域统计资料。业务部门报表和地方报表都是国家统计报表的有效补充。

（四）统计报表的基本内容

1. 报表目录

报表目录是为了让填报单位了解在什么时间、用什么方式、向什么单位报送什么报表。具体包括统计报表名称、填报单位、调查对象的统计范围、报送时间、报送程序。

2. 报表表式

报表表式是统计报表制度的主体，是指统计报表的具体格式。包括表名、表号、报表期限、填报单位、报出时间、报送方式、主栏项目、宾栏指标、表下补充资料、填报单位负责人和填表人签章等。

3. 填表说明

填表说明是对统计报表的统计范围、指标等做出的规定。具体包括以下内容。

(1) 填报范围：统计报表的范围，规定每种统计报表的填报单位、各级统计部门与主管的范围等。

(2) 指标解释：对列入统计报表的统计指标的口径、计算方法以及其他问题的具体说明。

(3) 分类目标：有关统计报表主栏中应该进行填报的有关项目的分类。

(4) 其他有关事项的规定：除了以上各项规定以外的一些注意事项，如报送日期、报送方式、报送份数等。

(五) 统计报表的资料来源

统计报表的资料来源，主要是基层的原始记录、统计台账及基层企业内部报表。

原始记录是基层单位通过一定的表格形式，对其生产、经营、管理活动的具体内容和状况进行的最初的数字和文字记载。如企业产品产量记录、职工出勤记录、产品入库单等。原始记录具有广泛性、经常性、群众性和真实性的特点。

统计台账是基层单位根据统计报表要求和基层经营管理需要而按时间顺序设置的一种系统积累统计资料的表册。统计台账有单指标和多指标的统计台账，可以作为填报统计报表的依据，又可以积累统计资料，是积累历史资料的手段和工具。

基层企业内部报表只适合本企业，它是对本企业内部的生产、经营活动情况的填报。

二、普查

(一) 普查的概念

普查是为某一特定目的而专门组织的、一次性的全面调查。普查需要对总体中的所有个体进行调查，如我国农业普查、经济普查、每 10 年对所有常住居民进行人口普查等。普查主要是调查一定时点状况的社会经济现象的总量，搜集那些不能够或者不适宜用定期全面报表搜集的统计资料。普查是国家为详细了解重要国情、国力而专门组织的全面统计调查，是制定社会经济发展战略的一个重要信息源泉。

小贴士

现代意义的人口普查，是从新中国成立后才开始的。从 1949 年至今，我国分别在 1953 年、1964 年、1982 年、1990 年、2000 年、2010 年和 2020 年进行过七次全国性人口普查。

普查和全面统计报表都属于全面调查,但是二者并不能互相代替。普查属于不连续调查,调查内容主要是反映国情国力方面的基本统计资料;而全面统计报表属于连续调查,调查内容主要是需要经常掌握的各种统计资料。

全面统计报表要经常填报,因此报表内容固定,调查项目较少;而普查是专门组织的一次性调查,在调查时可以包括更多的单位、分组更细、项目更多。因此,有些社会经济现象不可能也不需要进行经常调查,但又需要掌握比较全面、详细的资料时,就可通过普查来解决。普查花费的人力、物力和时间较多,不宜经常组织,取得经常性的统计资料还需要靠全面统计报表。

(二)普查的特点

1. 普查具有周期性

由于人力、财力和时间所限,普查不可能年年搞,更不能事事搞,而只能对主要的调查项目每隔若干年进行一次。通常是每隔 5 年或 10 年进行一次,即周期性地进行普查。目前,政府部门周期性的普查项目有人口普查、农业普查和经济普查等。

2. 普查需要规定标准调查时间

普查一般需要规定统一的标准调查时间,以避免调查数据的重复和遗漏,保证普查结果的准确性。例如,我国前四次人口普查的标准时点定为普查年份的 7 月 1 日零时;第五次全国人口普查的标准时点为 2000 年 11 月 1 日零时;2008 年经济普查所定的标准时点为 2008 年 12 月 31 日。标准时间一般定在调查对象比较集中、变动相对较小的时段。

3. 普查需要规定统一的普查项目和指标

普查必须按照统一规定的项目和指标进行登记,不得任意改变或增减,以便综合汇总。对同一现象的普查,每次普查的项目和指标力求一致,便于与历次普查资料进行对比分析。

4. 普查由专门机构来组织

普查的组织方式,基本上有两种:第一种是组织专门的普查机构,配备一定数量的普查人员,对被调查者直接进行登记;第二种是利用被调查者的原始记录和核算资料,颁发一定的调查表格由被调查者填报。对后一种方式,也仍需组织一定的普查机构,配备一定的专门人员,对整个普查工作进行组织领导。

(三)普查的种类

1. 按组织形式分类

按组织形式的不同,可以分为:组织专门普查机构人员对调查单位直接进行登记调查的普查;组织专门普查机构发表,由调查单位填报后汇总的普查。

2. 按汇总资料特点分类

按汇总资料的特点不同,可以分为一般普查和快速普查。一般普查是逐级上报资料;快速普查是越过中间环节,由基层单位将资料直接报送给最高领导机关。

小贴士

几种重要普查的周期

2003 年国家对普查项目和周期安排重新做了调整,我国在 10 年中,也就是 2004 年到 2014 年,将开展 3 项 4 次普查,即:逢尾数为 0 的年份做人口普查,10 年中进行一次;逢尾数为 6 的年份做农业普查,10 年中进行一次;逢尾数为 3 和 8 的年份做经济普查,10 年中进行两次。

经济普查实际上是将过去的工业普查、第三产业普查和基本单位普查合并,再加上过去没有纳入普查范围的建筑业。现在我国重要的国情国力普查已形成周期性。

三、抽样调查

(一) 抽样调查的概念

抽样调查是按随机原则从总体中选取一部分单位进行观察,用以推算总体数量的一种非全面调查。它是根据概率理论,从总体中随机抽取一部分单位进行研究,其目的是推断总体的特征。它属于非全面调查。

社会科学研究经常使用抽样调查,例如,政府机构想了解全市下岗职工的年龄构成及其再就业状况。此时的总体应是全市所有下岗人员,要想得知下岗人员的年龄构成及再就业状况,就应作一次全面调查。然而总体是如此庞大,鉴于人力、物力、财力与时间等方面的限制,作全面调查显然是不现实的,而科学的做法是运用抽样技术选择一个好样本,用样本信息对整个总体做某些结论。

(二) 抽样调查的特点

1. 经济性好

抽样调查虽然是非全面调查,但它能达到对总体数量特征的认识,它只调查总体中的一部分单位,工作量小,投入少,因而可以节省大量的人力、物力、财力和时间,能够以较少的投入取得必要的统计数据。抽样调查是非全面调查中最完善、最有科学根据的方式方法。

2. 时效性强

由于抽样调查的工作量较之普查工作量小,调查时间、数据处理的时间较短,从而可以提高数据的时效性。

3. 准确性高

采用抽样调查，可以避免或减少层层汇总上报中的行政干预行为，取得的统计数据比较准确，另外抽样调查覆盖面小，工作量相对较小，可使各环节的工作做得更细致，误差较小。当然用样本数据去推断总体，不可避免地会产生抽样误差，但这种误差的大小是可以计算并加以控制的。

4. 适应性广

抽样调查不仅比普查划算，而且应用范围很广泛。假如要测试灯泡的使用寿命、轮胎的里程、新研制炮弹的射程等必须采用抽样调查。又如居民家庭收支状况、人口变动情况、电视收视率等也适合采用抽样调查。抽样调查已成为世界各国普遍采用的一种调查类型。

（三）抽样调查的作用

(1) 能够解决全面调查无法或难以解决的问题。

(2) 可以补充和订正全面调查的结果。

(3) 可用于生产过程中产品质量的检查和控制。

(4) 可用于对总体的某种假设进行检验。

知识链接

住户调查包括哪些内容？国家统计局是如何开展住户调查的？

住户调查是以住户及其家庭成员为调查对象的数据搜集方法。因调查对象群体庞大，一般采用抽样调查方式组织实施。国家统计局开展的住户调查主要包括：城乡居民的收支和生活状况、农民工监测调查、农民工市民化监测调查、农村贫困监测调查、退耕还林（草）监测调查和农户固定资产投资调查等。住户调查如何开展，以住户收支与生活状况调查为例简要说明。

第一，调查户是如何抽选的。

国家统计局根据全国人口普查资料，将所有人口按常住地纳入调查范围，采用分层多阶段随机抽样方法，在全国31个省（市、区）抽选确定了1 800多个调查县（市、区）、16万调查户。这个调查规模可以使全国居民及分城乡居民人均可支配收入和消费支出抽样误差控制在1%以内。

第二，调查数据是如何采集的。

住户收支与生活状况调查基础数据来源于调查户记账和调查人员入户访问。调查户要将每天发生的现金和实物收支情况，比如工资、奖金、福利、津贴、出售农产品、购买商品、自产自用等信息，逐项登记在账册上。记账时，调查户要一项一项分开记清所有收支项目的数量、单位、金额。

对于实物收入和消费，要按规定方法折算成现金收入和支出。住户成员及劳动力从业情况、住房和耐用消费品拥有情况、家庭经营和生产投资情况、社区基本情况及其他民生状况等资料由调查人员入户访问，使用问卷调查方式采集。

每季度末，调查人员对调查户的样本信息、记账数据和问卷调查数据进行编码、录入、审核，并直接上报国家统计局，由国家统计局直接汇总计算出全国居民的主要收支数据。

第三，调查结果是如何使用的。

住户收支与生活状况调查按时汇总发布居民可支配收入、消费性支出、农村贫困人口、贫困发生率、基尼系数、恩格尔系数等重要民生数据，为监测全面建成小康社会、城乡居民收入翻番、精准扶贫精准脱贫等国家重大战略实施提供统计基础，为农村贫困标准、最低工资标准、城乡低保标准、个人所得税起征点等政策制定提供数据支持，也为解决低收入困难家庭申请专项救助、调整民事赔偿标准等民生问题服务。

（四）抽样调查的基本形式

抽样调查的基本形式有简单随机抽样、类型随机抽样、等距抽样、整群抽样、多阶段抽样。

1. 简单随机抽样

简单随机抽样是指按随机原则直接从总体中抽选样本单位进行调查。简单随机抽样通常是用抽签的方式抽取所要调查的单位。

2. 类型随机抽样

类型随机抽样是指先对总体各单位按主要的标志加以分类，然后再按随机原则从各类中抽取一定单位数进行调查。

3. 等距抽样

等距抽样是指将总体各单位按某一标志大小顺序排列，然后依一定间隔抽取样本单位进行调查。

4. 整群抽样

整群抽样是指先将总体单位划分许多群，然后以群为单位，从其中随机抽取部分群，再对中选群的所有单位进行全面调查。

5. 多阶段抽样

多阶段抽样，就是把抽取样本单位的过程分为两个以上的阶段进行。先从总体中抽选若干大的样本单位，这是第一阶段抽样。然后，从被抽中的若干大的单位中抽选较小的样本单位，这是第二阶段抽样。以此类推，再在被抽中的单位中抽选较小的样本单位，可以有第三阶段、第四阶段等，最后推出所需的样本来。

例如，某地区教委要了解小学生的健康状况，如果直接抽查有一定的困难，因此可以采取多阶段抽样。首先按照随机原则抽选一些学校，然后，在被抽中的学校中随机抽选一些年级,再在被抽到的班级中抽选一些学生进行调查。

(五) 抽样调查适用的场合

(1) 有些现象不可能进行全面调查,例如,要测试灯泡的使用寿命、轮胎的里程、新研制炮弹的射程等必须采用抽样调查。

(2) 有些现象不必要进行全面调查。

(3) 有些现象来不及进行全面调查。

(4) 全面调查以后,采取抽样调查可以对全面调查资料进行修正补充。

(六) 抽样调查与普查的关系

普查和抽样调查都很常用。普查具有周期性,一般是 5 年或 10 年进行一次;抽样调查主要用于常规性调查,包括年度、季度和月度统计调查。我国的统计法明确规定,统计调查以周期性普查为基础,以经常性抽样调查为主体。由此不难看出,普查和抽样调查在统计调查中都具有十分重要的地位,是统计调查的两大支柱。

1. 抽样调查与普查的比较

抽样调查和普查同时存在并得以广泛应用的现实足以说明,二者各有所长,各有不足,彼此不可替代,如表 2-2 所示。

表 2-2　抽样调查与普查的比较

比较的内容	抽样调查	普查
1. 省费用	优	
2. 及时性	优	
3. 灵活性	优	
4. 详细分组资料和满足分级管理		优
5. 准确性或可靠性	不确定	
(1) 抽样误差	存在	不存在
(2) 非抽样误差	存在	存在

表 2-2 从五个方面对抽样调查和普查的优劣进行比较。从中可以看到,在费用、时间和灵活性三个方面,抽样调查具有优势,因为抽样调查只抽取部分样本进行调查,工作量远远小于普查。

2. 抽样调查与普查互为补充

抽样调查和普查并存,相互补充,构成了一个完整的统计调查体系。

(1) 对于一些重大的国情国力问题,如人口、农业等,有必要动用大量的财力和物力进行普查,以便得到非常详细的资料。然而,普查耗资大、耗时长,不可能也没有必要经常进行。在普查的间隔年度以及季度和月度等经常性调查应当通过抽样调查来完成。

(2) 普查可以为抽样调查提供比较全面、详细的抽样框。抽样离不开抽样框，而普查的详细资料本身就是很好的抽样框。从这个意义上讲，普查是抽样调查的基础。

(3) 抽样调查是对普查数据进行质量检查的有效工具。利用抽样调查对普查质量进行检验，目前已广泛地应用于各国的普查过程。

(4) 两种方法可以结合使用。在普查中可以对一些规模很小的单位不进行逐个调查，而是通过抽样调查获取资料。如我国 2004 年经济普查对个体户采用的就是抽样调查。

四、重点调查

(一) 重点调查的概念

重点调查是专门组织的一种非全面调查，它是对所要调查的全部单位选择一部分重点单位进行调查。重点调查的关键是选择好重点单位。所谓重点单位，是从标志量的方面而言的，尽管这些单位在全部单位中只是一部分，但这些单位的某一主要标志量占总体单位标志总量的绝大比重。对这些单位进行调查，就可以了解调查对象的基本情况。

例如，要了解全国钢铁企业的生产状况，只要选择鞍钢、宝钢、首钢、太钢、包钢、武钢等大型钢铁企业作为重点单位进行调查就可以了。因为这些大型钢铁企业的产量占全国钢铁产量的绝大比重。对这部分重点单位进行调查所取得的数据一般能够反映总体的基本情况。重点单位可以是企业、行业，也可以是地区、城市。

(二) 重点调查的特点

(1) 重点调查是范围比较小的非全面调查，所投入的人力、物力少，而又可以较快地收集到统计信息资料。

(2) 重点调查中重点单位的选择具有客观性。重点调查中重点单位的选择着眼于标志量的比重，因而重点单位的选择具有客观性。重点调查可以定期进行，也可以不定期进行。重点调查实际上是范围比较小的全面调查，它的目的是反映现象总体的基本情况。

(3) 重点单位对于总体来说最具代表性，但不能根据重点单位推断总体。当调查目的是掌握现象的基本情况，而部分单位又能比较集中地反映所研究的项目和指标时，可以采用重点调查。

(4) 重点单位会随时间、地点、研究内容的不同，而发生变化。

(三) 重点调查与抽样调查的区别和联系

1. 重点调查与抽样调查的联系

都是专门组织的非全面调查，具有调查单位少、省时省力的特点，在选取调查单位时不受主观因素的影响。

2. 重点调查与抽样调查的区别

(1) 调查单位的意义和取得方式不同。重点调查是选择为数不多但标志量占总体标志总量绝大比重的单位进行调查；抽样调查中的样本单位是按照随机原则从研究总体中抽取的，具有较高代表性。

(2) 二者研究目的不同。重点调查是为了解现象总体的基本情况，但不能推断总体总量；抽样调查的目的在于以样本量来推断总体总量。

(3) 适用场合不同。重点调查适用于部分单位能比较集中地反映所研究的项目或指标的场合；抽样调查最适合于不能或很难进行全面调查，而又需要全面数值的场合，在能进行全面调查的场合也有独到的作用。

(四) 重点单位的选择

根据调查的目的和任务，选择管理水平较高、核算制度比较健全、统计力量比较充实、统计基础比较巩固、资料容易取得，且质量较高的单位。

五、典型调查

(一) 典型调查的概念

典型调查是根据调查的任务目的，对所研究的现象总体进行初步分析的基础上，有意识地选择若干具有代表性的单位进行调查，借以认识事物发展变化的规律。典型调查在社会学研究中经常使用，也是一种非全面调查。

(二) 典型调查的特点

1. 典型调查具有深入细致性

由于调查单位少，而且调查单位经过分析选择，具有典型性，便于进行深入、具体、周密的调查，能够发现丰富生动的信息，适用于对新情况、新问题的调研。典型调查具有深入、细致性的优点，但也有不能推断总体的缺点。它既可以搜集数字资料，又可以搜集不能用数字反映的实际情况。

2. 取决于调查者的主观判断和决策

典型调查，调查单位更多地取决于调查者的主观判断和决策。典型调查是对所研究的现象总体进行初步分析的基础上，有意识地选择若干具有代表性的单位进行调查，因此它更多地取决于调查者的主观判断和决策。

3. 投入少，效率高

典型调查可以节约人力、物力和时间，具有机动灵活性，可以提高调查资料的效率和时效性。

(三) 典型调查的组织方式

组织典型调查的关键在于如何选择典型单位，根据调查目的和研究主题确定，通过比较筛选实施。通常有以下两种做法。

1. “解剖麻雀”式

“解剖麻雀”式是对个别典型单位进行的调查研究，通过“解剖麻雀”，掌握总体内部结构和发展变化的规律，达到对现象总体基本情况的认识。如果调查总体各单位的差异较小，解剖一个或几个“麻雀”就行了。如果典型调查的目的是了解总体发展的一般情况，则可以选择总体中的中等水平单位作为典型单位。

2. 划类选典式

划类选典式是先对现象总体按某主要标志划类，再在各类中选择典型单位予以调查。

如果典型调查的目的是了解总体发展的基本情况，且调查总体各单位的差异较大，则需要把调查总体按照一定的标准划分成几种类型，然后再在各类型中选取典型单位进行调查，以认识各单位的一般水平和估计总体大致水平。

（四）典型调查与重点调查的区别

（1）典型调查单位的选择取决于调查者的主观判断，重点调查单位的选择具有客观性。

（2）典型调查在一定条件下可以用典型单位的量推断总体总量，但无法估计误差，推断结果只是一个近似值。重点调查不具备用重点单位的量推断总体总量的条件。

抽样调查和重点调查、典型调查的根本区别就在于选取调查单位的方法不同。

六、各种调查方式的结合运用

不同的统计调查的方式方法，各有其特点和作用。在实际工作中，并非单用一种方式方法，而是多种方式方法的结合运用。这是因为：

（1）国民经济和社会发展情况复杂，国民经济门类众多，必须应用多种多样的统计调查方法，才能搜集到丰富的统计资料。

（2）任何一种统计调查方法，都有它的优越性与局限性，各有不同的实施条件，只用一种统计调查方法，不能满足多种需要。

第五节　统计调查报告

一、统计调查报告概述

（一）统计调查报告的概念

统计调查报告是在统计调查的基础上，对所研究的社会经济现象进行大量观察之后，选择有代表性的单位或地区进行深入调查研究，以反映是非曲直及其本质和规律的一种专业应用文。

（二）统计调查报告的特点

1. 取材直接

统计分析报告主要使用反映总体情况的统计资料，辅以实际调查而获取的具体材料。而统计调查报告则主要使用直接调查的具体材料。这些材料主要是从抽样调查、重点调查和典型调查等非全面的专门调查得来的。

要求调查人员必须深入实际亲自调查采集第一手资料，掌握实际情况。如果调查人员没有直接参加实际调查，而主要依靠间接材料，就很难写出报告，即使勉强写出来了也不符合要求。

2. 内容深入

统计调查报告是通过非全面的专门调查来反映部分单位的社会经济情况，并不要求直接反映总体情况，由于调查单位较少，调查范围较窄，因此可以深入地进行调查研究，细致地解剖社会经济现象，尽力挖掘其客观意义和规律特征，从而使统计调查报告比其他统计应用文内容更深入，材料更具体，分析更透彻，更能反映客观事物发展变化的全过程。

3. 事例典型

统计调查报告要让事实说话，用事实来说明观点。这不仅要用较多的统计数字和综合材料，而且要用大量的典型事例，有的甚至是一个完整的典型事件贯穿全文的始终。

由于典型事实具有一定的代表性，因此通过对它们进行深入的研究，在一定条件下，可以认识同类事物的共同本质和一般规律。

4. 叙议结合

统计调查报告的陈述性和说明性都较强，因此主要表达方式是叙述和议论，又以叙述为主。统计调查报告的陈述既要简洁而概括，又要具体而生动。其他统计应用文也有对事实的叙述，但只取事实的片断，不求系统的完整，而统计调查报告，尤其是反映典型事件和新事物的调查报告，要求展示事物发生、发展的过程，因而具有一定的完整性。

统计调查报告不仅要反映事实的经过，而且还要对事实进行分析和议论，找出规律性的东西。但是必须以事实为基础和依据，决不能脱离事实去作空洞的议论。

（三）统计调查报告的种类

1. 按内容性质可以分为以下几种

（1）反映一般情况的调查报告

这种调查报告研究某一社会经济现象的基本情况，为领导掌握情况、解决问题、制定政策提供参考和依据。这种调查报告既可以反映成绩，也可以反映问题，还可以预测未来。

(2) 研究政策的调查报告

这种调查报告对党和政府的方针、政策在贯彻执行中的各种情况进行反馈。通过实践的检验,对其不完善的地方提出改进的意见,以便修正和调整,使之更加符合客观实际。这种调查报告分析和议论的成分较重。

(3) 总结经验的调查报告

这种调查报告主要是推广在实践工作中比较成熟而具有指导意义的经验,以先进典型带动一般。写好这种调查报告要善于发现、挖掘和总结典型事物,介绍做法和经验要明确具体,具有可操作性。

(4) 揭露问题的调查报告

这种调查报告针对阻碍社会经济发展的带倾向性的问题或事件,用确凿的事实揭露矛盾,反映问题的严重程度和危害性,分析问题产生的原因,找出解决问题的办法,从而达到澄清事实、明辨是非、吸取教训的目的。

(5) 反映新事物的调查报告

这种调查报告比较完整、全面地反映某一新事物产生的背景、发展的过程以及存在的问题,研究它的性质、意义和规律,以便及时推广。

2. 按内容范围可以分为专题调查报告和综合调查报告

(1) 专题调查报告

专题调查报告是对某一个或某一方面的问题进行专题调查而写成的报告。它反映的对象可以是个体,即针对一个专题对一个单位进行调查;也可以是群体,即针对一个专题对部分单位进行调查。专题调查报告选题灵活,内容集中,针对性强,易于较快拿出成果。专题调查报告具有一定深度,能为领导解决某方面的问题,制定某方面政策提供依据。

(2) 综合调查报告

综合调查报告是对一个单位、一个地区多方面情况进行全面调查而写成的报告。要求把调查对象各方面的情况联系起来进行综合研究,作出全面评价。综合调查报告主要用于为领导从全局上指导工作提供决策咨询。

3. 按功能目的可以分为以下几种

(1) 描述性调查报告

这是以了解某一事件或某一问题的全貌或发展过程为目的的调查报告。它要解决"是什么"的问题,如民意调查、国情国力调查、基本情况调查等。这种调查报告以反映情况为主,描述事实,摸清问题,不必做过多的议论。

(2) 解释性调查报告

这是以探讨社会经济现象之间的因果关系为目的而写的调查报告,它要解决"为什么"的问题,要求对调查对象进行深入研究,探讨原因,找出规律。因此,分析、议论较多。

(3) 预测性调查报告

它是在调查事物的历史和现状的规律,对未来的发展和完善进行判断和描述,为领导制定规划和决策提供方向性的参考意见。预测性调查报告要解决的是"将会怎么样"的问题。

(四) 统计调查报告的作用

(1) 统计调查报告可以为国家制定方针、政策以及各部门、企事业单位的领导者做出正确决策提供依据。

(2) 调查报告可以通过典型调查,宣传、介绍先进经验和先进人物事迹,借以指导全面工作。

(3) 调查报告可以通过典型调查,揭露社会问题,鞭挞不良倾向,改正工作中的失误。

(4) 调查报告可以通过调查揭露事实真相,说明和回答社会问题。

知识链接

统计调查报告与统计分析报告

统计研究的成果既可以用统计分析报告的形式表述,也可以用统计调查报告的形式表述。在统计工作中,这是使用最多的两种专业应用文。它们在发挥统计工作的作用上,在文体的写作要求上有许多共同的地方。都以社会经济现象作为研究和反映的对象,都要运用统计调查得来的数字资料分析事物的数量关系,都是为领导提供决策咨询,在写作程序和写作方法上也基本相同。于是就产生了统计分析报告与统计调查报告不分之说,而且在实际工作中的确也存在着一些不能明确区分到底是哪种文体的情况。但是,我们只要认真地研究,仔细地比较,就可以发现,它们不管在材料的来源和使用上,还是在表现的形式上,都各有侧重,从而也就体现出了它们的特点和区别。

首先,从材料的来源和使用上看,虽然运用各种统计调查方法所收集、整理的统计资料都是这两种报告材料的来源,但是统计分析报告主要依靠全面统计报表和抽样调查所提供的数字资料来进行分析,以间接材料为主,辅之以实际调查的情况。而统计调查报告则主要是从各种专门调查、实际调查中去获取资料,要求作者必须亲自深入实际进行细致调查,因此它以直接材料为主。在使用材料时,统计分析报告要求充分利用全面统计数字,就是抽样调查也要推算总体情况,而典型材料的运用就较少,有时甚至没有。而统计调查报告要以典型材料为主,有时甚至是一个典型事件贯穿全文的始终。通过对有代表性的典型事实的深入解剖,来认识事物发展变化的过程和趋势。一般只反映部分单位的情况,在文中不直接反映或推算总体情况。因此,统计调查报告在材料使用上比统计分析报告更细致、具体。

其次,从内容的侧重和表现形式上看,统计分析报告一般不交代调查活动的基本情况，更不反映调查的具体过程，而是侧重于分析，运用统计分析的各种方法，从数字分析入手，揭示事物的数量关系，分析现象产生的原因，提出解决问题的办法，因此它的说理性和说明性较强。而统计调查报告侧重于反映调查情况，介绍调查对象，一般要先交代调查的目的、对象、内容以及调查的简要过程，然后运用大量的事实反映调查的结果，最后得出结论，探讨规律，因此它的陈述性和报导性较强。此外，统计分析报告的写法灵活，可长可短，形式多样，而统计调查报告的写法则相对比较规范和完整。

二、统计调查报告的撰写

（一）撰写统计调查报告的重要性

调查报告是调查人员对某种事物或某个问题进行深入细致的调查后，经过认真分析研究而形成的一种报告形式。书面调查报告的功能体现在以下三点：

1. 调查报告是调查工作的最终成果

我们知道，调查活动是一个有始有终的活动，它从制定调查方案、搜集资料、加工整理和分析研究，到撰写并提交调查报告，是一个完整的工作程序，缺一不可。所以，调查报告是调查成果的集中体现。

2. 调查报告是从感性认识到理性认识飞跃过程的反映

调查报告比起调查资料来，更便于阅读和理解，它能把死数字变成活情况，起到透过现象看本质的作用，使感性认识上升为理性认识，便于更好地指导实践活动。

3. 调查报告是为各部门管理者、为社会、为企业服务的一种重要形式

一份好的调查报告，能对各项活动提供有效的导向作用，同时对各部门管理者了解情况、分析问题、制定决策和编制计划，以及控制、协调、监督等各方面都起到积极的作用。

要撰写好一份出色的调查报告，必须了解调查报告的特点，掌握整个调查报告的撰写步骤、报告的结构和撰写方法，使调查报告在实际工作或理论研究中发挥应有的作用。

（二）撰写统计调查报告的基本要求

1. 实事求是

调查报告作为调查研究的成果，最基本的特点就是尊重客观实际，用事实说话。

2. 符合经济规律及有关政策的规定

经济活动有其特有的规律性。因而，要摸清市场规律，及时掌握市场规律的变化，研究其变化的原因，加深对市场规律的认识，同时，密切注意各个时期党和国家有关方针政策的变化，可以使问题剖析得更加透彻，使调查报告更加真实、准确。

3. 观点与数据要结合运用

调查报告的独特风格就是以调查资料为依据，而资料中数据资料显得尤为重要，数据资料具有很强的概括力和表现力。用数据证明事实的真相往往比长篇大论更能使人信服。在调查中，常常会碰到有的问题、观点，用很多叙述都难以表达清楚，而用一个数字、一个百分比，往往使事物的全貌一目了然。

此外，调查报告还必须做到主题突出、结构严谨、条理清楚、文字简洁。同时，尽量用表格、图表、照片或其他可视物品来补充正文中关键的信息。直观可视的图表等对帮助报告撰写人和读者之间进行交流很有好处，也可以增强报告的明了程度和效果。

（三）书面调查报告的格式

调查报告一般是由标题、导语、主体（正文）、结尾等几部分组成。

1. 标题

标题应是画龙点睛之笔，它必须准确揭示调查报告的主题思想，做到题文相符。标题要简单明了，高度概括，具有较强的吸引力。

标题的写法灵活多样，一般有两种：单标题和双标题。

（1）单标题

① 一般文章的标题形式。有的点明基本观点，如《应重视农村水利设施建设》；有的反映内容范围，如《我市青年结婚费用支出情况》；有的提出问题，如《小氮肥厂的出路何在》等。

② 公文的标题形式。有的像公文标题一样，由内容范围和文体种类两部分组成，常用“关于……的调查”或“关于……的调查报告”来表示，如《关于当前物价上涨情况的调查报告》；有的还可以加上编写调查报告的单位，如《中国人民银行××县支行关于货币流通量的调查报告》。

（2）双标题

双标题分为正标题和副标题。正标题往往是“虚题”，揭示调查报告的基本观点；副标题往往是“实题”，补充说明调查的对象、内容、范围等情况。如《提高农民工的科学文化水平是致富的重要条件——60个不同文化水平农民工工作生活差距的调查》。

2. 导语

调查报告的导语又叫开头或前言。通过调查报告的前言可以使阅读者对报告有所了解，调查报告的前言通常包括调查背景和调查目的两个部分。在调查背景部分的报告内容中应对调查的由来或受委托进行该项调查的原因做出说明，对调查项目的必要性作简要的解释。常见的导语有叙述式、论述式和提问式三种类型。

3. 主体

主体是统计调查报告的主要部分。主体的任务是用事实反映调查研究的结果，用材料阐明调查报告的观点，使观点与材料相统一。主体的写作必须做到以下几点。

（1）观点要明确；

（2）材料要充分；

（3）分析要具体；

（4）结构要合理。

4. 结尾

统计调查报告的结尾是总结全文、得出结论、深化主题、解决问题的部分。结尾的写法没有固定不变的形式，要根据写作的目的和主体部分的内容灵活选择。常用的结尾方式有指明方向、提出建议、总结全文等几种。

（四）撰写统计调查报告的技巧

撰写统计调查报告的技巧主要包括表达的技巧、图表运用的技巧等。

1. 表达的技巧

表达的技巧包括叙述的技巧、说明的技巧、议论的技巧、语言运用的技巧等。

（1）叙述的技巧

叙述主要用于市场调查报告的开头部分，叙述事情的来龙去脉，表明调查的目的和根据、调查的过程和结果。调查报告常用的叙述技巧有：概括叙述、按时间顺序叙述。

① 概括叙述，是将调查过程和情况概略地进行陈述，不需要对事件的细节加以说明。这是一种"浓缩型"的快节奏叙述，文字简约，一带而过，给人以整体、全面的认识，以适合市场调查报告快速及时反映市场变化的需要。

② 按时间顺序叙述，是在叙述调查的目的、对象、经过时，往往采用按时间顺序叙述的方法，次序井然，前后连贯。

（2）说明的技巧

市场调查报告常用的说明技巧有：数字说明、分类说明、对比说明和举例说明。

① 数字说明：反映市场发展变化情况的市场调查报告需要用大量的数据，以增强调查报告的精确性和可信度。

② 分类说明：市场调查中所获资料杂乱无章，根据主要表达的需要，可将调查数据资料按一定标准分为几类，分别说明。

③ 对比说明：市场调查报告中有关情况、数字说明，往往采用对比形式，以便全面深入地反映市场变化的情况。对比要清楚事物的可比性，在同标准的前提下，做切合实际的比较。

④ 举例说明：为说明市场发展变化情况，举出具体典型事例，这也是常用的方法。市场调查中，会遇到大量事例，应从中选取有代表性的例子加以说明。

（3）议论的技巧

市场调查报告常用的议论技巧有：归纳论证和局部论证。

① 归纳论证：指对大量材料经过归纳分析研究，得出共性结论，从而形成论证。这

一过程主要运用议论方式，所得结论是从具体事实中归纳出来的。

② 局部论证：市场调查报告不同于议论文，不可能全篇论证，只是在情况分析和对未来的预测中作局部论证。

(4) 语言运用的技巧

语言运用的技巧主要包括用词方面的技巧。在用词方面，市场调查报告中数词用得较多，因为市场调查离不开数字，很多问题要用数字说明。可以说，数词在市场调查报告中以其特有的优势，越来越显示出其重要作用。此外，还经常使用专业词汇，以反映市场的发展变化，如"商品流通""市场竞争"等词。为使语言表达准确，撰写调查报告者还需要熟悉市场有关专业术语。

2. 图表运用的技巧

在调查报告中合理运用图表可以有效地表达数据资料。成功运用图表的关键在于清晰简洁地表述报告所要传达的信息。图表的选择应适合数据的表述目的。一般图表包括：表格(多种答案的列表分析、选择题列表分析、交叉列表分析、横列表分析)、饼形图、柱状图、流程图和照片等。

本章小结

统计调查是统计整理和统计分析的基础，是保证统计工作质量的基本环节，要求统计调查做到准确、及时和全面。在统计调查之前，要制定一个科学合理的统计调查方案。

统计调查报告是对所研究的社会经济现象进行大量观察、深入研究以后，反映现象的是非曲直及其本质规律的一种专业应用文，是统计调查工作的最终成果，是对社会经济现象从感性认识到理性认识飞跃过程的反映。

同步测试

一、单项选择题

1. 要了解我国农村经济的具体情况，最适合的调查方式是(　　)。

A. 普查　　B. 重点调查　　C. 典型调查　　D. 抽样调查

2. 工业企业生产设备普查中，工业企业的每一台生产设备是(　　)。

A. 调查对象　　B. 调查单位　　C. 调查项目　　D. 填报单位

3. 下列调查中，调查单位与填报单位一致的是(　　)。

A. 企业设备调查　　B. 人口普查

C. 农村耕地调查　　D. 工业企业现状调查

4. 抽样调查与典型调查的主要区别是(　　)。

A. 灵活机动的程度不同　　B. 涉及的调查范围不同

C. 对所研究总体推算方法不同　　D. 确定所要调查的单位方法不同

5. 针对大批量商品进行质量检验,最科学的检验方法是(　　)。

A. 抽样调查　　B. 全面调查　　C. 典型调查　　D. 重点调查

二、判断题

1. 调查单位与填报单位是一致的。(　　)
2. 调查时间专指调查工作进行的起止时间。(　　)
3. 统计报表制度是国家规定的一种统计报告制度。(　　)
4. 我国人口普查每十年进行一次,它属于经常性调查。(　　)
5. 采用重点调查搜集资料时,选择的调查单位是标志值较大的单位。(　　)

三、思考题

1. 重点调查中重点单位的含义是指什么?
2. 举例说明专门调查的几种组织形式。
3. 简述抽样调查的特点并说明其与普查的关系。
4. 统计调查报告的特点是什么?一般分成几种类型?
5. 简答重点调查与抽样调查的区别和联系。

扩展阅读

把握新时代要求、肩负新时代使命、加快建设现代化统计调查体系

第三章

统计整理

知识目标

1. 了解统计整理的重要意义、表现形式和整理步骤，掌握统计分组的技术运用。

2. 理解分布数列的概念和种类，熟悉变量数列的编制方法；掌握统计表与统计图的构成、种类及绘制要求。

技能要求

1. 掌握统计分组的技术方法，能够进行变量数列的熟练编制。

2. 掌握统计表的编制规则和统计图的绘制要求。

3. 能够利用统计表针对某一经济现象进行分析。

学习导航

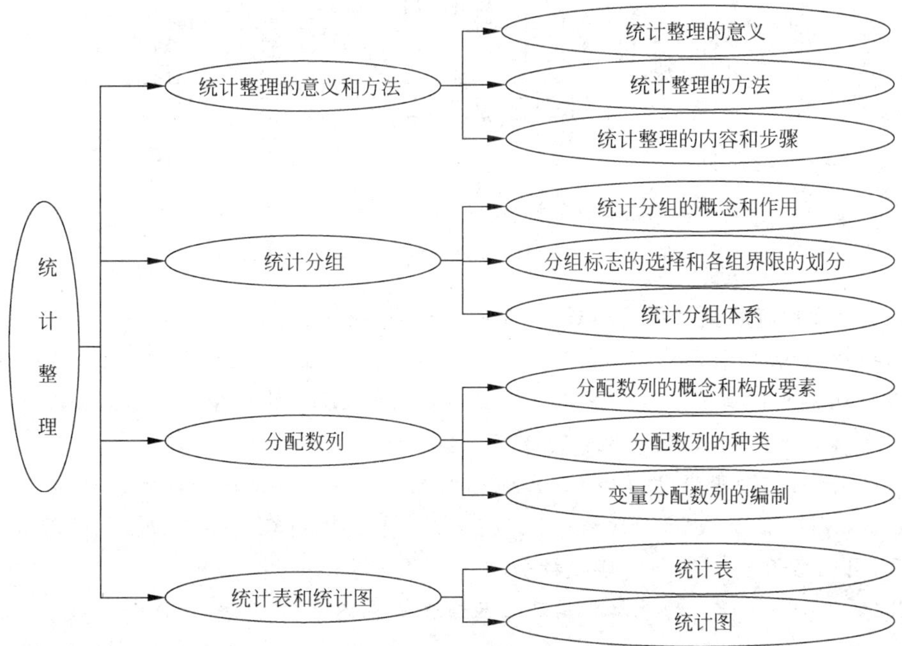

案例引导

2017年上半年物流运行情况通报

一、社会物流总额稳步回升

2017年上半年，全国社会物流总额为118.9万亿元，按可比价格计算，同比增长7.1%，增速与一季度持平，比上年同期提高0.9个百分点。总体来看，物流需求各季度增速平稳，比上年同期增幅有所扩大，回升的态势更加明显。

其中，上半年工业品物流总额110.3万亿元，按可比价格计算，同比增长6.9%，增速比一季度提高0.1个百分点，比上年同期提高0.9个百分点；进口货物物流总额6.1万亿元，同比增长12.5%，增速比一季度回落3.1个百分点，比上年同期提高4.9个百分点；农产品物流总额1.2万亿元，同比增长3.5%，增速比一季度提高0.5个百分点；单位与居民物品物流总额同比增长30.9%，增速比一季度回落0.1个百分点。

2016—2017年社会物流总额及增长情况参见图1。

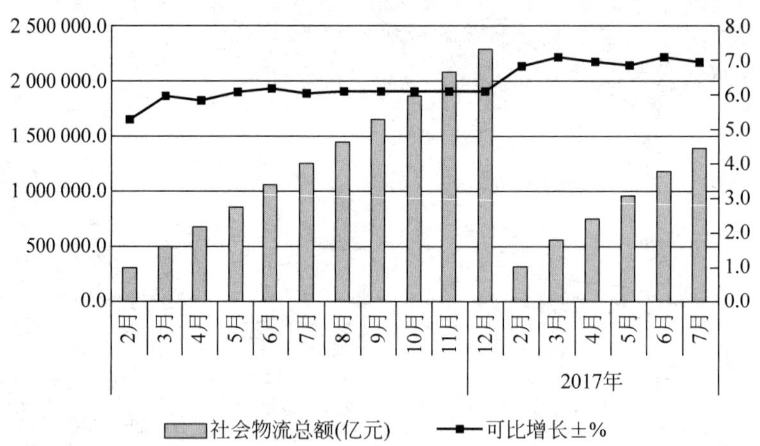

图1　2016—2017年社会物流总额及增长情况

二、社会物流总费用平稳增长，物流效率有所提升

上半年，社会物流总费用5.6万亿元，同比增长10.2%，增速总体平稳，比一季度有小幅提高0.2个百分点。上半年社会物流总费用与GDP的比率为14.6%，比一季度回落0.3个百分点，反映出物流运行效率有所提升。

从构成看，运输费用2.9万亿元，同比增长13.0%，增速比一季度提高0.4个百分点；保管费用1.9万亿元，同比增长6.9%，比一季度提高0.1个百分点；管理费用0.7万亿元，同比增长8.0%，与一季度持平。

2016—2017年社会物流总费用及增长情况参见图2。

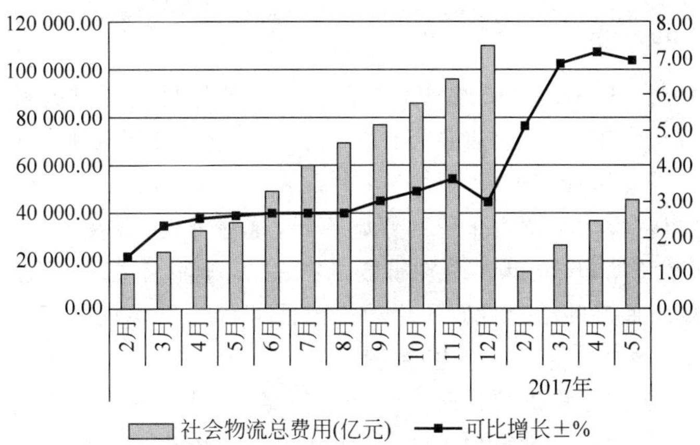

图 2 2016—2017 年社会物流总费用及增长情况

三、物流市场规模稳步扩大

上半年,物流市场规模稳步增长,市场化程度持续提升。上半年,物流业总收入为 4.2 万亿元,同比增长 12.9%,比一季度提高 0.1 个百分点。

资料来源:中国物流与采购网资料汇编

引例分析

1-7 月份,物流运行总体平稳。物流需求增速略有回落,但稳中向好、结构调整深化的发展态势未变。物流服务价格形势稳定,物流市场规模稳步增长,社会物流总费用增速趋缓,物流企业经营状况良好,物流运行质量和效益继续改善。

第一节 统计整理的意义和方法

在统计调查中,通过运用一定的统计调查方法,人们取得了大量能够说明总体中个体特征的原始资料。然而,这些资料只是一些个别的、分散的、不系统的,仅能说明总体中个体单位的具体情况,不能反映社会经济现象总体的综合数量特征。

为了使人们正确认识社会经济现象总体数量特征,必须按照科学的原则对这些个别的、分散的资料运用科学的方法进行加工整理,使之系统化和条理化,才能认识事物的总体特征及其内部联系,以便对总体做出概括性的说明。而使统计调查资料系统化、条理化的过程就是统计资料的整理工作。

统计资料整理是统计工作的第三个阶段,它在整个统计工作过程中起着承前启后的作用,它既是统计调查的继续和深化,又是统计分析的基础和前提,是统计调查和统计分析的连接点。

一、统计整理的意义

根据统计研究任务的要求，对统计调查所搜集到的原始资料进行科学的分类、汇总，使其条理化、系统化的工作过程，就是统计整理。对于已经整理加工过的资料（次级资料）进行的再整理，也属于统计整理。

统计调查可以获得大量调查单位的原始资料，这些资料仅能说明各个单位的具体情况，是分散的、不系统的，只能反映个别事物的某一个侧面，不能揭示总体事物的本质特征，也不能从量的方面反映事物发展变化的规律性，因此，需要对统计调查获得的原始资料进行加工、分类和汇总，使其条理化、系统化。

统计整理的任务就是根据统计研究的目的和要求，借助综合指标，有组织、有计划地对统计调查中搜集到的资料进行加工处理，使其成为系统化、条理化的综合资料，对总体内部规律性、相互联系、结构关系做出概括的说明。

例如，人口普查中搜集到的人口资料，只能说明每一个人的具体情况，诸如每个人的姓名、性别、年龄、文化程度等。必须通过对人口总体中每个人的资料进行整理、分组、汇总等加工处理后，才能得到人口总体的综合情况，从而了解人口总体的规模、结构、增减变动状况等，达到对人口总体全面系统的认识。

对统计资料进行整理是人们对社会经济现象从感性认识上升到理性认识的过渡阶段，是统计工作中的一个十分重要的工作阶段，在整个统计工作过程中起着承前启后的作用，它既是统计调查的继续和深入，又是统计分析的基础和前提。换句话说，统计整理得正确与否、质量好坏，将直接影响统计对社会经济现象数量描述的准确性和数量分析的真实性。

不恰当的加工整理往往使调查得来的丰富、准确、全面的资料失去应有的价值，从而歪曲事情的真相，使人们得出错误的结论。因此，采用科学的方法进行统计整理是顺利完成统计分析任务的前提。因此，统计整理是实现由对个别现象的认识过渡到对总体现象的认识，由对事物表象的认识过渡到对其本质与内在联系的全面深刻认识，由感性认识上升到理性认识的过程，是达到统计研究目的的重要环节。

二、统计整理的方法

统计整理的方法主要包括统计分组、统计汇总和编制统计表。

1. 统计分组

统计整理的第一步是根据研究任务的要求，对调查所得的原始资料，确定要进行哪些分组或分类，在分组的基础上确定应该汇总得到哪些统计指标。

2. 统计汇总

即在统计分组的基础上，把总体单位各种标志的标志值汇总起来。汇总主要有手工汇总和电子计算机汇总。

3. 编制统计表

即把汇总的资料按一定的规则在表格上表现出来。

三、统计整理的内容和步骤

（一）统计整理的内容

进行统计整理的时候主要包括以下三方面的内容：

(1) 根据研究任务的要求，选择应整理的指标，并根据分析的需要确定具体分组；

(2) 对统计资料进行汇总、计算；

(3) 通过统计表描述汇总的结果。

在统计整理中，抓住最基本的、最能说明问题本质特征的统计分组和统计指标对统计资料进行加工整理，这是进行统计整理必须遵循的原则。

（二）统计整理的步骤

统计整理的步骤由内容来决定，大体分为以下几个步骤。

1. 设计整理方案

整理方案与调查方案应紧密衔接。整理方案中的指标体系与调查项目要一致，或者是其中的一部分，绝不能矛盾、脱节或超越调查项目的范围。整理方案是否科学，对于统计整理乃至统计分析的质量都是至关重要的。

2. 对调查资料进行审核

在汇总前，要对调查得来的原始资料进行审核，审核它们是否准确、及时、完整，发现问题，加以纠正。统计资料的审核也包括对整理后次级资料的审核。如果发现调查资料及时性或完整性方面存在问题，要及时督促填报单位按时、及时报送；有遗漏、填写不全的项目要及时通知填报单位补报、补填。

3. 进行科学的统计分组

用一定的组织形式和方法，对原始资料进行科学的分组，是统计整理的前提和基础。按分组的要求，对各项数字进行汇总，计算分组单位数、总体单位数、分组标志总量和总体标志总量。在统计整理过程中，对大量的原始资料进行分组、汇总和计算是一项主要的工作。

4. 对汇总后的调查资料进行审核

对分组后的资料，进行汇总和必要的计算，就使得反映总体单位特征的资料转化为反映总体数量特征的资料，然后对汇总后的资料进行审核。主要从以下几方面进行审核：

(1) 复计审核，即对每个指标数值进行复核计算。

(2) 表表审核,即审核不同统计表上重复出现的同一指标数值是否一致；对统计表中互有联系的各个指标数值,则审核它们之间是否衔接和符合逻辑性。

(3) 表实审核,即对汇总得到的指标数值,与了解的实际情况联系起来进行检查。

(4) 对照审核,即对某些统计、会计、业务三种核算都进行计算的指标数值,应进行相互对照检查,看数字是否相同,以便从中发现可能出现的错误。在审核过程中发现错误时,应查明原因,及时更正。

知识链接

统计资料的审核

为了保证统计资料整理的质量,在对统计资料进行整理前,先要对所有的原始资料进行严格的审查核对,如发现问题,要及时更正。这是统计整理工作过程中十分重要的一环。审核的内容包括资料的准确性、完整性和及时性三个方面。

一、准确性审核

准确性审核是统计审核的重点,准确性审核有两种审核方法。

1. 计算检查

计算检查是利用平衡或加总关系审核调查表或报表中各项数字在计算方法和结果上有无差错。如各横行纵栏的合计是否错误,数字的计量单位是否正确,各指标的计算方法是否恰当等。

2. 逻辑检查

逻辑检查是从调查项目的相互关系中,从被调查事物的特点中,从现象发展变化的常态中,审核调查资料的内容是否合理、有无相互矛盾和不符合实际的地方。

二、完整性审核

完整性审核是审核所有被调查单位的资料是否齐全,是否按规定的项目和份数上报;所搜集的资料是否达到规定的调查单位数目,调查资料中的各项目填写是否齐全。因为任何单位的资料不报、缺报,都会影响整个汇总工作的进行。

三、及时性审核

及时性审核就是审核调查资料是否按规定的时间报送,并检查未及时报送的原因。

5. 编制统计表并绘制统计图

把整理好的统计资料用统计表或统计图的形式表现出来,以简明扼要地表现社会经济现象在数量方面的具体特征和相互关系。统计表是统计资料整理的结果,也是表达统计资料的重要形式之一,根据研究的目的可编制各种统计表。一般来说,统计表是统计整理的最后环节,当汇总的结果体现在统计表或者统计图上,意味着整理过程结束了。

第二节 统计分组

统计整理的主要工作内容是对调查得到的资料进行分组、汇总和计算，其中统计分组是最基本的工作，是保证分类、汇总科学合理的基础。

一、统计分组的概念和作用

（一）统计分组的概念

统计分组是根据统计研究的目的和要求，按照一定的标志将总体划分为若干个不同的类别组，使组与组之间有较明显的差异，使调查来的大量无序的统计资料，成为有序的、层次分明的、能表现总体属性和特征的资料。

统计分组是在统计总体内部进行的一种特定分类，它同时具有两方面的含义：对总体而言是"分"，即将总体分为性质相异的若干部分；对个体而言是"合"，即将在某些方面性质相同的个体组合起来。

统计总体中的各单位，一方面在某一个或几个标志上具有相同的性质，可以被结合在同一性质的总体中；另一方面，又在其他标志上具有彼此相异的性质，从而又可以被区分为性质不同的若干个组成部分。

（二）统计分组的作用

统计分组是统计整理的主要方法，统计分组的作用主要体现在以下三个方面。

1. 划分现象的类型

统计分组的根本作用在于区分现象的质。客观现象是错综复杂的，现象内部各单位之间有其共性的一面，因而构成同质总体；它们又有个性的一面，相互之间存在某些差异。在进行统计分组之前，这种差异处于无序状态，显现不出来。统计分组实际上就是按差异大小进行分类，分组的结果使组内的差异缩小，而组与组之间的差异扩大。因此统计分组进一步地划分了现象的类型。

2. 反映现象的内部结构

总体是由大量个别单位组成的，在将其划分成不同类型的基础上，计算出各种类型在总体中所占的比重，可以说明各个组成部分在总体中的分布状况，反映现象的内部结构，从而揭示现象的性质和发展变化规律。这种分组可以采用品质标志分组，又可以采用数量标志分组。

例如，2016 年年末我国总人口数为 138 271 万人，对这一总体进行分组时，可以按城乡和性别这两种品质标志进行，分组结果如表 3-1 所示。

表 3-1 2016 年年末中国人口数及构成情况

指　　标	年末数(万人)	比重(%)
全国总人口	138 271	100
其中：城镇	79 298	57.35
乡村	58 973	42.65
其中：男性	70 815	51.2
女性	67 456	48.8
其中：0～15 岁(含不满 16 周岁)	24 438	17.7
16～59 岁(含不满 60 周岁)	90 747	65.6
60 周岁及以上	23 086	16.7
其中：65 周岁及以上	15 003	10.8

3. 分析现象之间的依存关系

客观现象是一个复杂的整体，各种现象不是孤立存在的，它们之间存在着相互联系、相互制约的依存关系，一种现象的变化经常是另一种现象变化的原因或结果。利用统计分组，划分这种关系的存在，以及对现象发展过程中的影响程度，分析影响因素中哪些是主要的，哪些是次要的。

例如，居民收入和消费支出之间的关系，施肥量与农作物产量之间的关系，商品销售额与流通费用之间的关系，都可以利用统计分组划分事物类型，说明影响因素对结果的作用程度。

统计分组是基本的统计方法之一，在统计资料的整理和分析中都要广泛地应用分组。而分组的好坏直接关系到统计整理质量，关系到统计分析的结论是否正确。从某种意义上讲，没有科学的统计资料整理，就没有科学的统计分析。

二、分组标志的选择和各组界限的划分

统计分组中关键的问题在于选择分组标志和各组界限的划分，而选择分组标志则是统计分组的核心问题。

(一) 选择分组标志

分组标志就是将统计总体区分为各个性质不同的组的标准或根据。任何一种社会现象客观上都有许多不同的标志。对同一总体的资料根据不同的标志进行分组时，会产生不同的结论，因此，为确保分组后的各组能够正确反映事物内部的规律性，选择分组标志时，应遵循以下原则。

1. 根据统计研究的目的与任务选择分组标志

在对社会经济现象进行研究时，可以根据不同的研究目的或任务而从不同的角度进

行研究，相应地要选择不同的分组标志进行分组。例如以全国总人口为总体进行研究时，这个研究对象就有很多标志，如性别、居住地、年龄、学历等。

在具体研究过程中到底应该采用哪种标志进行分组，就要看研究的目的。如要研究人口的性别构成状况，就要如表 3-1，按照性别进行分组；如要研究人口的文化程度，就要按照学历进行分组了。

2. 根据被研究现象的本质特征选择分组标志

由于社会经济现象复杂多样，具有多种特征，因此在选择分组标志时，往往可以遇到既可以使用这种标志，又可以使用另一种标志的情况。这就需要根据被研究对象的特征，选择最主要的、最能反映事物本质特征的标志进行分组。

例如，研究城镇居民家庭生活水平状况，而反映居民家庭生活水平的标志有：家庭人口数、就业人口数、每一就业者负担人数（含本人）、家庭年收入、平均每人年收入等。其中最能反映居民家庭生活水平状况的标志是“平均每人年收入”，所以应选择这一标志作为分组标志。

3. 根据现象所处的历史或经济条件选择分组标志

社会经济现象是随着时间、地点等条件的变化而变化的。随着经济的发展，同一个标志在过去某个时期是适用的，现在就不一定适用；在这个场合适用，在另一场合就不一定适用。为了和国际社会接轨，我们现在衡量国家经济发展水平的标志，一般用国内生产总值（GDP）这个标志，而不是按照其他的标志，就是因为经济快速发展，国际化进程加快，符合国际惯例的结果。

另外，在选择分组标志时，还要遵循互斥性和穷尽性两个原则。互斥性原则是指统计分组必须保证总体的每一个单位只能属于其中的一个组，不能出现重复统计的现象；穷尽性原则是指统计分组必须保证总体的每一个单位都能归入其中的一个组，各个组的单位数之和等于总体单位总数，总体的指标必须是各个单位相应标志的综合。

（二）各组界限的划分方法

根据分组标志的不同特征，统计总体可按品质标志分组，也可按数量标志分组。

1. 按品质标志分组

按品质标志分组就是选择反映事物属性差异的品质标志为分组标志，并在品质标志的变异范围内划定各组界限，将总体划分成为若干个性质不同的组成部分。按品质标志分组一般较简单，分组标志一旦确定，组数、组名、组与组之间的界限也就确定了。例如，人口按性别、民族、文化程度等标志进行分组。

在实际工作中，对于一些比较复杂的分组，往往根据研究任务的要求对经济现象进行具体的、深入的了解。国家统计局及中央有关部门经研究统一制定了各种分类目录与分类标准，如《工业部门分类目录》《国民经济行业分类和代码》《工业产品目录》《经济类型划分规定》等，供全国各地区、各部门、各单位分类时使用，以保证各种分类的统一性和完整性，参见表3-2。

表3-2　2017年上海市生产总值按产业类型分组表

产业类型	上海市生产总值(亿元)	比重(%)
第一产业	98.99	0.33
第二产业	9251.4	30.7
第三产业	20 783.47	68.97
合计	30 133.86	100

2. 按数量标志分组

按数量标志分组就是根据统计研究的目的，选择反映事物数量差异的数量标志作为分组标志，在数量标志值的变异范围内划定各组数量界限，将总体划分为性质不同的若干个组成部分。

按数量标志分组的目的并不是单纯确定各组在数量上的差别，而是要通过数量上的变化来区分各组的不同类型和性质。

按数量标志分组的结果形成变量数列。在统计整理和统计分析中，变量数列应用得相当广泛，以此来观察某种指标的变动及其分布情况。

按数量标志分组过程中，根据变量值取值范围不同，分组的形式可以分为单项式分组和组距式分组。

(1) 单项式分组

单项式分组，即每一组只包含一个变量值。这种分组形式只适用于离散变量。而且要求在离散变量的变动范围较小，变量值个数较少时使用。例如，居民家庭按儿童数或人口数分组，均可采用单项式分组。一般情况下分组组数等于变量的取值个数，各组之间的界限很明确，不需要人为划分。

(2) 组距式分组

组距式分组，即在变量值变异幅度较大时，将变量值取值范围人为地划分为若干个区间，变量在同一区间内取值的现象归为一组，区间的距离即称为组距。这样的分组形式每一组中包含若干个变量值，适用于所有的连续变量和取值范围较大的离散型变量。例如，企业按职工人数分组、耕地按粮食平均单产分组、商店按销售额分组、学生按学习成绩分组等都是组距式分组。

在组距式分组中，相邻组既可以有确定的上下限，也可将相邻组的组限重叠。连续变量由于不能一一列举其变量值，只能采用组距式的分组方式，且相邻的组限必须重叠。如以总产值、商品销售额等为标志进行分组，就只能是相邻组组限重叠的组距式分组。

在相邻组组限重叠的组距式分组中，若某单位的标志值正好等于相邻两组的上下限的数值时，一般把此值归并到作为下限的那一组(适用于连续变量和离散变量)，称为“上限不在内”。

组距式分组使资料的真实性受到一定程度的损害。组距式分组的假定条件是：变量在各组内的分布都是均匀的(即各组标志值呈线性变化)。通过组距式分组以后，把各组内部各单位的次要差异抽象去了，而把各组之间的主要差异突出出来，这样，各组分配的规律性可以更容易显示出来。

根据这个道理，如组距太小，分组过细，容易将属于同类的单位划分到不同的组，显示不出现象类型的特点；但如果组距太大，组数太少，会把不同性质的单位归并到同一组中，失去区分事物的界限，达不到正确反映客观事实的目的。因此，组距的大小、组数应根据研究对象的经济内容和标志值的分散程度等因素确定，不可强求一致。

例如，学生某门课程的考试分数，一般的分组是这样的：60 以下是一组，60～70 一组，70～80 一组，80～90 一组，90 以上一组。60 包括 60 以上就是我们平常所说的及格分，60 以下就是不及格，这样分组，能够反映客观事物的本质，如表 3-3 所示。

表 3-3 某班学生英语考试成绩分组表

成绩/分	人数/人	成绩/分	人数/人
60 以下	6	80～90	10
60～70	9	90～100	8
70～80	17	合计	50

进行组距式分组时，根据各组间组距是否一致，组距式分组可以细分为等距分组和不等距分组。等距分组就是各组保持相等的组距，也就是说各组标志值的变动都限于相同的范围；不等距分组即各组组距不相等的分组。

统计分组时采用等距分组还是不等距分组，取决于研究对象的性质特点。在标志值变动比较均匀的情况下宜采用等距分组。等距分组便于各组单位数和标志值直接比较，也便于计算各项综合指标。在标志值变动很不均匀的情况下宜采用不等距分组。不等距分组有时更能说明现象的本质特征。

三、统计分组体系

所谓的统计分组体系，就是根据统计分析的要求，通过对同一总体进行不同分组，形成一系列相互联系、相互补充，从多方面反映总体内部关系的体系。

分组体系有平行分组体系和复合分组体系两种。平行分组体系是选择两个或两个以上的标志对总体分别进行简单分组后所形成的体系；复合分组体系就是复合分组后形成的体系。

1. 简单分组和平行分组体系

总体只按一个标志分组称为简单分组,例如:我国人口总体按照性别分组就是简单分组。

对同一个总体选择两个或两个以上的标志分别进行简单分组,就形成平行分组体系。例如,为了解 2008 年年末我国人口总体的基本特征,我们将人口总体按性别、民族、文化程度进行分组,形成平行分组体系如下:

(1) 按性别分组	(2) 按民族分组	(3) 按文化程度分组
男	汉族	文盲和半文盲
女	回族	小学毕业
	苗族	中学毕业
	壮族	大学毕业
	……	大学以上

平行分组体系的特点:每个分组固定一个分组标志,即只考虑一个因素的差异对总体内部分布情况的影响,同时各个简单分组之间彼此独立,没有主次之分,互相不影响。

2. 复合分组和复合分组体系

对同一总体选择两个或两个以上分组标志层叠起来进行分组,即先按一个主要标志分组,然后再按另一个从属标志在已分好的各组中再分组,叫作复合分组。复合分组所形成的分组体系叫作复合分组体系。例如,为了认识我国高等院校在校学生的基本状况,可以同时选择学科、学制、性别等三个标志进行复合分组,得到如下复合分组体系:

理科学生组	文科学生组
本科学生组	本科学生组
男生组	男生组
女生组	女生组
专科学生组	专科学生组
男生组	男生组
女生组	女生组

复合分组体系的特点:每一次分组除了要固定本次分组标志对分组结果的影响外,同时还要固定前一次或前几次分组标志对分组结果的影响;各个分组标志之间有主次之分。通过复合分组体系可以从不同角度了解总体内部的差别和关系,因此比平行分组体系更能全面、深入地分析和研究问题。

对于复合分组体系,复合分组的组数等于各简单分组组数的连乘积,如果复合分组选择的标志过多的话,就会使复合分组体系过于庞大,将增加分组的难度,也更不容易反映现象的本质特征,制表也不方便。所以,复合分组时一般来讲分组标志不宜过多。

第三节 分配数列

分配数列是进行统计分组的必然产物，是统计整理结果的一种重要表现形式，也是统计描述和统计分析的重要内容。它可以表明总体的分布特征和内部结构，并为研究总体中某种标志的平均水平及其变动规律提供依据。

一、分配数列的概念和构成要素

（一）分配数列的概念

分配数列是在统计分组的基础上，将总体的所有单位按组归类整理，并按一定顺序排列而形成的总体中各个单位在各组间的分布，又称分布数列或次数分配。

例如：某高校300名教师学历构成分组形成的分配数列，如表3-4所示。

表3-4 某高校教师学历构成情况

按文化程度分组	教工人数（频数）	占总数的比重（频率）(%)
博士及以上	45	15.0
硕士	175	58.3
大本	45	15.0
大本以下	35	11.7
合计	300	100

表3-1和表3-2都属于分配数列。

（二）分配数列的构成要素及其意义和作用

1. 分配数列的构成要素

分配数列包括品质分配数列和变量分配数列。无论是哪种分配数列，都是由两个基本要素构成：分组的组别（也叫作各组的名称）和各组的次数或频率。

分配数列中分布在各组中的个体单位数叫作次数，又称频数；各组次数（即各组单位数）占总次数（即总体单位数）的比重叫作比率或频率，各组次数之和等于总次数，各组频率之和等于1或100%。

两种分配数列构成要素的不同之处仅有一点，即品质分配数列组的名称使用文字表示标志的属性差异；而变量分配数列组的名称则是用标志值（即变量的不同水平）表示数量变异界限。参见表3-2和表3-3。

2. 分配数列构成要素的意义和作用

分配数列中各组的名称是表明标志变异范围及其变异程度界限的。而次数（频数）和频率，前者是以绝对数的形式表现各组的总体单位数目，后者则是以相对数形式表现的总体单位数目。在变量数列中，次数越大，组的标志值对于总体指标计算所起的作用越大；反之，次数越小的组的标志值所起的作用也越小。

频率与次数所起的作用根本性质是相同的，不同的是它还可以表明各组标志值对总体的相对作用程度。这种相对作用程度的具体数值，也是各组标志值在总体中出现的概率。为研究整个变量数列的次数分配状况和进行某种统计计算，统计工作中还常计算累计次数及其频率分布。将变量数列中各组的次数和频率逐组累计相加而成累计次数分布，它表明总体在某一变量值的某一水平上下总共包含的总体次数和频率。

一般来说，累计次数和累计频率的计算方法有两种：向下累计和向上累计。向下累计，又称较大制累计，是将各组次数或频率由变量值高的组向变量值低的组累计，各累计数的意义是各组下限以上的累计次数或累计频率；向上累计，又称较小制累计，是将各组的次数或频率由变量值低的组向变量值高的组累计，各累计数的意义是各组上限以下的累计次数或累计频率。如对某班 50 名学生统计学考试成绩分组，参见表 3-5。

表 3-5　某班 50 名学生统计学考试成绩分布表

按考试成绩分组	人数		向上累计		向下累计	
	频数(人)	频率(%)	频数(人)	频率(%)	频数(人)	频率(%)
60 以下	2	4	2	4	50	100
60～70	6	12	8	16	48	96
70～80	12	24	20	40	42	84
80～90	20	40	40	80	30	60
90～100	10	20	50	100	10	20
合计	50	100	—	—	—	—

二、分配数列的种类

根据分组标志的不同，分配数列分为品质分配数列和变量分配数列两种。

1. 品质分配数列

按品质标志分组形成的分配数列叫作品质分配数列，简称品质数列，也叫属性分布数列。例如，表 3-1、表 3-2、表 3-4 都是品质分配数列。编制品质分配数列，只要分组标志选择得好，分组标准定得恰当，则事物性质的差异就表现得比较明确，总体中各组的划分也比较容易。因而品质分配数列一般比较稳定，能准确地反映总体的分布特征。

2. 变量分配数列

按数量标志分组所编制的分配数列叫变量分配数列，简称变量数列。例如，表 3-3 就是变量分配数列。

变量数列按变量的表示方法和分组方法不同，可以分为单项式变量数列和组距式变量数列两种。

（1）单项式变量数列

单项式变量数列，即指将每一变量值列为一组形成的数列，也称为单项数列，亦即按单项式分组所编制的变量数列。适用于变量值个数较少、变动范围较小的离散型变量。变量值的数目较少并可一一列举，因此可编制单项数列，如表 3-6 所示。

表 3-6 某学生社团学生年龄分布情况

按年龄分组	人数(频数)	比率(频率)(%)
18	1	5.0
19	3	15.0
20	6	30.0
21	7	35.0
22	2	10.0
23	1	5.0
合计	20	100

（2）组距式变量数列

组距式变量数列是以标志值变动的一定范围作为一组的分组，即组距式分组所形成的变量数列，也称为组距数列。组距数列中的每个组不是用一个具体的变量值表示，而是用变量值的一定变化范围即各组变量值变动的区间来表示。例如表 3-3，就是组距式变量数列。

组距数列一般适用于连续型变量以及变量值变动范围较大的离散型变量。在离散型变量变动范围比较大、统计单位数又很多的情况下，若编制单项式数列，把每一变量值作为一组，则必然会使分组的组数过多，各组次数过于分散，不能反映总体内部各部分的性质和差异，从而失去了编制分配数列的意义。至于连续型变量，由于变量值无法一一列举，更不能编制单项式数列。在这些情况下就需要编制组距数列。

三、变量分配数列的编制

品质数列比较简单，如果分组标志选择得好，分组标准定得恰当，则事物性质的差异表现得就比较明确，总体中各组也容易划分。在编制品质数列时，只要按规定的分组标准将总体单位按组归类整理即可。品质数列一般来说比较稳定，通常能准确反映总体的分布特征。在这里我们只对变量分配数列的编制做以下重点介绍。

1. 单项数列的编制

在编制单项数列时，首先将调查所得资料按照数值由小到大顺序排列；其次，确定各组的变量值和组数，一般有多少个变量值就有多少组；最后，汇总出各变量值出现的次数，编制单项数列。由于单项数列每组只有一个变量值，各组之间界限划分也非常明确，因此编制出的数列也很稳定。参见表 3-6。

2. 组距数列的编制

组距数列编制方法的难度比较大。编制过程中，一般首先把变量值按照由小到大的顺序排列，并确定全距；其次，确定组数和组距，在此基础上确定组限；最后，汇总出各组的次数及比重，编制组距式数列。

组距式数列编制重点是要解决组数、组距、组限及组中值等几个要素的确定问题。

(1) 组数与组距

正确确定组数和组距，是组距式数列编制过程中的一个关键问题。在组距数列中我们用变量值变动的一定范围代表一个组，每个组的最大值为组的上限，最小值为组的下限，每个组上限和下限之间的距离即为组距。

所谓组数是指某个变量数列划分为多少组，组数与组距是相互联系的，在同一变量数列中，组距的大小与组数的多少成反比。组数越多，组距越小；组数越少，组距越大。

一般确定组数与组距时，先要找出全部变量值的最大值和最小值的距离(即全距)，以及大多数变量集中的区间，然后根据标志变量的分散程度以及项目多少等因素来考虑组距和组数的问题。要使组距反映各组之间的数量界限，把性质相同的单位归入一组，而将性质不同的单位划分为不同的组列，以保证编制的组距数列尽可能反映出总体分布的特征及其规律性。

对一个统计总体来讲，分组的组数和组距必须恰当，不能太多也不能太少。组数太多，组距太小，分配数列显得很烦琐，不能反映总体分布特征；组数太少，组距太大，分配数列显得过于笼统，同样很难反映总体分布特征。

例如，对吉林省某农村居民家庭人均月消费性支出情况进行抽样调查，得到了 40 户家庭人均月消费性支出(单位：元)资料如下：

304 349 355 361 376 385 388 393 397 400
400 406 409 413 414 414 416 417 422 429
432 435 441 442 450 456 464 470 472 478
482 485 488 490 504 524 535 544 566 593

这里共有 40 个变量值，最小值是 304 元，最大值是 593 元，标志变动的范围为 304～593 元，全距为 289 元。经过综合考虑，我们可以将其分成 6 个组距相等的组，则组距为 48.2，实际取组距为 50 元，则可以编制组距数列，如表 3-7 所示。

表 3-7 某农村居民家庭人均月消费性支出分配数列

人均月消费性支出(元)	户数	
	绝对数(户)	相对数(%)
300～350	2	5.0
350～400	7	17.5
400～450	15	37.5
450～500	10	25.0
500～550	4	10.0
550～600	2	5.0
合计	40	100.0

以上这样分组能较好地反映某农村居民家庭人均月消费性支出的分布状态，如果组数过少和过多，造成组距过大或过小，都不利于显示总体内部各组的分布特征。

由此可见，编制组距式数列时，不仅要考虑各组的划分是否能区分总体内各组成部分的性质差异，还要适当地确定组距和组数，才能准确而清晰地反映总体的分布特征。在实际统计工作中确定组数时，可以根据对事物的定性分析加以确定。这需要对统计总体进行认真的分析，才能做出准确的判断。

确定组数时，还可以利用美国学者史德杰斯提出的经验公式。其公式如下：

$$组数=1+3.322\lg N(其中\ N\ 为标志值项数)$$

不过这一公式不是在任何情况下都必须遵守的法则，它只适用于总体趋于正态分布的条件下进行等距分组的情况。

(2) 组限与组中值

组距两端的数值称组限，其中每组的起点数值称为下限，每组的终点数值称为上限。上限和下限的差称组距，表示各组标志值变动的范围。在组距式分组中常有最小组无下限和最大组无上限的情况，这样的组叫开口组，其中只有上限无下限的组称为下开口组，有下限无上限的组称为上开口组，如表 3-8 所示。

表 3-8 某月某车间工人按生产定额完成程度分组表

按生产定额完成程度分组(%)	工人数(人)	比率(频率)(%)
90 以下	5	4.8
90～100	14	13.3
100～110	37	35.2
110～120	29	27.6
120～130	15	14.3
130 以上	5	4.8
合计	105	100.0

在编制组距式分布数列之前，应对标志值的分布情况进行仔细审查，在分布较集中的标志值中确定出组距的中心位置，尽可能使总体内各单位的分布特征表现出来

在编制组距数列时，作为各组名称的变量可以是离散变量，也可以是连续变量，这两种变量组限的表示方法有所不同。

按连续变量分组划分组限时，相邻两组的组限必须重叠，如表 3-8 所示。这是由于连续变量相邻两个变量值之间可以作无限的分割，如果上下限是两个不同的数值的话，那么相邻两组上下限之间就可能有很多数值无组可归，不符合穷尽性原则。因此，相邻两组上下限必须用同一个数值表示，这样才不至于发生遗漏。

在统计工作中，如果遇到某单位的标志值刚好等于相邻两组上下限数值时，为避免重复计算，一般遵循“上限不在内”的原则。例如，表 3-8 某月某车间工人按生产定额完成程度分组，其中有 90～100、100～110 两组，如果某位工人定额完成程度恰好为 100，则应计入 100～110 这一组。

离散变量在划分组限时，相邻两组的组限可以以整数断开，如表 3-9 所示。因为离散变量不能用小数表示，相邻两个变量值可以以整数断开，因此，如果相邻两组的组限不重叠的话，也不会导致遗漏。

表 3-9　某地区 25 个商店按职工人数分组表

按职工人数分组	商店人数(个)	各组占总数百分比(%)
15～25	5	20.0
26～35	3	12.0
36～45	3	12.0
46～55	5	20.0
46～65	2	8.0
66～75	2	8.0
76～85	5	20.0
合计	25	100.0

组中值是上下限之间的中点数值，以代表各组标志值的一般水平。组中值的计算公式为

$$组中值=(上限+下限)/2$$

例如，表 3-8 中，120～130 一组的组中值为(120+130)/2=125。

组中值仅存在于组距式分组数列中，单项式分组中不存在组中值。组中值的计算是有假定条件的，即假定各组标志值的变化是均匀的(与组距式分组的假定条件相同)。一般情况下，组中值对于第一组是“多少以下”。最后一组是“多少以上”的开口组来说，组中值的计算可参照邻组的组距来决定：

缺下限开口组组中值＝上限－相邻组组距/2

缺上限开口组组中值＝下限＋相邻组组距/2

用组中值来代表组内变量值的一般水平存在一个假定，即假定各单位变量值在本组范围内呈均匀分布，或在组中值两侧呈对称分布。而实际中各组变量值往往不是均匀分布，组中值与各组的实际平均水平仍有一定的差距，它只是各组实际平均值的近似代表值。

在实际工作中，数据的分布具有不确定性。在确定组距时，可以根据标志值变异状况不同将各组的组距确定为相等的或不相等的，相应就形成了等距数列和不等距数列，也称异距数列。

等距数列是各组组距都相等的数列，一般在社会经济现象性质差异的变动比较均衡或标志变异比较均匀的条件下采用。在等距分组时，一般先确定全距、组数，然后用全距除以组数得出组距，并据以划分各组的界限。全距、组数和组距的关系用公式表达如下：

$$I = R/K, \quad R = X_{\max} - X_{\min}$$

式中：I 为组距，R 为全距，K 为组数，$X_{\max}$ 为最大变量值，$X_{\min}$ 为最小变量值。

以上计算结果只是一个参考数值，为计算方便，实际工作中一般组距取 5 或 10 的整数倍。当然也可以先确定组距，再确定组数。

异距数列是各组组距不等的数列，也叫不等距数列，通常适用于社会经济现象数量变动不均衡且很难用等组距的办法实现区分事物不同性质的情况。例如，对人口按照年龄分组，就不适宜采用等距分组，只能采用异距分组，如表 3-10 所示。

表 3-10　某地 18 岁以下人口按年龄分组情况表

按年龄分组(岁)	人数(万人)	按年龄分组(岁)	人数(万人)
1 岁以下	5	7～12	12
1～3	7	13～18	18
4～6	10	合计	52

有些现象中各类型差异很大，其标志值呈等比级差变化，则组距也应按等比级数确定。如某地 450 家商店按营业额多少分组来反映其规模类型分布特征，如表 3-11 所示。

表 3-11　某地 450 家商店按营业额分组表

年营业额(千元)	商店个数(个)	年营业额(千元)	商店个数(个)
1～10	6	10 000～100 000	26
10～100	54	100 000～1 000 000	1
100～1 000	148	合计	450
1 000～10 000	215		

第四节　统计表和统计图

通过统计整理得到的反映社会经济现象总体特征的综合资料，是统计工作的初步成果，需要运用一定的形式将其展示出来，以便于人们分析和利用。经过统计汇总，得到一系列统计指标的数字资料，把这些数字按一定的逻辑顺序在表格中表现出来，这种表称为统计表。统计表是表现统计资料最常用的形式，也是统计分析的重要工具。

统计表有广义上的统计表与狭义的统计表之分。广义的统计表泛指统计工作各个阶段以纵横交叉的线条所绘制成的用来表现统计资料的表格；狭义的统计表是专门用以表现经过整理的系统化的统计资料的表格。本节所讲的统计表主要是把它当作统计整理工作过程的最后一个环节，是统计整理的成果。

一、统计表

（一）统计表的基本形式

统计表的结构从外表形式上看，是由总标题、横行标题、纵栏标题和指标数值四部分组成，如表 3-12 所示。

表 3-12　某地区 2017 年国民生产总值

组别	增加值(亿元)	比重(%)
第一产业	14 628	16.3
第二产业	44 935	50.3
第二产业	29 879	33.4
合计	89 442	100.0

横行标题

1. **总标题**

总标题是统计表的名称，用以概括说明统计表中所反映的统计资料的内容，多数情况要包括总体的时间和空间限制，一般位于表的上端正中央。

2. **横行标题**

横行标题是统计表横行内容的名称，通常用来说明总体及其各组的名称，是统计表所要说明的对象，一般列在表的左方。

3. **纵栏标题**

纵栏标题是统计表纵栏内容的名称，通常用来表示反映总体及其各组成部分数量特征的统计指标的名称，一般位于表的上方。

4．指标数值

指标数值列在各横行标题与各纵栏标题交叉处。统计表中任何一个数字的内容都由横行标题和纵栏标题所限定，横行是其反映的对象，纵栏是其反映的内容。

统计表还有计量单位，若全表使用同一个计量单位，则把它标在表格的右上角；如果横标题计量单位互不一致，则在横标题之后设置专门的计量单位栏；如果纵标题计量单位不一致，则在纵标题之后加以注明，参见表3-12。

另外，为了补充统计表中未说明的问题，统计表往往还附有一些说明，包括资料来源、指标计算方法、填报单位、填表人、填表日期等。

（二）统计表的内容

统计表从其内容上看，由两部分组成，一部分是主词，另一部分是宾词。主词也叫主词栏或主栏，是统计表的主体，也就是统计表所要说明的对象。它可以是各个总体单位名称或总体各个分组的排列，也可以是总体现象所属时间的排列。主词通常用横行标题来表示。宾词亦称宾词栏或宾栏，它是说明主词的各项指标，一般由纵栏标题和指标数值所组成，参见表3-13。

表3-13　我国2018年第三季度GDP初步核算数据

指标 / 产业名称	绝对额（亿元）		比上年同期增长（%）	
	三季度	一至三季度	三季度	一至三季度
GDP	231 939	650 899	6.5	6.7
第一产业	20 086	42 173	3.6	3.4
第二产业	93 655	262 953	5.3	5.8
第三产业	118 198	345 773	7.9	7.7
农林牧渔业	20 842	43 970	3.8	3.6
工业	77 509	222 165	5.9	6.3
制造业	67 052	193 130	6.0	6.4
建筑业	16 421	41 590	2.5	3.7
批发和零售业	21 162	60 845	6.2	6.5
交通运输、仓储和邮政业	10 514	29 556	8.0	8.0
住宿和餐饮业	4 059	11 448	6.3	6.7
金融业	17 384	52 264	4.0	3.7
房地产业	14 766	43 563	4.1	4.4
信息传输、软件和信息技术服务业	8 086	24 709	32.8	31.2
租赁和商务服务业	6 322	17 876	9.0	9.4
其他服务业	34 875	102 913	6.9	6.3

主词　　　　宾词

统计表的主词和宾词的位置一般如上所述，但不是固定不变的，有时为了编排合理与阅读方便，可以将主词和宾词的位置互换。

（三）统计表的种类

统计表按主词是否分组及分组的程度分为简单表、分组表和复合表。

1. 简单表

简单表即主词未经过任何分组的统计表，主词仅罗列总体各单位的名称或各个时期，参见表 3-14。简单表应用普遍，但反映问题比较粗略，难以深入说明问题。

表 3-14 我国 2017 年部分地区粮食总产量统计表

地区	北京	天津	河北	山西	吉林
总产量(万吨)	41.1	212	3 508	1 299.9	3 720

2. 分组表

分组表是主词按某一标志进行分组的统计表(包括品质分配数列和数量分配数列)。分组表可以深入地分析现象的本质和发展规律，参见表 3-15。

表 3-15 某企业男性职工按体重分组表

按体重分组(公斤)	工人数(人)	比率(频率)(%)
90 以下	5	4.8
90～100	14	13.3
100～110	37	35.2
110～120	29	27.6
120～130	15	14.3
130 以上	5	4.8
合计	105	100.0

3. 复合表

复合表是主词按两个或两个以上标志进行复合分组的统计表。它在经济活动分析中具有较大作用。当比较分析影响某种现象变化的多个因素作用时，复合表显得尤为重要，参见表 3-16。

表 3-16 某厂各车间职工性别和文化程度统计表

车间	职工人数(人)	性　别		文 化 程 度		
		男	女	大学	高中	初中
一车间	254	201	53	8	80	166
二车间	381	274	107	12	96	273
三车间	325	250	75	17	101	207
合计	960	725	235	37	277	646

（四）统计表的设计

统计表的设计必须目的明确、内容具体、美观简洁、清晰明了、科学实用。

1. 要合理设计宾词

宾词的设计主要是关于统计表指标体系的设计，一般有两种：平行排列和层叠排列。平行排列是将宾词的各指标作平行设置，不重叠；层叠排列是宾词的各个指标按复合分组形成的多层次重叠设置。

2. 标题设计要简明扼要

标题设计要简明扼要，准确反映所要表达的内容，包括统计数据所属的时间和空间。

3. 要注意逻辑关系和排列顺序

纵横各栏各行的排列，要注意它们之间内在的逻辑关系和排列顺序。各栏各行需要合计时，一般将合计列在最后一栏或最后一列。

4. 应清楚表明计量单位

当表中只有一种计量单位时，可在表的右上方注明。如果有几个不同的计量单位，横行的计量单位可专设“计量单位”一栏，也可与纵栏各指标标注在一起。

5. 要加编号

如果表的栏数较多，通常要加编号。主词栏和计量单位栏可用甲、乙、丙等文字表示，宾词栏可用(1)、(2)、(3)等数码表示。

6. 表中数字应填写整齐

表中数字应填写整齐，上下位数要对齐。数字为 0 时要写上，无数字或不用填写数字的要在格内填上“—”，缺数据的格内要填上“……”。

7. 表式应为开口式

统计表的表式为开口式，即表的左右两端不画纵线，上下边线画粗线或双线。

8. 要加注说明或注释

必要时，要给统计表加注说明或注释，以便考查。

二、统计图

（一）统计图的概念和绘制方法

1. 统计图的概念

统计图是将抽象的数字绘制成几何图形或象形图形来显示统计资料，用以说明现象数量关系的图形。

统计图是表现统计资料的重要方法之一，它通俗易懂，简明扼要，形象生动，是进行统计研究的科学方法。借助统计图将研究结果表现出来，可以增加读者对统计资料的理解，加深记忆。

2. 统计图的绘制原则

为了使统计图能发挥其应有的作用，在绘制时必须遵循以下原则。

（1）绘制统计图要有明确的目的

统计图是表现统计资料的重要形式之一，是统计整理和统计分析的有效工具。设计和绘制统计图必须有明确的目的性。

（2）绘制统计图要有科学性

统计图和一般美术图画不同，它是实际事物的具体反映，不允许夸张，必须按现象的性质、计算口径、图示目的、绘制方法等方面严格要求制作，做到准确无误地表现统计资料。

（3）绘制统计图要有艺术性

统计图的布局、形式、线条、字体、色彩等方面力求精心设计，灵活应用，使画面鲜明醒目，生动活泼，以提高图示的效果，加深读者印象。

（4）统计图要适合不同场合使用和不同的对象观看

统计图要根据不同的统计资料和不同的目的，绘制不同的图形。每个图形要有简明扼要的标题，做到内容与形式协调，以提高读者兴趣，吸引读者的注意力。

3. 统计图的绘制步骤

（1）根据统计研究的目的和要求，搜集和选择统计资料。

（2）按统计资料的性质、内容、分布场合和阅读对象确定统计图形。

（3）对统计资料进行审核分析、整理和计算，确定绘图比例、线条长度等。

（4）先绘草图，将统计资料与草图校对准确后绘制正式图形。

（5）书写图名，加注数字、图例及文字说明。如编制单位、日期、资料来源等。

（6）审核图形。审核其是否符合既定目的，图式是否准确、简明、生动；坐标尺度是否妥当；线条、数字、文字是否适用；图号、图例是否齐全。

（7）仔细描绘正式统计图。

（8）全面检查图形，发现错误或遗漏，予以纠正。

（二）常见的统计图

在实际应用中，常见的统计图主要有直方统计图、扇形统计图、折线统计图、统计地图、象形图等。

统计图一般采用直角坐标系，横坐标用来表示事物的组别或自变量 x，纵坐标常用来表示事物出现的次数或因变量 y；或采用角度坐标（如圆形图）、地理坐标（如地形图）等。统计图的结构包括图名、图目（图中的标题）、图尺（坐标单位）、各种图线（基线、轮廓线、指导线等）、图注（图例说明、资料来源等）等。

1. 直方统计图

用一个单位长度表示一定的数量，根据数量的多少，画成长短相应成比例的直条，并按一定顺序排列起来，这样的统计图，称为直方统计图，如图 3-1 所示。直方统计图可以清楚地表明各种数量的多少。

直方统计图具有以下特点：

（1）能够使人们一眼看出各个数据的大小。

（2）易于比较数据之间的差别。

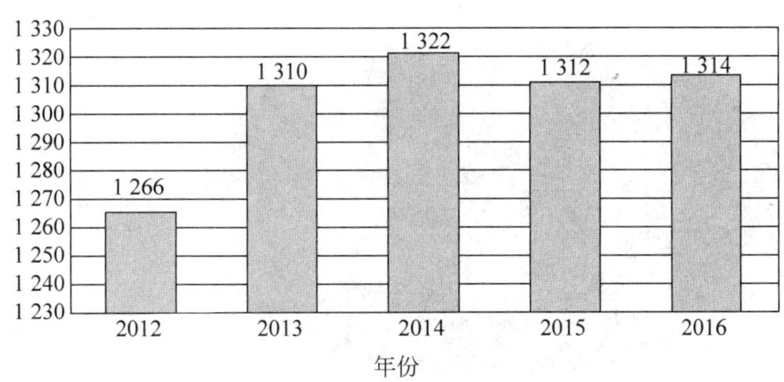

图 3-1　2012—2016 年中国城镇新增就业人数

2. 扇形统计图

以一个圆的面积表示事物的总体，以扇形面积表示占总体百分数的统计图，叫作扇形统计图，也叫作百分数比较图。扇形统计图可以比较清楚地反映出部分与部分、部分与整体之间的数量关系，如图 3-2 所示。

扇形统计图具有以下特点：

（1）通过扇形的大小来反映各个部分占总体的百分之几。

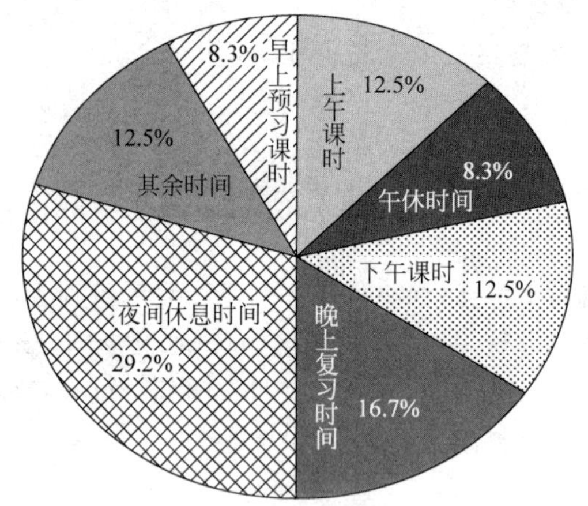

图 3-2　某校学生作息时间比例

（2）扇形统计图能让读者更清楚地了解各个部分数量同总数之间的关系。

（3）扇形图可以让一些杂乱无章的数据变得清晰透彻，使人看上去一目了然。

扇形统计图还可以画成圆柱形的，就变成饼形图，如图 3-3 所示。

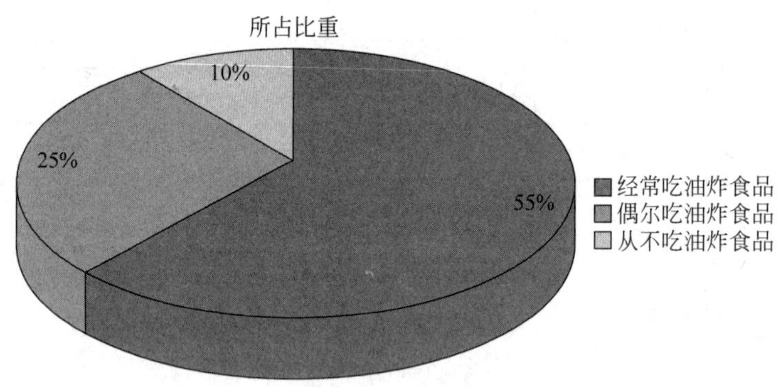

图 3-3　食用油炸食品比例

3. 折线统计图

以折线的上升或下降来表示统计数量的增减变化的统计图，叫作折线统计图。与直方统计图比较，折线统计图不仅可以表示数量的多少，而且可以反映同一事物在不同时间里的发展变化的情况。折线统计图的特点是能够显示数据的变化趋势，反映事物的变化情况，如图 3-4 所示。

4. 统计地图

统计地图是以地图为背景，利用各种几何图形和不同细纹或颜色，表明和比较事物在

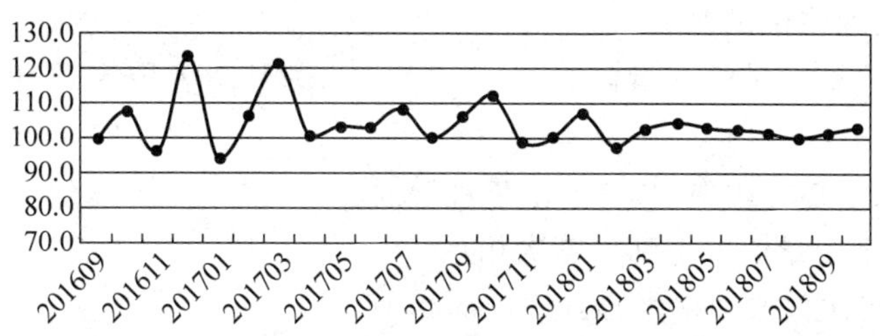

图 3-4　2016 年 9 月至 2018 年 9 月中国大宗商品指数折线图

各地的分布状况,或对某些现象进行地区间比较的一种统计图形。它一般是与统计图形相结合,用来反映现象的地理位置以及与其他自然条件的关系。

本章小结

统计整理是根据统计研究任务的要求,对统计调查所搜集到的原始资料进行科学的分类、汇总,使其条理化、系统化的工作过程。统计分组是统计整理的基础性工作。分配数列是在统计分组的基础上,将总体的所有单位按组归类整理,并按一定顺序排列而形成的总体中各个单位在各组间的分布,又称分布数列或次数分配。

统计表和统计图是通过统计整理得到的反映社会经济现象总体特征的综合资料,是统计工作的初步成果。

同步测试

一、单项选择题

1. 统计分组的核心问题是(　　)。

A. 选择分组的标志　　B. 划分各组界限
C. 区分事物性质　　D. 对分组资料再分组

2. 统计分组的结果表现为(　　)。

A. 组内同质性、组间差异性　　B. 组内差异性、组间同质性
C. 组内同质性、组间同质性　　D. 组内差异性、组间差异性

3. 在等距数列中,组距的大小与组数的多少(　　)。

A. 成正比　　B. 等比　　C. 成反比　　D. 不成比例

4. 说明统计表名称的词句,在统计表中称为(　　)。

A. 横行标题　　B. 主词
C. 纵栏标题　　D. 总标题

5. 统计表的叙述栏是说明(　　)。

A. 主体栏的各种统计指标的　　B. 分组名称的

C. 统计总体的　　D. 总体单位的

6. 累计次数或累计频率中的“向上累计”是指(　　)。

A. 将各组变量值由小到大依次相加

B. 将各组次数或频率由小到大依次相加

C. 将各组次数或频率从变量值最低的一组向最高的一组依次相加

D. 将各组次数或频率从变量值最高的一组向最低的一组依次相加

7. 某连续变量数列,其末组为开口组,下限为 200,又知其邻组的组中值为 170,末组的组中值为(　　)。

A. 260　　B. 230　　C. 185　　D. 215

二、判断题

1. 离散型变量既可以编制单项数列,也可以编制组距数列;连续型变量只能编制组距数列,且相邻组的组限必须重叠。(　　)

2. 统计分组的关键是正确选择分组数列的种类。(　　)

3. 统计学中的“结构”是指总体单位之间的关系。(　　)

4. 统计整理是统计工作的最终阶段。(　　)

5. 在进行分组时,凡遇到某单位的标志值刚好等于相邻两组上、下限数值,一般是将此值归入上限所在组。(　　)

6. 变量数列的编制中,在条件不变的情况下,组数分得越多,组距也越大。(　　)

7. 对原始资料的审核主要包括审核资料的真实性、准确性、完整性、及时性等内容。(　　)

三、思考题

1. 统计分组的含义是什么?

2. 描述统计分组在统计整理中的重要性。

3. 简述等距数列和异距数列的应用条件。

4. 简答统计表的基本结构及分类。

5. 描述组距和组数的关系。如何准确确定组距和组数?

四、计算题

1. 某车间 20 名工人单位时间内生产零件个数如下:

5　4　2　4　3　4　3　5　4　3

4　3　4　3　2　6　4　4　2　5

试根据上述资料按单位时间生产零件个数编制变量数列,并计算出各组频率。

2. 某仓储企业包装班组 45 名包装人员，当日完成物品包装件数如下：

50	65	73	79	90	64	72	78	88
54	66	51	86	76	86	87	77	72
67	74	81	95	91	55	68	74	83
75	75	85	99	84	75	69	58	97
71	62	72	90	78	74	69	82	88

要求：(1) 试根据以上资料编制等距数列。

(2) 计算组距、组中值。

(3) 计算累计次数、累计频率。

大数据与统计思维和方法的不同

第四章

综合指标

知识目标

1. 了解综合指标的各种分类及其表现形式，理解综合指标在认识事物中的作用。

2. 理解总量指标的概念、作用及分类，并能够计算总量指标。

3. 理解相对指标的概念，熟练掌握相对指标的分类及计算方法。

4. 理解平均指标的概念、作用，熟练掌握平均指标的计算方法。

5. 理解标志变异指标的概念、作用，掌握极差、标准差等标志变异指标的计算方法。

技能要求

1. 掌握总量指标和相对指标的计算及分析方法，并能够根据具体案例进行分析。

2. 掌握平均指标和标志变异指标的计算及分析方法，熟练掌握极差、标准差等标志变异指标的计算方法。

学习导航

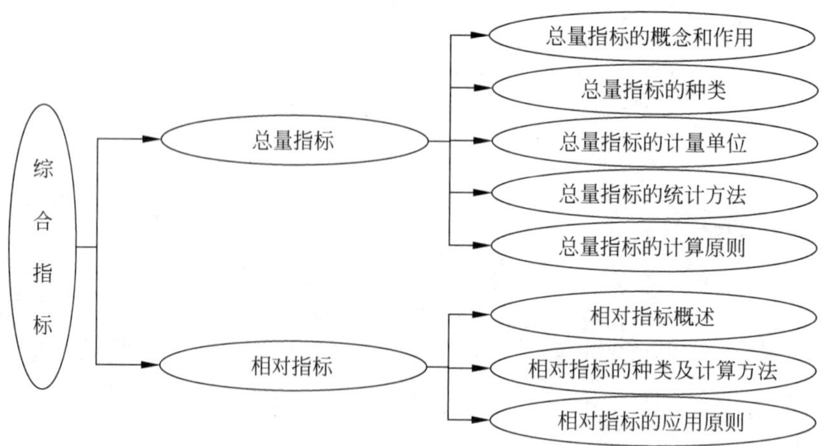

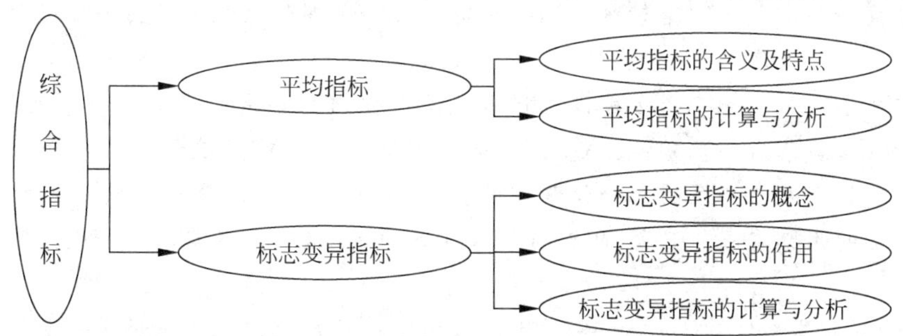

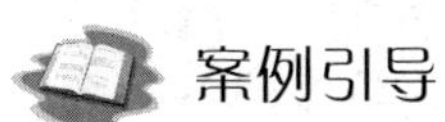
案例引导

雄安新区到底能给钢铁行业带来什么

按照规划雄安新区范围包含河北省雄县、容城、安新3县及周边部分区域，地处北京、天津、保定腹地，规划建设初期面积约100平方公里，中期发展区面积约200平方公里，远期控制区面积约2 000平方公里，就发展规划、定位和之前的浦东新区及深圳特区类似。

相对于蜂拥而至的“炒房团”将雄安新区范围内的雄县、安新、容城楼市“炒热”不同，面对新区释放的利好，钢市却显得有些“过分平静”。

按照花旗近期公布的研报显示，中国建设雄安新区的规划若以10年计，每年将需要1 200万到1 400万吨钢，10年总计需要1.2亿至1.4亿吨钢。其中2 500万至3 000万吨用于住宅基础设施，3 500万至4 000万吨用于非住宅用房，3 500万至4 000万吨用于交通运输和物流基础设施，2 500万至3 000万吨用于其他公用事业和基础设施。

随着经济进入新常态，国内钢材表观消费整体呈现“减量化”发展，过去的2016年国内粗钢表观消费7.10亿吨，如果雄安新区真如花旗预测的那样每年为钢铁行业带来1 200万到1 400万吨钢的用钢需求，那么将极大地改善中国钢铁行业需求环境，进而加快钢铁行业复苏的步伐。只是，在笔者看来，雄安新区建设初期对于钢铁需求释放很难大规模“开闸放水”。每年千万吨的用钢需求释放短期内很难实现。

当前无论是地方政府还是央企普遍负债率过高，仅过去的2016年地方政府就发债5万亿元。这种高负债率直接导致了无论央企还是地方政府的投资能力普遍不足。也正因为如此，在雄安新区建设过程中，虽然可以获得更多政策方面的支持，但是由于地方债务问题，银行方面对于举债搞建设的融资模式风控将更加严格。

也正因为如此，在雄安新区前期项目建设过程中和浦东新区相比会面临着资金不足的难题，进而影响到工程开工进度，钢需释放自然很难如期释放。更为关键的是，当前世界经济处于美元加息周期，人民币贬值周期，中国正在面临着巨大的资金外流压力。在这种压力下，为了应对热钱外流的影响，后期人民币超发行为将会大幅减少。对于负债率过高的地方政府而言，一旦“印钞机”不再“超负荷”工作，那么地方政府因为负债问题融资困难将成为大概率事件。

但这并不意味着雄安新区建设过程中就没有任何的钢需亮点可言。事实上，考虑到雄县等新区三地落后的基础设施建设，在雄安新区建设的前期过程中还是会释放可观的用钢需求。特别是在新区的基础设施建设、地下管廊建设以及交通网络完善的过程中都蕴含着巨大的用钢需求。只是，因为资金掣肘的原因，这种用钢需求的释放节奏可能相对缓慢。

但是，在雄安新区建设过程中，对于区域内钢铁的行业需求还是存在一定的支撑。我们要清晰地认识到雄安新区的定位是创新之都，它并不是第二个浦东或者深圳特区。特别是考虑到河北省钢铁大省的特殊身份，雄安新区的建设对于钢铁行业的影响不是单纯需求侧影响。

雄安新区的成立，影响的必然不仅仅是新区一个区域，整个京津冀地区都将大受其益，而这个区域恰恰是钢铁产能的重镇，对全国钢铁行业都有着举足轻重的影响，要建设新区，必然会对区域内原有的钢铁产能、生产企业等做出调整，进而使得整个产业格局迎来新的变革。在笔者看来，雄安新区建设对于钢铁行业的影响更多来自深层次的产业结构的调整。

事实上，这种调整的出发点来自环保方面。在雄安新区建设过程中，作为腹地的河北省环保要求将进一步提升，进而会影响到全省的钢铁产业布局。这其中 2020 年前保定、张家口、廊坊三地钢铁产能将全部退出就是一个很好的例子。后期随着雄安新区的出台，包括廊坊、霸州、永清、保定等地的钢厂将悉数被清出，周边沧州等地的钢铁企业逐渐迁移或关闭。受此影响，河北钢铁产业布局将重新洗牌，更多将集中迁徙到唐山沿海地区，进而实现河北钢铁产业沿海化发展。更为关键的是，随着相关钢铁企业迁徙，之前衍生而来的相关钢材加工产业也会因为原料供应的变化而不得不做出被动调整。

另一方面，雄安新区定位为智慧城市和创新之都。因此在建设支撑城市发展的交通圈更多以城际高铁为主，因此在钢材需求品种方面不再单纯是螺线等低端品种，对于热卷、钢构等高端品种的需求同样不可忽视。

资料来源：中国物流与采购网站学术资料汇编

引例分析

该案例资料中提供了大量的统计数据，这些数据中有总量指标、相对指标和平均指标等。通过前面几章的学习，我们知道这些统计指标就是通过大量的统计调查，对调查来的资料进行汇总整理，然后经过科学的计算得出来的。这些指标说明雄安新区的建设对于钢铁行业的影响不单纯是需求的变化，更是钢铁行业以此为契机做供给侧改革的加减法，进而实现区域内资源的最优化配置，用增量改革促进存量的调整，进而使得整个行业迎来质变。

第一节　总量指标

一、总量指标的概念和作用

（一）总量指标的概念

总量指标是表明社会经济现象在一定时间、地点条件下规模或水平的总和的统计指标。总量指标以绝对数形式表现，也称为绝对数指标。

将总体单位数相加或将总体单位标志值相加，就可以得到说明在一定时间、空间条件下某种现象总体的总规模、总水平的指标，即总量指标。例如，一个国家或地区的人口总数、土地面积、国内生产总值，一个企业的产品产量、产品销售收入等。总量指标也可以表现为总量指标之间的相互比较，得到的增加量或减少量。例如，某地区 2000 年社会商品零售额比 1999 年增加了 180 万元，也是总量指标。

总量指标是统计中常用的最基本的统计指标，在统计研究分析中，尤其是对社会经济现象的研究具有重要作用。

（二）总量指标的作用

总量指标在统计分析及国民经济和社会管理过程中应用广泛，具有重要作用。

(1) 总量指标可以用来反映一个国家的基本国情国力，反映一个地区、一个部门或一个单位的人力、物力和财力，是人们对客观事物认识的起点。

(2) 总量指标可以用来作为制定政策、制定计划和实行科学管理的基本依据，也是检查政策、计划执行情况，反映社会经济活动绝对效果的重要指标。

(3) 总量指标可以用来研究客观现象的数量表现及其发展的变化趋势。通过总量指标编制的时间数列反映客观事物发展变化的过程和趋势。

(4) 总量指标是计算相对指标和平均指标的基础。例如，计算某单位职工在一次慈善捐助活动中平均每人捐款额，就要用该单位捐款总额除以职工总数。该单位捐款总额和职工总数都是总量指标。

二、总量指标的种类

（一）按照总体内容分类

总量指标按其反映的总体内容的不同，可分为总体单位总量和总体标志总量。

总体单位总量是指总体中所包含的总体单位的总个数，表示总体本身规模的大小。对于一个确定的统计总体，其总体单位总量是唯一确定的。

总体标志总量是指总体中各单位某一数量标志值的总和。对于确定的统计总体，标志总量不是唯一的，而是随着标志的不同可计算不同的标志总量。

例如，我们研究某市三级医院的基本状况，则全市三级医院的总数量是总体单位总量，而全部三级医院职工总人数、全部三级医院职工工资总额等就是总体标志总量。

（二）按照时间状况分类

总量指标按其反映的时间状况的不同，可以分为时期指标和时点指标。

时期指标反映总体在某一段时间内活动结果达到的总数量。如产品产量、货物运输量、商品销售量、国内生产总值等。时点指标反映总体在某一时刻(瞬间)上所存在的总数量。如人口数、职工人数、设备台数、学校数、商品库存量等。

时期指标和时点指标各具有不同的特点，主要表现在以下三个方面。

1. 指标数值的搜集是否连续登记

时期指标一般需要进行经常性调查，对搜集的数据应连续登记。如年产量是每月产量连续登记汇总得到的，而月产量是每天产量连续登记汇总得到的。时点指标一般进行一次性调查，不连续登记。如年末库存量只表示年末这一时点的库存水平，而不是每天每月连续登记汇总得到的。

2. 指标数值是否可以累计

不同时间的同类时期指标可以直接相加，表示更长时间范围内现象的总数量。如把每天的产量直接相加，即可得到年产量。而不同时间的同类时点指标不能直接相加，其相加的结果有大量的重复计算，没有实际意义。如果把每月末的商品库存数相加，其结果既不为某月末的数值，也不为年末商品库存数。

3. 指标数值是否与时间长度有关

时期指标数值的大小与时期的长短有直接的关系，时间越长，数值越大。而时点指标数值的大小与时间间隔长短无直接关系，如年末库存量不一定大于月末库存量。

明确了时期指标和时点指标的区别，可准确理解指标数值所属的时间范围，对计算时间数列的序时平均数、对针对社会经济现象进行动态分析研究有重要帮助。

三、总量指标的计量单位

总量指标在表现形式上有明确的计量单位。常用的有实物单位、价值单位及劳动量单位，有时还使用复合单位和多重计量单位。

（一）实物单位

实物单位是根据事物的属性和特点而采用的计量单位，有自然单位、度量衡单位和标准实物量单位等。

1. 自然单位

自然单位是指按照被研究现象的自然状况来度量其数量的一种计量单位，如人口以“人”为单位，汽车以“辆”为单位，鞋袜以“双”为单位等。

2. 度量衡单位

度量衡单位是指按照度量衡制度的统一规定来确定的计量单位，如粮食、钢铁、原煤等以“千克”或“吨”为单位；房屋建筑面积用“平方米”为单位；铁路、公路长度以“公里”为单位等。

3. 标准实物量单位

标准实物量单位是按照统一折算的标准来度量被研究现象数量的一种计量单位，如各种不同含量的化肥用折纯法折合为100%的含量计算，各种不同发热量的能源折合为7 000 大卡/千克的标准煤计算等。

用实物单位说明事物更加直观、具体，但用不同的实物单位表示的实物数量不能相加，即其综合性较差。

（二）价值单位

价值单位是用货币来度量社会财富或劳动成果的一种计量单位，又叫货币单位。如国民生产总值、国民收入、商品销售额、工资总额、成本、利润、税金等都是以货币单位计量的。使用货币单位计量可以把不能直接相加的不同物品的数量变为可以加总，用以综合说明具有不同使用价值的总量。价值指标具有广泛的综合性和概括性。

价值指标既能用现行价格计算，又能用固定价格计算。现行价格指标与经济部门的实际收支相适应，可以研究现实经济的价值运动过程以及生产、消费和积累等国民经济的重要比例。由于现行价格价值指标不仅受其实物量变动的影响，还受其价格变动的影响，因此在研究经济现象实物量的发展速度时，要用不变价格计算价值指标，以反映出实物量的真实变动。

（三）劳动量单位

劳动量单位是用劳动时间表示的计量单位，也是一种复合单位。如工时、工日等。一个工人工作一小时叫一个工时，一个工人工作一个轮班是一个工日。劳动量单位一般用来计算劳动总消耗量，也可以计量劳动的总成果。

（四）复合单位和多重计量单位

计量单位可以单独使用，也可以结合使用。两种计量单位结合使用叫复合单位。如货物周转量以“吨公里”为计量单位，发电量以“千瓦时”为计量单位等。

除了复合单位外还有双重或多重计量单位，即同时采用两种或多种单位来表明事物的数量。电动机可用“台/千瓦”表示,船舶同时用“艘/马力/吨位”三种单位表示,它们都是多重计量单位。

小贴士

电商企业是否纳入社会消费品零售总额的统计?

电子商务公司中直接开展商品零售经营的企业,应纳入社会消费品零售总额的统计范围。提供电商平台服务、技术支持的企业不能纳入社会消费品零售总额统计范围,否则将会出现重复统计。

四、总量指标的统计方法

总量指标是对客观现象总量的度量。在进行总量度量时应该遵循统计认识的规律,即从定性认识开始,经过认识量的过程,达到认识事物质的目的。这一过程不单纯是一个技术方法问题,更重要的是确定客观现象的范畴,明确统计对象的概念。常用的总量指标统计方法有以下几种。

1. 直接计量法

直接计量法是通过对研究对象进行直接计数或测量等形式统计总量指标的方法,如工业统计报表中的企业职工人数、产品数量等大多数绝对数,人口普查中的人口数、住房面积等有关项目的总量,都是采用直接计量法。

2. 推算与估算法

如果要研究的现象的总量在不可能或没有必要采用直接计量法时,可用推算与估算的方法取得其总量指标。例如,根据农作物的亩产量和播种面积,来估算总产量。

3. 主观评定法

对某些客观现象难以计量而又必须计量时所采用的,由人们通过评估确定其总量指标的方法称主观评定法。如对某些产品的质量采用的质量分数;对体育比赛的有些项目,如跳水、体操等成绩采用的评分等都是主观评定法。要采用这种方法必须先制定统一的客观的评分标准。

五、总量指标的计算原则

要想正确计算和运用总量指标,就必须要注意把握以下几个总量指标的计算原则。

1. 统计总量指标时要有明确的统计含义范围和正确的计算方法

总量指标的计算不是简单的数值汇总,而是一个复杂的理论问题。要正确地计算某一社会经济现象的总量,必须先准确地确定总量指标的含义,才能正确地划分总量指标的范围,进而才能正确地计算总量指标。

2. 计算实物量指标时应注意现象的同类性

只有同类现象才能计算实物总量，而同类性是由事物性质决定的。例如，钢材、棉花、汽车的性质不同，就不能将它们混在一起计算实物总产量。不过，在计算货物运输总量时，产品的同类性就不成为计算条件了。因为它只要求计算货物的总量和里程，而不问其品种如何。因此对于现象的同类性认识，还应取决于现象所处的条件或者统计研究目的。

3. 要根据现象的性质和特点选择适当的计量单位

对于同一总量指标在不同时间、地点条件下进行计量时，其计量单位应该一致，并且这个计量单位应是国家规定的，这才能正确反映总体的总量。如果计量单位不一致，应该进行换算使之同一，以便于对比分析。另外，计算价值指标时还应该选用适当的价格。

4. 必须正确区分时点现象和时期现象

由于时期指标和时点指标各自反映的现象在时间上的规定性不同，对时期现象而言，计算时期指标的指标数值可以相加；对时点指标而言，指标数值不能直接相加。

第二节　相对指标

一、相对指标概述

要分析一种社会经济现象，仅仅利用总量指标是远远不够的。如果要对事物作深入的了解，就需要对总体的组成和其各部分之间的数量关系进行分析对比，这就必须计算相对指标。

（一）相对指标的概念和表现形式

1. 相对指标的概念

相对指标是两个有联系的指标数值进行对比计算的结果，又称为相对数。相对指标可以反映现象之间的联系程度，如现象的发展程度、结构、强度、普通程度或比例关系等。相对指标通过两个有联系的指标数值的对比，将具体数值抽象化，使现象之间所存在的固有联系显现出来。因此，借助于相对指标对现象进行对比分析，是统计分析的基本方法。

2. 相对指标的表现形式

相对指标的表现形式有两种：一种是有名数，另一种是无名数。

有名数是指计算相对指标的分子和分母两个指标的计量单位结合使用，如人口密度用“人/平方公里”表示，商业网点密度用“人/个”或“个/千人”表示等。

无名数是一种抽象化的数值，通常表现形式是系数、倍数、成数、百分数、千分数等。相对指标在很多场合都用无名数表示。

系数和倍数是将对比的基数化为 1 进行计算的结果。两个数对比，分子与分母数值相差不大时用系数表示，如固定资产折旧系数为 0.2；当分子比分母数值大 1 倍以上时，常用倍数表示，如企业今年的利润是去年的两倍。

成数是将对比的基数化为 10 进行计算的结果，比如粮食增产一成，即增长 10%。

百分数(%)是将对比的基数抽象化为 100 计算的结果，是相对数中最常用的一种表现形式。如产品合格率为 98%，计划完成相对数为 105%等。

统计中还把两个以百分数表示的指标进行对比，差距 1% 则称为一个百分点。例如，某企业规定劳动生产率比去年同期提高 10%，实际提高 12%，这说明实际劳动生产率比计划任务规定多了 2 个百分点。

千分数(‰)是将对比的基数抽象化为 1 000 计算的相对数，它适用于分子数值比分母数值小很多的情况。如人口的出生率、死亡率、自然增长率等多用千分数表示。

（二）相对指标的作用

(1) 相对指标通过数量之间的对比，可以表明事物相关程度、发展程度。它可以弥补总量指标的不足，使人们清楚了解现象的相对水平。例如，某企业去年实现利润 50 万元，今年实现利润 55 万元，则今年利润增长了 10%，这是总量指标不能说明的内容。

(2) 相对指标可以使原来无法直接对比的指标找到可以对比的基础，进行更为有效的分析。例如，要考察不同类型企业生产经营情况，由于企业生产规模条件不同，产品不同，直接用总产值、总利润比较意义不大。但如果都以各自职工人数、能源消耗和利润指标作为依据，计算劳动生产率、单位产值能耗和产值利润率等相对指标，就可进行比较，找差距，深入分析。

(3) 说明总体内在的结构特征，为深入分析事物的性质提供依据。例如，计算一个地区第一、第二、第三产业的比例，可以说明该地区经济社会现代化程度。

二、相对指标种类及计算方法

随着统计分析目的的不同，两个相互联系的指标数值对比，可以采取不同的比较标准(即对比基础)，而对比所起的作用也有所不同，从而形成不同的相对指标。常用的相对指标，可以分为计划完成程度相对指标、结构相对指标、比例相对指标、比较相对指标、强度相对指标、动态相对指标六类。

（一）计划完成程度相对指标

计划完成程度相对指标是指一定时期的实际完成数与计划数之比，用以检查、监督计划完成情况，通常用百分数表示，又称计划完成百分比。

其基本计算公式为

$$计划完成程度相对指标=\frac{本期实际完成数}{本期计划完成数}\times 100\%$$

计划任务数是衡量计划完成情况的标准，故分子分母不能互换。分子减分母，即实际完成数减去任务数，表明计划执行的绝对效果。

计划任务数是计算计划完成程度相对指标的基数，该基数有不同的表现形式，因此，计划完成程度相对指标也相应有不同的公式表达。

1. 计划任务数为绝对数

一般适用于考核社会经济现象的规模或水平的计划完成程度。其计算公式为

$$计划完成程度相对指标=\frac{实际完成绝对数}{计划完成绝对数}\times 100\%$$

例如，某汽车厂计划年产汽车 80 万辆，实际年产 88 万辆，则该企业年生产计划完成程度为

$$计划完成程度相对指标=\frac{88}{80}\times 100\%=110\%$$

计算结果说明，该企业超额完成计划 10%。

2. 计划任务数为相对数

一般适用于考核各种社会经济现象的降低率、提高率或增长率的计划完成情况，如考核成本降低率、劳动生产率提高率和人口自然增长率等计划完成情况。

其计算公式分别为

$$计划完成程度相对指标=\frac{100\%+实际提高率}{100\%+计划提高率}\times 100\%$$

$$计划完成程度相对指标=\frac{100\%-实际降低率}{100\%-计划降低率}\times 100\%$$

例如，某企业计划 2017 年总产值比 2016 年提高 5%，而实际提高 10%；该企业计划 2017 年生产成本比 2016 年降低 2%，而实际降低 4%，则：

$$该企业总产值计划完成程度相对指标=\frac{100\%+10\%}{100\%+5\%}\times 100\%=104.76\%$$

$$该企业生产成本计划完成程度相对指标=\frac{100\%-4\%}{100\%-2\%}\times 100\%=97.96\%$$

计算结果表明，该企业 2017 年总产值超计划完成（提高）4.76%，生产成本超计划完成（降低）2.04%。

3. 计划任务数为平均数

一般适用于考核以平均水平表示的技术经济指标的计划完成情况。其计算公式为

$$计划完成程度相对指标=\frac{实际完成平均数}{计划规定平均数}\times 100\%$$

4. 中长期计划完成相对数的计算方法

检查短期计划完成情况,可按月度、季度、年度的实际数与计划数的对比关系来计算计划完成程度相对指标。检查中长期计划(5年、10年等)的执行情况时,由于计划规定的任务有两种:一种是规定计划期末应达到的水平;一种是规定全期完成的累计数,因而有两种不同的检查方法,即水平法和累计法。

(1) 水平法

即在长期计划中只规定最后一年应达到的水平时用水平法计算。其计算公式为

$$计划完成程度相对指标=\frac{计划期期末实际达到的水平}{计划期期末任务水平}\times 100\%$$

按水平法计算长期计划提前完成时间的方法是:在计划期内,从前往后考察,只要有连续12个月(不论是否在一个日历年度)实际完成的水平达到了计划规定的最末一年的水平,就算完成了计划,剩余时间即为提前完成计划的时间。

例如:某公司五年发展规划规定,在计划期最后一年应达到2 260万元的销售规模,实际执行结果如表4-1所示。计算该公司销售额计划完成程度的相对指标和提前完成计划时间。

表4-1 某公司五年发展规划实际执行情况表 单位:万元

时间	第一年	第二年	第三年		第四年				第五年				5年合计
			上半年	下半年	一季度	二季度	三季度	四季度	一季度	二季度	三季度	四季度	
销售额	1 300	1 480	760	820	400	420	460	500	530	580	650	720	8 620

$$销售额计划完成程度相对指标=\frac{530+580+650+720}{2\ 260}\times 100\%=109.73\%$$

超计划完成销售额$=2\ 480-2\ 260=220$(万元)

从第四年第四季度算起,到第五年第三季度连续12个月的销售额之和为2 260万元,即$500+530+580+650=2\ 260$(万元),已达到计划规定的销售水平,说明提前3个月完成了计划。

(2) 累计法

即当计划指标为长期计划期内累计完成的总量时用累计法计算。其计算公式为

$$计划完成程度相对指标=\frac{计划期间实际累计完成数}{计划期间计划任务数}\times 100\%$$

提前完成计划的时间的计算方法是:从期初往后连续考察,只要实际累计完成数达到计划期内规定的累计任务数,即完成长期计划,所余时间为提前完成计划的时间。

例如:某机电设备公司计划2013—2017年5年内累计完成固定资产投资额4 200万元,实际完成情况如表4-2所示。计算该公司固定资产投资完成程度和提前完成计划时间。

表 4-2 某机电设备公司 5 年固定资产投资额实际完成情况表 单位：万元

时　间	2013 年	2014 年	2015 年	2016 年	2017 年			
					一季	二季	三季	四季
固定资产投资额	800	850	950	1 050	270	280	290	300

$$计划完成程度相对指标=\frac{800+850+950+1\ 050+270+280+290+300}{4\ 200}\times 100\%$$

$$=114.05\%$$

表明该公司超额 14.05%完成了固定资产投资计划。

该公司到 2017 年第二季度末实际完成投资额累计为(800+850+950+1 050+270+280)=4 200 万元，正好达到计划投资额，故提前半年完成了投资计划。

此外，在实际工作中，还要随时检查计划执行情况，掌握计划执行进度，以便随时采取措施，保证计划完成。其计算公式为

$$计划执行进度=\frac{某一段时间实际累计完成数}{同期计划任务数}\times 100\%$$

计划执行进度指标可以用来对整个计划期间的计划执行进程作动态分析，以预测计划完成可能出现的情况，考核计划执行进程的均衡性。

（二）结构相对指标

结构相对指标是在统计分组的基础上，以部分数值与总体数值对比而得出的比重或比率，以反映总体内部组成结构，又称结构相对数。

其计算公式为

$$结构相对指标=\frac{总体某部分数值}{总体全部数值}\times 100\%$$

结构相对指标一般用百分数表示，各组比重之和等于 100%或 1。其分子和分母既可以同是总体单位总量，也可以同是总体标志总量，而且分子数值属于分母数值的一部分，即分子分母是一种从属关系，位置不能互换。

例如：2016 年年末我国人口的性别分布状况如表 4-3 所示，该表结构相对指标一栏反映了我国人口在性别上的结构情况。

表 4-3 2016 年年末我国人口性别分布状况

性　别	人口数(万人)	结构相对指标(%)
男	70 815	51.21
女	67 456	48.79
总计	138 271	100

结构相对指标是统计分析中常用的综合指标，主要有以下几方面作用：

1. 反映事物构成特征

如表 4-3 中的结构相对指标，反映了我国人口的构成特征。

2. 反映事物构成变化规律

事物的变化不仅体现在总量方面，更重要的是体现在内部结构的调整方面。利用不同时间上结构相对数的对比可以了解事物构成的变动趋势，掌握其变化规律。如 1953 年我国第一次人口普查时，城镇人口只占总人口的 13.26%。而 2000 年第五次人口普查，中国城镇人口在总人口中的比重上升到了 36.06%，中国人口的城乡构成发生了重大变化，表明中国城市化进程正在进行之中。

3. 研究现象的内在联系

研究现象的内在联系，如农村不同地形人口比重与粮食产量比重的关系等。

知识链接

恩格尔定律与恩格尔系数

19 世纪德国统计学家恩格尔根据统计资料，对消费结构的变化得出一个规律：一个家庭收入越少，家庭收入中（或总支出中）用来购买食物的支出所占的比例就越大，随着家庭收入的增加，家庭收入中（或总支出中）用来购买食物的支出则会下降。推而广之，一个国家越穷，每个国民的平均收入中（或平均支出中）用于购买食物的支出所占比例就越大，随着国家的富裕，这个比例呈下降趋势。恩格尔定律的公式为

$$\text{食物支出对总支出的比率}=\frac{\text{食物支出变动百分比}}{\text{总支出变动百分比}}$$

恩格尔定律是根据经验数据提出的，它是在假定其他一切变量都是常数的前提下才适用的，因此在考察食物支出在收入中所占比例的变动问题时，还应当考虑城市化程度、食品加工、饮食业和食物本身结构变化等因素都会影响家庭的食物支出增加。只有达到相当高的平均食物消费水平时，收入的进一步增加才不对食物支出发生重要的影响。

恩格尔系数是根据恩格尔定律得出的比例数，是表示生活水平高低的一个指标。其计算公式如下：

$$\text{恩格尔系数}=\frac{\text{食物支出额}}{\text{总支出金额}}$$

除食物支出外，衣着、住房、日用必需品等的支出，也同样在不断增长的家庭收入或总支出中，所占比重上升一段时期后，呈递减趋势。一个国家或家庭生活越贫困，恩格尔系数就越大；反之，生活越富裕，恩格尔系数就越小。恩格尔系数反映了贫困与富裕的程度，这一标准今天仍被人们广泛使用。

联合国曾提出恩格尔系数的数量界限，即恩格尔系数在 60% 及以上为生活绝对贫

困；50%～60%为勉强度日；40%～50%为小康水平；20%～40%为生活富裕；20%以下为很富裕。

（三）比例相对指标

比例相对指标是同一总体内不同组成部分之间数量对比的相对指标，用来研究现象的比例是否协调。其计算公式为

$$比例相对指标=\frac{总体中某一部分数值}{总体中另一部分数值}\times 100\%$$

例如，某学校教学人员为800人，非教学人员为200人，则教学人员与非教学人员的比例为4∶1。

$$教学人员与非教学人员比例=\frac{800}{200}=4:1$$

在统计分析中，为反映总体若干部分之间的比例关系可以采用连比的形式。为了能清晰地显示各部分数量之间的联系，用来连比的组数不宜过多。例如，我国2008年三个产业增加值的比例为（以第一产业增加值为1）1∶4.30∶3.54。

小贴士

比例相对指标和结构相对指标有何区别

比例相对指标和结构相对指标是从两个不同的角度来分析总体内各组成部分的数量对比关系。结构相对数是一种从属关系，分子数值是分母数值的一部分；比例相对数是一种并列关系，分子与分母数值都是总体中某部分的数值，分子分母位置可以互换。与结构相对数类似的是，比例相对数分子与分母既可以同是总体单位总量，也可以同是总体标志总量。

结构相对指标在经济研究中具有重要作用。结构相对指标能够反映总体内部结构和现象的类型特征、总体内部各组成部分的分配比重及其变化情况，从而深刻认识事物各个部分的特殊性质及其在总体中所占有的地位和地位的变化。

（四）比较相对指标

比较相对指标是同类指标在同一时间、不同空间条件下对比求得的相对指标，它反映不同总体之间同类指标的差异程度，一般用百分比数或倍数表示。其计算公式为

$$比较相对指标=\frac{甲地区（单位或企业）某类现象指标数值}{乙地区（单位或企业）同类现象指标数值}$$

比较相对指标可以是绝对数对比，也可以是相对数或平均数对比。根据研究目的的

不同，比较相对指标的分子和分母可以互换，以从不同的出发点说明问题。

例如：2012 年甲市全年财政收入为 86.2 亿元，乙市全年财政收入为 232.77 亿元。则：

2012 年乙市完成的财政收入为甲市的百分比：

$$\frac{232.77}{86.20}\times 100\% = 270.03\%$$

2012 年甲市完成的财政收入为乙市的百分比：

$$\frac{86.20}{232.77}\times 100\% = 37.03\%$$

结果表明，这两个城市由于各自特点不同，2012 年在完成全年财政收入方面存在很大差异。

（五）强度相对指标

强度相对指标是两个性质不同，但有一定联系的总量指标对比的结果，用来说明现象的强度、密度和普遍程度，在现实生活中应用相当广泛，如人口密度、人均病床数、人口出生率、商品流通费用率等。它是一种特殊的相对指标，一般用复名数表示。其计算公式如下：

$$\text{强度相对指标} = \frac{\text{某一现象的指标数值}}{\text{另一与此有联系但性质不同的指标数值}}$$

强度相对指标有正指标与逆指标之分。正指标是比值越大则强度越大；逆指标是比值越大强度则越小。其公式中的分子和分母可以互换，根据需要来反映不同的现象。

例如，某市 2008 年末人口总数是 1 344.7 万人，连锁商业网点 6 432 个。则其正指标：

$$\text{零售商业网点密度} = \frac{6\ 432\ \text{个}}{1\ 344.7\ \text{万人}} = 4.8\ \text{个/万人}$$

表示每万人有 4.8 个商业零售网点为其服务。

逆指标：

$$\text{零售商业网点密度} = \frac{1\ 344.7\ \text{万人}}{6\ 432\ \text{个}} = 0.21\ \text{万人/个}$$

表示每个零售商业网点为 2 100 人服务。

强度相对指标能确切地反映经济发展水平，便于在不同空间进行比较，找出差距，研究现象之间相互联系、相互制约的关系，为制定政策、编制计划提供可靠的依据。值得注意的是，从表面上看，强度相对指标有时带有“平均”的意思，但它不是平均指标，它不是总体各单位标志值的简单平均。

小贴士

强度相对指标的应用价值

强度相对指标广泛用于反映一个国家或地区的经济发展水平高低和经济实力强弱。常用的反映经济实力的强度相对指标一般是按人口分摊的主要产品产量或国民收入等经济水平指标,它反映某些经济指标与人口的比例关系,如人均粮食产量、人均国内生产总值等,这些强度相对指标数值越大,表明一个国家的经济实力越强。

强度相对指标能够表明社会服务机构的服务保障能力。一般将服务单位数与人口对比,反映社会服务行业的负担情况和保障能力。如商业网点密度、每千人拥有医院床位数等。强度相对指标还能够反映社会生产活动的条件,考核社会经济效益。例如,每个职工平均拥有固定资产额、每百元产值占用流动资金、每百元资金实现的利税额等。

(六)动态相对指标

动态相对指标是将同一现象在不同时期的两个数值进行动态对比而得出的相对数,以表明现象发展变化的程度,一般用百分数或倍数表示。其计算公式为

$$\text{动态相对指标}=\frac{\text{某一现象报告期水平}}{\text{同一现象基期水平}}\times 100\%$$

其中,报告期是指统计所要研究和说明的时期,亦称计算期;基期就是用来作为比较的基础时期。根据统计研究的任务和需要,基期可以是前期、上年同期或具有历史意义的时期。

例如,某物流公司 2012 年钢材运输量为 2 375 万吨,2011 年钢材运输量为 2 500 万吨。则:

$$\text{动态相对指标}=\frac{2\ 375}{2\ 500}\times 100\%=95\%$$

说明该物流公司 2012 年钢材运输量比 2011 年同期下降了 5%。

动态相对指标在统计分析中应用广泛,将在第五章“时间数列”中详加阐述。

三、相对指标的应用原则

相对指标是进行现象数量对比分析的重要工具。正确计算和运用相对指标一般须遵循以下几个原则。

1. 可比性原则

相对指标是两个相互联系指标的比率,是一个抽象化的数值,因此,用来进行对比的分子分母必须可比。可比性原则是指对比的两个指标应有相互对比的共同基础,要比得合理,能恰当反映出现象的数量关系,符合研究对象的客观规律。

可比性主要包括：

(1) 内容的可比，即分子分母的经济内容应有联系，对比有意义。

(2) 总体范围的可比。

(3) 计量单位与计算方法的可比。

2. 相对指标要与绝对指标结合运用

相对指标往往是由两个有联系的绝对数对比形成的，它把现象的绝对水平抽象化，使许多不便于直接对比的现象可以进行比较，反映出现象之间的相互联系和对比关系。

但是，由于相对指标抽象了绝对数的差异，只能反映相对程度的不同。因此，相对数应与统计绝对数结合运用，才能较全面客观地反映客观现象的数量特征。例如：甲、乙两家运输公司货物运输量资料，如表4-4所示。

表4-4 甲、乙两家运输公司货物运输量分析表

运输公司	货物运输量(万吨)		发展速度(%)
	基期	报告期	
甲	5	6	120
乙	500	600	120

从表中相对指标发展速度看，两公司都是120%，完全相同。但从绝对数看，不论是基期还是报告期，乙公司都是甲公司的10倍，其规模差异较大。

3. 各种相对指标要结合运用

不同的相对指标有不同的作用，运用相对指标进行统计分析时，可以将从不同角度说明问题的各种相对指标结合起来使用，全面地说明客观现象的状况及发展的规律性。

例如，要研究一个企业经营发展的情况，除了要计算计划完成程度相对指标，说明计划完成情况外，还需要把本期的实际水平同去年同期水平进行对比，以分析经营的发展趋势。还可以将实际水平与同行业先进水平或国际水平进行对比，以分析企业在同行业中所处的地位等。因此，只有把多种相对指标结合运用，才能全面、深入地说明要研究的问题。

第三节 平均指标

统计数据经过整理后，我们对数据的分布情况和规律有了直观而形象的大致了解。但是，要想深入地进行分析和研究，还需要找出具有代表性的数量特征值，来准确地描述统计数据的分布特征。统计研究通常以平均指标反映数据分布的集中趋势。

一、平均指标的含义及特点

（一）平均指标的概念

平均指标是反映总体各单位某一数量标志值在具体时间、地点条件下达到的一般水平的综合指标。

例如，我们把成年男人的身高分为155厘米以下，155～165厘米，165～175厘米，175～185厘米，185厘米以上五档，随机选取一组成年男人，对其身高分布进行观察，落入这五档的人数往往不相等。但从总体上看，它存在着一种集中趋势，即身高极高和极低的人数较少，多数人的身高为中等。

学生的成绩分布也是如此：分数特别高和特别低的学生总是占少数，多数人的分数总是接近中间的数值。我们常用平均身高来描述人群身高分布的一般水平，用平均分来描述一组学生学习成绩的一般水平。这里的平均身高、平均分是平均指标，它们分别描述了人群身高分布和学生成绩分布的集中趋势。

（二）平均指标的种类

按不同的计算方法，常用的平均指标有：算术平均数、调和平均数、几何平均数、中位数、众数。前三种平均数又称为数值平均数，后两种平均数又称为位置平均数。它们有不同的计算方法，也有不同的应用场合。

（三）平均指标的特点

1. 平均指标必须在同质总体内计算

如某厂职工的平均工资，只能由该厂范围内的职工人数和相应的工资总额进行计算，凡不属于该厂范围内的职工和相应的工资总额都不能包括在内。

2. 平均指标是一个代表值，它代表的是被研究总体的一般水平

例如，某商场职工的月销售额有高有低，有的职工月销售额为10 000元，有的职工月销售额为16 000元，有的为20 000元，还有的为28 000元，等等。若根据该商场各个职工销售额综合计算出职工平均月销售额为18 000元，那么18 000元就是一个代表值。它反映了该商场职工月销售额的一般水平。

3. 平均指标是一个抽象化了的数值

平均指标把被研究总体各单位的标志值的数量差异抽象化了，这个抽象化的数值实际上并不一定存在，它只说明了总体各单位的某一标志值以平均数为中心上下波动。例如，某商场职工的月平均销售额为18 000元，但是各个职工的月销售额有高有低，高于18 000元的销售额和低于 18 000 元的销售额互相抵消了，从而得出平均月销售额 18 000 元。所以说，平均指标表明的是数据分布集中趋势的一般特征。

4. 计算平均指标应以大量观察法为基础

只有进行大量观察，将现象偶然性的差异互相抵消，平均指标才能反映出总体内各单位某一数量标志的集中趋势。

（四）平均指标的作用

1. 平均指标可以用来反映数据分布的一般水平

如职工平均工资反映职工工资收入的一般水平；平均亩产量反映的是粮食产量的一般水平。

2. 平均指标可以用来对比不同总体的一般水平

平均指标经常用来对同类现象在不同单位、不同地区之间进行比较研究，从而反映现象在不同单位、不同地区之间的差异。

例如，要比较两个企业工人工资水平的高低，仅对比这两个企业的工资总额是不能说明问题的，因为工资总额受到企业职工总人数的影响。更不能用个别工人的工资水平进行比较，因为个别工人工资的多少受多种因素的影响，如工龄、技术水平等。个别工人的工资不能代表企业所有工人的工资水平，只有比较两企业工人的平均工资，才能做出正确的判断。

3. 利用平均指标可以说明事物的发展动态和变化趋势

利用平均指标可以比较和反映现象在同一单位或地区不同时期一般水平的发展变化，说明事物的发展动态和变化趋势。例如，研究某地区粮食生产水平的变化，由于粮食总产量会受播种面积变动的影响，因此以粮食单位面积产量这个平均数进行对比，就能正确地反映出该地区粮食生产水平的发展动态以及变化趋势。

4. 平均指标可以作为科学预测与决策的推算依据

平均指标，可以作为某些科学预测、决策、管理和某些推算的依据。

知识链接

怎样理解基尼系数

基尼系数是衡量居民间收入差距的综合指标。该指标由意大利经济学家基尼在 20 世纪初提出。当社会中每个人的收入都一样，收入分配绝对平均时，基尼系数是 0；全社会的收入都集中于一个人，收入分配绝对不平均时，基尼系数是 1。现实生活中，两种情况都不可能发生。每个人的收入有多有少，差距大时，基尼系数就高；差距小时，基尼系数就低。基尼系数是根据洛伦茨曲线，即收入分布曲线计算的。

基尼系数给出了反映居民之间贫富差异程度的数量界限，能比较全面客观地反映居民之间的贫富差距，能预报、预警居民之间出现贫富两极分化。国际上并没有一个组织或教科书给出最适合的基尼系数标准。但有不少人认为基尼系数小于0.2时，居民收入过于平均，0.2～0.3之间时较为平均，0.3～0.4之间时比较合理，0.4～0.5时差距过大，大于0.5时差距悬殊。通常而言，与面积或人口较小的国家相比，地域辽阔、人口众多和自然环境差异较大国家的基尼系数会高一些；经济处于起步阶段或工业化前期的国家，基尼系数要大一些；而发达经济体特别是实施高福利政策国家的基尼系数要小一些。

二、平均指标的计算与分析

（一）算术平均数

1. 算术平均数的含义

算术平均数，又称均值，是应用最广泛的一种平均数。算术平均数的基本公式为

$$\text{算数平均数}=\frac{\text{总体标志总量}}{\text{总体单位总数}}$$

例如：

$$\text{商品平均价格}=\frac{\text{该商品销售总额}}{\text{总销售量}}$$

利用上述基本公式计算算术平均数时，要注意公式的分子和分母在总体范围上的可比性。也就是说，分子和分母必须属于同一总体。平均数的计量单位应当和总体各单位标志值的计量单位一致。

2. 算术平均数的计算与应用

由于所掌握的资料不同，计算算术平均数的方法也不同。因此，算术平均数又可分为简单算术平均数和加权算术平均数。

（1）简单算术平均数

简单算术平均数，就是直接将总体中某一数量标志的各个标志值加以平均。其计算公式为

$$\text{简单算数平均数}=\frac{\text{总体各单位某一标志值之和}}{\text{总体单位总数}}$$

用符号表示为

$$\bar{x}=\frac{x_1+x_2+\cdots+x_n}{n}$$

式中：$\bar{x}$ 表示算术平均数；x_i 表示某一单位标志值；n 表示数据的总个数。

简单算术平均数一般适用于未分组的数据资料或各组次数都相等的分组资料。

【例 4-1】

某生产小组 10 名工人的日产零件数如下：58,59,60,66,72,75,86,98,109,118。计算该小组工人的平均日产量。

解 该小组工人的平均日产量为

$$\bar{x}=\frac{58+59+60+66+72+75+86+98+109+118}{10}=80(\text{件})$$

算术平均数的大小，只受数据值大小的影响，不受总体中数据个数的影响。

(2) 加权算术平均数

当掌握的数据资料已经分组，可采用加权算术平均数的形式计算平均数。其计算公式为

$$\bar{x}=\frac{x_1f_1+x_2f_2+\cdots+x_nf_n}{f_1+f_2+\cdots+f_n}$$

式中：$\bar{x}$ 表示加权算术平均数；x_i 表示各组标志值；f_i 表示各组频数，即各组标志值出现的次数。

① 根据单项分组的数据资料计算加权算术平均数

【例 4-2】

某企业电子产品加工车间的 50 名生产工人日加工零件数情况，如表 4-5 所示。计算该车间工人平均日加工零件数。

表 4-5 50 名生产工人日加工零件加权平均数计算表

日加工零件数(件)x_i	工人人数(人)f_i	各组加工零件总数(件)x_if_i
20	5	100
21	10	210
22	10	220
23	20	460
24	5	120
合计	50	1 110

解 该车间工人平均日加工零件数为

$$\bar{x}=\frac{x_1f_1+x_2f_2+\cdots+x_nf_n}{f_1+f_2+\cdots+f_n}=\frac{1\,110}{50}=22.2(\text{件})$$

按加权算术平均数的方法计算平均数，平均数的大小不仅取决于总体中各单位标志值(x_i)的大小，而且还受到各标志值出现次数(f_i)多少的影响。标志值出现次数多的

组，其标志值对平均数的影响大；标志值出现次数少的组，其标志值对平均数的影响小。标志值的次数(f_i)的多少对平均数大小的影响具有权衡轻重的作用。因此，在统计中通常把各组单位数称为权数，把每个标志值乘以权数的过程叫作加权过程。

② 根据组距分组数据资料计算加权算术平均数

对于组距分组数据资料，要计算加权算术平均数，应首先计算各组的组中值，用各组的组中值作为各组的代表值计算平均数。用组中值作为代表值是以每一组内各单位的标志值分布是均匀的为前提。因此，用组中值代替各组标志值计算的算术平均数，具有一定的假定性，是一个近似值。

【例 4-3】

某电脑公司销售量的数据资料，如表 4-6 所示，计算该公司日平均销售量。

表 4-6　某电脑公司日平均销售量计算表(1)

按日销售量分组(台)	组中值(台)x_i	天数(天)f_i	各组销售总量(台)x_if_i
150～160	155	10	1 550
160～170	165	25	4 125
170～180	175	35	6 125
180～190	185	25	4 625
190～200	195	5	975
合计	—	100	17 400

解　该电脑公司日平均销售量为

$$\bar{x}=\frac{x_1f_1+x_2f_2+\cdots+x_nf_n}{f_1+f_2+\cdots+f_n}=\frac{17\,400}{100}=174(\text{台})$$

③ 频率为权数的加权算术平均数

权数对于算术平均数的影响作用，就其实质而言，并不是单纯取决于各组单位数次数的多少，而是取决于各组单位数占总体单位数的比重(又称权重系数)的大小，即哪一组单位数所占比重大，那一组标志值对平均数的影响就大。

权数有两种形式：一种是以绝对数表示，称次数或频数；另一种是以比重表示，称频率。加权算术平均数可采用频率作为权数，同一组数据资料用这两种权数所计算的加权算术平均数完全相同。权数采用频率的形式计算时，加权算术平均数的计算公式为

$$\bar{x}=x_1\frac{f_1}{\sum_{i=1}^{n}f_i}+x_2\frac{f_2}{\sum_{i=1}^{n}f_i}+\cdots+x_n\frac{f_n}{\sum_{i=1}^{n}f_i}$$

仍以例 4-3 中的资料为例，用频率作为权数计算日平均销售量，计算过程如表 4-7 所示。

表 4-7 某电脑公司日平均销售量计算表(2)

按日销售量分组(台)	组中值(台)x_i	天数(天)f_i	权重系数 $f_i/\sum f_i$	日销售量与频率的乘积 $x_i\left(f_i/\sum f_i\right)$
150～160	155	10	0.10	15.50
160～170	165	25	0.25	41.25
170～180	175	35	0.35	61.25
180～190	185	25	0.25	46.25
190～200	195	5	0.05	9.75
合计	—	100	1.00	174

日平均销售量为：$\bar{x}=x_1\dfrac{f_1}{\sum\limits_{i=1}^{n}f_i}+x_2\dfrac{f_2}{\sum\limits_{i=1}^{n}f_i}+\cdots+x_n\dfrac{f_n}{\sum\limits_{i=1}^{n}f_i}=174$(台)

从以上计算可以看出,用次数权数和频率权数计算的加权算术平均数结果是一致的。由此可见,总体单位数的频率权数是计算加权算术平均数时起作用的实质。当各组频数等比例增加或减少时,仅仅是各组频数发生了变化,而各组的比重(频率)未变,计算的加权算术平均数不会改变。严格地讲,计算加权算术平均数,其权数应是各组频率,而不是各组的绝对频数。

(二)调和平均数

1. 调和平均数的含义

调和平均数是根据数据分布中各数据值的倒数来计算的算术平均数,所以又称为倒数平均数。在实际应用中,它主要作为算术平均数的变形来使用,它仍然是依据算术平均数的基本公式即总体各单位标志值总和除以总体单位总个数来计算。

2. 调和平均数的计算与应用

根据所掌握的统计资料的不同,调和平均数又分为简单调和平均数和加权调和平均数。

(1) 简单调和平均数

简单调和平均数适用于对未分组的数据资料计算调和平均数。

简单调和平均数的计算公式为

$$\overline{x_H}=\frac{1}{\dfrac{1}{n}\left(\dfrac{1}{x_1}+\dfrac{1}{x_2}+\cdots+\dfrac{1}{x_n}\right)}$$

式中：$\overline{x_H}$表示调和平均数；x_i 表示总体各单位标志值；n 表示数据总个数。

【例 4-4】

某市场黄瓜的价格早、午、晚分别为每千克 2.40 元、1.60 元、1.20 元。如果某顾客早、午、晚各买 1 元钱的黄瓜，那么黄瓜平均每千克的价格是多少元？

解　黄瓜的平均价格$=\dfrac{\text{总金额}}{\text{总购买量}}$

$$\overline{x_H}=\frac{1}{\frac{1}{n}\left(\frac{1}{x_1}+\frac{1}{x_2}+\cdots+\frac{1}{x_n}\right)}=\frac{3}{\frac{1}{2.40}+\frac{1}{1.60}+\frac{1}{1.20}}=1.6(\text{元 / 千克})$$

上式的分母中$\frac{1}{2.40}$、$\frac{1}{1.60}$、$\frac{1}{1.20}$分别表示早、午、晚 1 元钱所买到的黄瓜的重量，它们的和表示总购买量；分子 3 表示早、午、晚买黄瓜所用的总金额。这就是简单调和平均数。

若是早、午、晚各买 1 千克黄瓜，那么黄瓜的平均价格为

$$\bar{x}=\frac{x_1+x_2+\cdots+x_n}{n}=\frac{2.40+1.60+1.20}{3}=1.73(\text{元 / 千克})$$

这时采用的是简单算术平均数的方法。

在各买 1 千克的情况下，由于千克数相同，每种价格对平均价格的影响是相等的；在各买 1 元钱的情况下，虽然金额相同，但由于每种价格不同，因此买到的黄瓜的千克数就不一样，这时每种价格对平均价格的影响是不相同的。调和平均数就是在这种意义上应用的。

(2) 加权调和平均数

加权调和平均数适用于已分组的数据资料。如果已知各组的标志值总数，而不知道各组的数据总个数时，应采用加权调和平均数的方法计算平均数。

加权调和平均数的计算公式为

$$\overline{x_H}=\frac{m_1+m_2+\cdots+m_n}{\frac{m_1}{x_1}+\frac{m_2}{x_2}+\cdots+\frac{m_n}{x_n}}$$

式中：$\overline{x_H}$ 表示调和平均数；m_i 表示各组标志值总和(权数)；x_i 表示各组标志值。

【例 4-5】

某市场黄瓜的价格早、午、晚分别为每千克 2.40 元、1.60 元、1.20 元。如果该市场早、午、晚分别卖出 120 元、160 元、180 元，那么这一天中黄瓜的平均价格是多少？

解　一天中黄瓜的平均价格为

$$\overline{x_H}=\frac{m_1+m_2+\cdots+m_n}{\frac{m_1}{x_1}+\frac{m_2}{x_2}+\cdots+\frac{m_n}{x_n}}=\frac{120+160+180}{\frac{120}{2.40}+\frac{160}{1.60}+\frac{180}{1.20}}=\frac{460}{300}=1.53(\text{元 / 千克})$$

【例 4-6】

某公司购进四批同种商品，每批的单位价格及购买金额如表 4-8 所示，求这四批商品的平均价格。

表 4-8 购进商品平均价格计算表

商品	价格(元/件)x	购买金额(元)m	购买量(件)$\frac{m}{x}$
第一批	146	730	5
第二批	152	2 280	15
第三批	160	2 880	18
第四批	170	1 700	10
合计	—	7 590	48

表中资料的第一、二、三栏是给定的，第四栏是计算得到的。

解 平均价格$=\frac{\text{购买金额}}{\text{购买数量}}$

由于每批购买的金额不同，因此应采用加权调和平均数的公式计算平均价格。平均价格为

$$\overline{x_H}=\frac{m_1+m_2+\cdots+m_n}{\frac{m_1}{x_1}+\frac{m_2}{x_2}+\cdots+\frac{m_n}{x_n}}=\frac{7\ 590}{48}=158.13(\text{元 / 件})$$

需要说明的是，在例 4-6 中，若已知的是价格和购买量，而缺少购买金额资料时，则应采用加权算术平均数公式计算平均价格，如表 4-9 所示。

表 4-9 购进商品平均价格计算表

商品	价格(元/件)x	购买量(件)f	购买金额(元)$m=xf$
第一批	146	5	730
第二批	152	15	2 280
第三批	160	18	2 880
第四批	170	10	1 700
合计	—	48	7 590

表中资料的第一、二、三栏是给定的，第四栏是计算得到的。平均价格为

$$\bar{x}=\frac{x_1f_1+x_2f_2+\cdots+x_nf_n}{f_1+f_2+\cdots+f_n}=\frac{7\ 590}{48}=158.13(\text{元 / 件})$$

计算结果与加权调和平均数的计算结果是一样的。

加权调和平均数，实际上是加权算术平均数的变形。在研究同一问题时，加权调和平均数同加权算术平均数的实际意义是相同的，只是根据所掌握的资料不同，而采用不同的

计算方法。在实际应用中，若掌握的是各组标志值和各组频数的资料时，应采用加权算术平均数公式计算平均数；若掌握的是各组标志值和各组标志值总量，而未掌握各组频数时，就应采用加权调和平均数公式计算平均数。

以上例题都是对单项分组的数据资料计算加权调和平均数，如果是对组距分组数据资料计算加权调和平均数，首先要计算出各组的组中值来代替各组的标志值，然后再按加权调和平均数的公式进行计算。

（三）几何平均数

1. 几何平均数的含义

几何平均数是 n 个标志值的连乘积的 n 次方根，适用于计算平均比率和平均速度。

2. 几何平均数的计算与应用

由于掌握的资料不同，几何平均数也可分为简单几何平均数和加权几何平均数。

（1）简单几何平均数

简单几何平均数适用于已知每个比率或每个速度求平均数的情况。

设有 n 个标志值（比率或速度）：$x_1, x_2, \cdots, x_n$，则简单几何平均数的计算公式为

$$\overline{x_G} = \sqrt[n]{x_1 \cdot x_2 \cdot \cdots \cdot x_n}$$

式中：$\overline{x_G}$ 表示几何平均数；x_i 表示各个标志值；n 表示标志值个数。

**【例 4-7】**

某工厂生产某种机械产品，需要经过车工、铣工、钳工和组装四道工序。某月份生产的一批产品在各道工序的合格率分别为 98%、96%、94%、97%，求该批产品的平均合格率。

解　四道工序的平均合格率为

$$\overline{x_G} = \sqrt[n]{x_1 \cdot x_2 \cdot \cdots \cdot x_n} = \sqrt[4]{0.98 \times 0.96 \times 0.94 \times 0.97} = 96.24\%$$

该批产品的总合格率并不等于各道工序的合格率的总和，后面工序的合格率是在前道工序的制品全部合格的基础上计算的。该批产品的总合格率应等于各道工序合格率的连乘积，所以不能采用算术平均数和调和平均数计算平均合格率，而应采用几何平均数公式求得。

（2）加权几何平均数

加权几何平均数适用于比率或速度已经分组的情况。

设经分组后有 n 个标志值（比率或速度）：$x_1, x_2, \cdots, x_n$，如果各标志值的次数（权数）分别为 $f_1, f_2, \cdots, f_n$，那么加权几何平均数的计算公式为

$$\overline{x_G} = \sqrt[(f_1+f_2+\cdots+f_n)]{x_1^{f_1} \cdot x_2^{f_2} \cdot \cdots \cdot x_n^{f_n}}$$

**【例 4-8】**

某商业银行一笔为期 8 年的建设项目投资，按复利计算收益，投资 8 年的年利率分别

是：有 2 年为 5%，有 3 年为 6%，有 3 年为 7%。要求计算这笔投资的年平均利率。

解 按复利规定，前一年的本利是后一年的本金，所以总的本利率等于各年本利率的连乘积。又由于各种本利率的次数(即年数)不同，因此应采用加权几何平均数公式计算年平均利率。

年平均利率为

$$\begin{aligned}\overline{x_G} &= \sqrt[f_1+f_2+\cdots+f_n]{x_1^{f_1} \cdot x_2^{f_2} \cdot \cdots \cdot x_n^{f_n}} \\ &= \sqrt[2+3+3]{1.05^2 \times 1.06^3 \times 1.07^3} \\ &= \sqrt[8]{1.6086} \\ &= 1.0612 \\ &= 106.12\%\end{aligned}$$

年平均利率为 $\overline{x_G}-1=106.12\%-1=6.12\%$

(四) 中位数

1. 中位数的含义

中位数是指将数据分布中的各数据按大小顺序排列后，位于中间位置的那个数据值，用 M_e 表示。

从中位数的定义可知，所研究的数据分布中有一半小于中位数，一半大于中位数。用这样一个中等水平的数据值来反映数据分布的一般水平，具有非常直观的代表性。在一些不易计算数值平均数的情况下，可用中位数代表数据分布的一般水平，尤其是在数据分布分散程度比较大时，中位数对数据分布集中趋势的代表性就更强。例如，在职工收入水平差异比较大的单位，要了解职工收入的一般水平，用职工收入分布的中位数作为收入水平的代表值要比用算术平均数更恰当，因为它排除了极端数据的影响。

2. 中位数的计算与应用

(1) 对于未分组的数据资料确定中位数

对于未分组的数据资料确定中位数的方法是：先将数据分布中各数据按大小顺序排列：$x_1 \leqslant x_2 \leqslant \cdots \leqslant x_n$，则中位数就可以按下面的方式确定：

$$M_e=\begin{cases} x_{\frac{n+1}{2}} & \text{当 } n \text{ 为奇数时} \\ \dfrac{x_{\frac{n}{2}}+x_{\frac{n}{2}+1}}{2}, & \text{当 } n \text{ 为偶数时} \end{cases}$$

【例 4-9】

某企业 7 名工人的月劳动生产率分别为 2.2，2.8，2.7，2.6，3.8，3.1，2.9 万元，求这 7 名工人月劳动生产率的中位数。

解　先将这 7 名工人月劳动生产率按大小顺序排列：2.2，2.6，2.7，2.8，2.9，3.1，3.8 万元。

$$中位数位次为\frac{n+1}{2}=\frac{7+1}{2}=4$$

即序列中第四个位置上的工人月劳动生产率 2.8 万元为中位数：$M_e=2.8$ 万元。

上例中数据的个数为奇数。如果工人数为 8 人，则数据的个数为偶数。若这 8 人的月劳动生产率分别是：2.2，2.5，2.6，2.7，2.8，2.9，3.1，3.8 万元，则

$$中位数位次为\frac{n+1}{2}=\frac{8+1}{2}=4.5$$

该位置在第四个位次和第五个位次中间，则中位数取第四个位次和第五个位次对应的数据值的算术平均数。即：

$$M_e=\frac{2.7+2.8}{2}=2.75(万元)$$

(2) 对于已分组的数据资料确定中位数

对于已分组的数据资料确定中位数，应首先确定中位数所处的位置，然后找出中位数所在的组，再计算中位数的近似值。

① 由单项分组数据资料确定中位数

由单项分组数据资料确定中位数时，应首先计算各组的累计次数(或累计频率)，然后按 $\frac{\sum f+1}{2}$ 确定中位数位次，最后根据中位数的位次，将按向上或向下累计次数刚好超过中位数位次的组确定为中位数组，该组的标志值即为中位数。

**【例 4-10】**

某大型商场衬衫部两组营业员月销售衬衫件数资料如表 4-10 所示，求每组营业员月销售衬衫件数的中位数。

表 4-10　商场衬衫部营业员按月销售衬衫件数分组表

按销售衬衫件数分组(件/月)	营业员人数(人)		人数累计(人)	
	甲组	乙组	甲组	乙组
180	3	4	3	4
186	5	5	8	9
187	8	6	16	15
189	7	8	23	23
193	4	3	27	26
195	1	4	28	30
合计	28	30	—	—

解 甲组营业员销售衬衫件数的中位数位次为 $\frac{\sum f+1}{2}=\frac{28+1}{2}=14.5$，说明中位数位于第 14 个与第 15 个营业员之间。根据累计次数可知，第 14 个与第 15 个营业员都在第三组，其标志值相同，都是 187 件，所以，甲组营业员月销售衬衫件数的中位数为 187 件。

乙组营业员销售衬衫件数的中位数位次为 $\frac{\sum f+1}{2}=\frac{30+1}{2}=15.5$，说明它位于第 15 个与第 16 个营业员之间。根据累计次数可知，这两个营业员分别属于第三组与第四组，所以应取这两组标志值的算术平均数作为中位数。所以，乙组营业员月销售衬衫件数的中位数为：$\frac{187+189}{2}=188$ 件。

② 由组距分组数据资料确定中位数

由组距分组数据资料确定中位数的方法是：首先根据累计次数 $\frac{\sum f+1}{2}$ 确定中位数所在组，这个组的上下限就规定了中位数可能的取值范围。然后，在假定中位数所在组内各单位是均匀分布的前提下，按下列公式计算中位数的近似值。

根据组距分组数据资料计算中位数，有下限公式和上限公式两种。

下限公式：
$$M_e=L_{M_e}+\frac{\frac{\sum f}{2}-S_{M_e-1}}{f_{M_e}}\times i$$

上限公式：
$$M_e=U_{M_e}-\frac{\frac{\sum f}{2}-S_{M_e+1}}{f_{M_e}}\times i$$

式中：M_e 为中位数；L_{M_e} 为中位数所在组的下限；U_{M_e} 为中位数所在组的上限；f_{M_e} 为中位数所在组的次数；S_{M_e-1} 为向上累计至中位数所在组前一组止的累计次数；S_{M_e+1} 为向下累计至中位数所在组前一组止的累计次数；i 为中位数所在组的组距。

下限公式适用于以向上累计的方法计算累计次数的情况，上限公式适用于以向下累计的方法计算累计次数的情况。

【例 4-11】

某城市居民家庭年收入情况的抽样调查资料如表 4-11 所示，求居民家庭年收入的中位数。

表 4-11　某城市居民家庭年收入情况

家庭年收入(元)	居民户数(户)	累计次数(户)	
		向上累计	向下累计
15 000 以下	50	50	1 000
15 000～20 000	120	170	950
20 000～25 000	230	400	830
25 000～30 000	310	710	600
30 000～35 000	170	880	290
35 000～40 000	80	960	120
40 000 以上	40	1 000	40
合计	1 000	—	—

解　先计算中位数的位次为

$$\frac{\sum f+1}{2}=\frac{1\,000+1}{2}=500.5$$

再计算出累计次数,见表 4-11 中的第三栏和第四栏。观察发现,无论是向上累计还是向下累计,第 500.5 项都包括在第四组中,即位于 25 000～30 000 这一组,因此 25 000～30 000 这一组就是中位数所在组。再根据公式确定中位数的近似值。

按下限公式计算中位数:

$$M_e=L_{M_e}+\frac{\frac{\sum f}{2}-S_{M_e-1}}{f_{M_e}}\times i=25\,000+\frac{\frac{1\,000}{2}-400}{310}\times 5\,000=26\,612.90(\text{元})$$

按上限公式计算中位数:

$$M_e=U_{M_e}-\frac{\frac{\sum f}{2}-S_{M_e+1}}{f_{M_e}}\times i=30\,000-\frac{\frac{1\,000}{2}-290}{310}\times 5\,000=26\,612.90(\text{元})$$

需要明确的是,当累计次数是向上累计时,须用下限公式计算中位数;当累计次数是向下累计时,则要用上限公式计算中位数。一般情况下,多用下限公式计算中位数。

(五) 众数

1. 众数的含义

众数是指一组数据中出现次数最多的标志值,用 M_o 表示。

由于众数是出现最频繁的数据值,因此,在某些情况下它比算术平均数更能鲜明地反映出数据分布的特征和集中趋势。例如,为了掌握集贸市场上某种商品的价格水平,不必登记全部的成交量和成交额,只需用该市场上这种商品最普遍的成交价格为代表。

假定市场上这种商品最多的成交价格为每千克 3.8 元,则 3.8 元就可以用来代表这种商品的一般价格水平;显然,用众数来表现数据分布的集中趋势具有非常直观的代表意义。不仅可以对数量标志的数据资料计算众数,还可以对品质标志的数据资料确定众数。例如,销售量最多的服装款式或色彩,也即通常所谓的“流行款式”,就属于这种意义的众数。

2. 众数的计算与应用

根据所掌握的资料不同,确定众数的方法分为以下两种情况。

(1) 对于未分组的数据资料确定众数

对于未分组的数据资料确定众数的方法:数据分布中出现次数最多的数值就是众数。

【例 4-12】

12 名学生参加某门课程的考试,成绩分数分别为:56,61,75,66,76,82,76,93,88,76,77,89。求这组数据的众数。

解 在这组分数中,出现次数最多的是 76 分,所以众数 $M_o=76$ 分。

需要特别说明的是。如果各标志值分布很均匀,即每个标志值出现的次数相同,则这组数据没有众数。

【例 4-13】

有 20 名学生参加某门课程的考试,所得的分数均不相同,资料如下:56,61,63,64,65,66,68,70,71,72,74,76,77,78,79,80,83,84,88,90。求这组数据的众数。

解 这 20 个分数出现的次数都是 1 次。由这 20 名学生的考试分数所组成的这个数列就没有众数。

(2) 对于已分组的数据资料确定众数

① 在单项分组的数据分布中,出现次数最多的标志值即为众数。

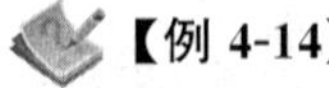**【例 4-14】**

某车间 50 名工人每天加工零件情况,如表 4-12 所示,计算众数。

表 4-12 某车间工人日加工零件数统计表

日加工零件数(件)	工人数(人)	日加工零件数(件)	工人数(人)
12	3	17	6
14	5	18	4
16	32	合计	50

解　从表中可直接看出，每天加工零件 16 件的工人最多，那么 16 件就是众数。

$$M_o=16(\text{件})$$

② 根据组距分组的数据资料确定众数

根据组距分组的数据资料确定众数，通常是利用插补法来确定众数的近似值，需要分两步进行。

第一步，确定众数组，即从数据分布中找出次数最大或频率最高的组，该组的上限、下限就规定了众数可能的取值范围。

第二步，依据与众数组相邻的两个组的次数，利用公式计算众数的近似值。

众数的计算公式如下。

下限公式：
$$M_o=L_{M_o}+\frac{f_{M_o}-f_{M_o-1}}{(f_{M_o}-f_{M_o-1})+(f_{M_o}-f_{M_o+1})}i$$

上限公式：
$$M_o=U_{M_o}-\frac{f_{M_o}-f_{M_o+1}}{(f_{M_o}-f_{M_o-1})+(f_{M_o}-f_{M_o+1})}i$$

式中：M_o 为众数；L_{M_o} 为众数组下限；U_{M_o} 为众数组上限；f_{M_o} 为众数组次数；f_{M_o-1} 为众数组前一组次数；f_{M_o+1} 为众数组后一组次数；i 为众数组组距。

【例 4-15】

根据表 4-11 所给出的某城市居民家庭年收入情况的抽样调查资料，求居民家庭年收入的众数。

解　表中将全部被调查居民户按收入高低分为 7 个组，并列出了各组的户数和累计户数资料。容易看出，表中第四组（年收入为 25 000～30 000 元的组）是该变量数列的众数组。

按下限公式计算众数：

$$\begin{aligned}M_o&=L_{M_o}+\frac{f_{M_o}-f_{M_o-1}}{(f_{M_o}-f_{M_o-1})+(f_{M_o}-f_{M_o+1})}i\\&=25\,000+\frac{310-230}{(310-230)+(310-170)}\times(30\,000-25\,000)\\&=26\,818.18(\text{元})\end{aligned}$$

按上限公式计算众数：

$$\begin{aligned}M_o&=U_{M_o}-\frac{f_{M_o}-f_{M_o+1}}{(f_{M_o}-f_{M_o-1})+(f_{M_o}-f_{M_o+1})}i\\&=30\,000-\frac{310-170}{(310-230)+(310-170)}\times(30\,000-25\,000)\\&=26\,818.18(\text{元})\end{aligned}$$

该城市居民家庭年收入的众数为 26 818.18 元。

第四节　标志变异指标

平均数是一组数据一般水平的代表值、中心值，说明了数据分布的集中趋势。但仅仅用平均数来描述统计数据的分布特征是远远不够的。例如，有一个班的学生某次测验分数分别如下。

女同学：73，75，77，78，80，82，82，83，85，85

男同学：50，63，69，74，80，86，93，94，95，96

这两组学生的平均分都是 80 分，但两组成绩的分散程度却不同。女同学的成绩比较集中、整齐，即变异较小，从而平均数的代表程度较高；男同学的成绩比较分散，参差不齐，即变异较大，平均数的代表程度也就较低。平均数在反映数据分布一般水平的同时，掩盖了分布中各数据的数量差异。标志变异指标恰好弥补了这方面的不足，它综合反映了数据分布中各数据值的差异程度，说明了平均数对所平均的数据资料的代表性大小，从另一方面说明了数据分布的特征。

一、标志变异指标的概念

标志变异指标，是用来综合反映一组数据中各数据值偏离其中心值（平均数）的趋势的指标。常用的标志变异指标有极差、平均差、方差、标准差、标准差系数等。

在对数据分布进行综合分析时，将平均指标和标志变异指标互相配合、互相补充，可以对数据分布进行较全面的分析。

二、标志变异指标的作用

标志变异指标具有以下作用。

1. 标志变异指标用来说明数据分布的离散程度

标志变异指标值越大，说明数据分布的离散程度越大；标志变异指标值越小，说明数据分布的离散程度就越小。

2. 标志变异指标是衡量平均数代表性大小的尺度

平均数作为数据分布一般水平的代表值或中心值，其代表性强弱与数据分布的离散程度有直接关系。通常情况下，数据分布的标志变异指标值越大，平均数的代表性越小；反之，标志变异指标值越小，平均数的代表性越大。

如前面给出的一个班学生某次测验分数的资料中，男生、女生的平均分都是 80 分，但各组的分散程度不同，意味着平均数的代表性不同。男生的成绩在平均数 80 分周围分布较为分散，各分数值与平均分的离差较大，标志变异指标值就大，这时平均分代表性较低；

女生的成绩在平均数80分周围分布则较为集中，各分数值与平均分的离差较小，标志变异指标值也较小，这时平均分代表性较高。

3. 标志变异指标是反映社会经济活动过程均衡性或节奏性的重要指标

在经济发展过程中出现的上下波动、升降起伏较大的非均衡变化的现象，生产过程中出现的前紧后松或前松后紧的无节奏状况等，都可以利用标志变异指标进行测定和分析。如果标志变异指标值较小，说明现象的发展比较平稳，其均衡性、稳定性、节奏性较好；反之标志变异指标值较大，则表明现象发展的稳定性较差。

4. 标志变异指标可以用来确定统计推断的准确程度

在抽样调查中，根据样本指标来推断总体指标时，标志变异指标值是确定统计推断准确程度及误差大小不可缺少的重要资料。

标志变异指标是统计分析的基本指标，在相关分析、趋势分析、抽样推断和预测决策中都要利用这一指标。

三、标志变异指标的计算与分析

（一）极差

1. 极差的含义

极差是指数据分布中两个极端值即最大值和最小值之差，又称全距，用 R 表示。

2. 极差的计算与应用

计算极差是测定数据分布离散程度最简单的方法，根据极差的大小能说明数据值变动范围的大小。极差的计算公式为

$$R = \text{最大数据值} - \text{最小数据值}$$

根据所掌握的资料不同，极差的计算分为两种情况。

(1) 对未分组或单项分组数据资料计算极差

对未分组或单项分组数据资料计算极差，只需用公式 $R=$最大数据值$-$最小数据值即可求得。

仍以上述测验成绩为例，女同学得分的极差 $R_1=85-73=12$(分)，男同学得分的极差 $R_2=96-50=46$(分)。说明男同学测验成绩的离散程度比较大，平均分80分的代表性较差。

(2) 根据组距分组数据资料计算极差

根据组距分组数据资料求极差的计算公式为

$$R = \text{最高组上限} - \text{最低组下限}$$

极差主要用来说明数据分布中各数据值变动的总范围。极差越大，说明数据分布中各数据值变动范围越大；反之，极差越小，说明各数据值变动范围越小。在两个总体的平

均水平相同的情况下，全距越小，平均数的代表性越大；全距越大，平均数的代表性越小；极差为0时，平均数的代表性最好。

小贴士

极差的优点和缺点

极差的优点是计算方法简单。极差经常用于检查产品质量的稳定性或进行质量控制。在仅需要了解数据分布离散的范围时，极差是一个比较适用的指标。

极差的缺点是它的大小仅仅取决于两个极端值，没有考虑到中间各个数值的分布情况，而且当数据分布有异常值存在时，会直接影响极差的大小，就使得极差不能充分反映数据分布中所有各项数据的离中趋势。极差是一个较粗糙的测定数据分布离中趋势的指标。

（二）标准差

1. 标准差的含义

标准差是数据分布中所有数据值与其平均数的离差平方的平均数的平方根，又称均方差，用σ表示。标准差的平方就是方差，用σ^2表示。

方差的计量单位不便于从经济意义上进行解释，所以实际统计工作中多用标准差来描述统计数据的离散程度。标准差是测定数据分布离散程度的最主要的指标。标准差的实质是表示各数据值对其算术平均数的平均距离。由于标准差是采用平方的方法来消除各数据值与算术平均数离差的正负号，因此它的数学性质比较理想。

标准差越大，表明数据分布的离散程度越大；标准差越小，表明数据分布的离散程度越小。

在两个总体的平均水平相同的情况下，标准差越小，平均数的代表性越大；标准差越大，平均数的代表性越小。

2. 标准差的计算与应用

根据所掌握的资料不同，标准差的计算分为简单标准差和加权标准差两种形式。

（1）简单标准差

对于未分组的数据资料，计算简单标准差。其计算公式为

$$\text{标准差}\quad \sigma=\sqrt{\frac{\sum_{i=1}^{n}(x_i-\bar{x})^2}{n}}$$

为了使计算过程更加简化，标准差也可以用以下公式计算：

标准差　$\sigma=\sqrt{\frac{\sum_{i=1}^{n}x_i^2}{n}-\bar{x}^2}$

【例 4-16】

根据表 4-13 所给工资资料(未分组资料)，计算某公司两个部门员工工资的标准差。结果如表 4-14 所示。

表 4-13　两部门员工工资表

甲部门员工工资(元)	乙部门员工工资(元)	甲部门员工工资(元)	乙部门员工工资(元)
1 050	950	1 250	1 300
1 150	1 100	1 350	1 450
1 200	1 200		

解　先计算甲部门员工的平均工资：$\overline{x_{甲}}=1\ 200$ 元，乙部门员工的平均工资：$\overline{x_{乙}}=1\ 200$ 元。

表 4-14　两部门员工工资标准差计算表

甲部门($\overline{x_{甲}}=1\ 200$ 元)			乙部门($\overline{x_{乙}}=1\ 200$ 元)		
员工工资(元)x	$x-\bar{x}$	$(x-\bar{x})^2$	员工工资(元)x	$x-\bar{x}$	$(x-\bar{x})^2$
1 050	−150	22 500	950	−250	62 500
1 150	−50	2 500	1 100	−100	10 000
1 200	0	0	1 200	0	0
1 250	50	2 500	1 300	100	10 000
1 350	150	22 500	1 450	250	62 500
合　计	—	50 000	合　计	—	145 000

甲部门员工工资的标准差为

$$\sigma_{甲}=\sqrt{\frac{\sum_{i=1}^{n}(x_i-\bar{x})^2}{n}}=\sqrt{\frac{50\ 000}{5}}=100(元)$$

乙部门员工工资的标准差为

$$\sigma_{乙}=\sqrt{\frac{\sum_{i=1}^{n}(x_i-\bar{x})^2}{n}}=\sqrt{\frac{145\ 000}{5}}=170.29(元)$$

计算结果表明，该公司甲、乙两部门员工的平均工资都是 1 200 元，但甲部门员工工资的标准差小于乙部门员工工资的标准差，说明甲部门员工工资分布比较均匀，乙部门员工工资分布比较分散，甲部门员工平均工资的代表性比乙部门大。

（2）加权标准差

对于已分组的数据资料，计算加权标准差。其计算公式为

$$标准差\quad \sigma=\sqrt{\frac{\sum_{i=1}^{n}(x_i-\bar{x})^2 f_i}{\sum_{i=1}^{n} f_i}}$$

为了使计算过程更加简化，加权标准差也可以用以下公式计算：

$$标准差\quad \sigma=\sqrt{\frac{\sum_{i=1}^{n} x_i^2 f_i}{\sum_{i=1}^{n} f_i}-\bar{x}^2}$$

【例 4-17】

某班级“统计学”期末考试成绩如表 4-15 第一栏和第二栏所示，计算该班学生成绩的标准差。

表 4-15　某班级“统计学”期末成绩标准差计算表

成绩(分)	人数(人) f	组中值 x	组总分数 xf	离差 $x-\bar{x}$	离差平方加权 $(x-\bar{x})^2f$
60 以下	2	55	110	−25	1 250
60～70	5	65	325	−15	1 125
70～80	16	75	1 200	−5	400
80～90	20	85	1 700	5	500
90～100	7	95	665	15	1 575
合　计	50	—	4 000	—	4 850

解

$$\bar{x}=\frac{\sum_{i=1}^{n} x_i f_i}{\sum_{i=2}^{n} f_i}=\frac{4\,000}{50}=80(分)$$

$$\sigma=\sqrt{\frac{\sum_{i=1}^{n}(x_i-\bar{x})^2 f_i}{\sum_{i=1}^{n} f_i}}=\sqrt{\frac{4\,850}{50}}=9.85(分)$$

该班学生“统计学”期末考试成绩的标准差为 9.85 分。

3. 标准差系数

(1) 标准差系数的含义

极差和标准差，都是以绝对数或平均数表示的测定数据分布标志变异的指标。这些指标都带有与数据分布中各数据相同的计量单位，并且其大小与数据分布的平均水平的高低有关。因此在对两个不同总体的离散程度进行比较时，如果这两个总体的平均数相差较大或计量单位不同，就不能采用这类指标直接比较。

为了对比分析平均水平不同或计量单位不同的两个总体的离散程度，必须消除平均数不同或计量单位不同带来的影响，这就需要用极差、标准差与相应的平均数之比来表明数据分布的离散程度。我们将极差、标准差与相应平均数之比分别称为极差系数、标准差系数，统称为离散系数。标准差系数在实际中应用最为广泛，这里主要介绍标准差系数。

(2) 标准差系数的计算与应用

标准差系数是一组数据的标准差与其算术平均数之比，用符号 V_σ 表示。其计算公式为

$$V_\sigma = \frac{\sigma}{\bar{x}} \times 100\%$$

【例 4-18】

甲、乙两个商场营业员月平均销售额分别为：$\overline{x_{甲}}=20\,000$ 元，$\overline{x_{乙}}=12\,000$ 元；标准差分别为 $\sigma_{甲}=600$ 元，$\sigma_{乙}=500$ 元。计算标准差系数，并分析哪个商场营业员的月销售额情况比较均匀，哪个商场营业员月平均销售额更具有代表性。

解　甲商场营业员月销售额的标准差系数为

$$V_{\sigma甲} = \frac{\sigma}{\bar{x}} \times 100\% = \frac{600}{20\,000} \times 100\% = 3.00\%$$

乙商场营业员月销售额的标准差系数为

$$V_{\sigma乙} = \frac{\sigma}{\bar{x}} \times 100\% = \frac{500}{12\,000} \times 100\% = 4.17\%$$

虽然甲商场营业员月销售额的标准差大于乙商场，但由于两商场营业员月平均销售额相差较大，不能由此说明甲商场营业员的月平均销售额的代表性比乙商场的小。为了说明两商场营业员月销售额的离散程度，可以通过比较标准差系数进行。由计算结果 $V_{\sigma甲}<V_{\sigma乙}$，可以得出结论：甲商场营业员的月销售额情况比乙商场均匀，甲商场营业员月平均销售额更具有代表性。

标准差系数是无名数，在应用时不受计量单位的限制，适用于对比分析平均水平不同或计量单位不同的两组数据的离散程度的大小。标准差系数大的说明该组数据的离散程度也就大，标准差系数小的说明该组数据的离散程度也就小。

本章小结

总量指标是反映在一定时间、空间条件下某种现象的总体规模、总水平或总成果的统计指标，也称为绝对数。相对指标是两个有联系的指标数值进行对比计算的结果，又称为相对数。

平均指标反映的是总体各单位某一数量标志值在具体时间、地点条件下达到的一般水平，反映了现象的集中趋势。标志变异指标是反映总体单位标志值的变动幅度或离差程度的综合指标。标志变异指标越大，说明总体各单位标志值差异程度越大。测定标志变异的指标主要有极差、标准差和标准差系数。

同步测试

一、单项选择题

1. 按照反映现象的时间状况不同，总量指标可以分为(　　)。

A. 单位总量和标志总量　　B. 数量指标和质量指标

C. 时期指标和时点指标　　D. 实物指标和价值指标

2. 结构相对指标是(　　)。

A. 报告期水平与基期水平之比

B. 总体部分数值与总体全部数值之比

C. 实际数与计划数之比

D. 甲单位水平与乙单位水平之比

3. 在下列平均指标中，不受极端值影响的平均指标是(　　)。

A. 中位数　　B. 算术平均数　　C. 调和平均数　　D. 几何平均数

4. 某地区年底有 1 000 万人口，零售商店数有 5 万个，则商业网点密度指标为(　　)。

A. 5 个/千人　　B. 0.5 个/千人　　C. 200 个/千人　　D. 0.2 个/千人

5. 标志变异指标说明变量的(　　)。

A. 变动趋势　　B. 集中趋势　　C. 离中趋势　　D. 一般趋势

6. 众数就是所研究的变量数列中(　　)。

A. 具有最少次数的变量值　　B. 具有中等次数的变量值

C. 具有平均次数的变量值　　D. 具有最多次数的变量值

7. 通过计算得知两同类型企业员工工资的标准差系数分别为 $V_{\sigma甲}=8.2\%$ 和 $V_{\sigma乙}=8.8\%$，则两个企业员工平均工资的代表性是(　　)。

A. 甲大于乙　　B. 乙大于甲　　C. 甲乙相同　　D. 无法判断

8. 平均数是对(　　)。

A. 总体单位数的平均　　B. 变量值的平均

C. 标志的平均　　D. 变异的平均

二、判断题

1. 平均数反映了总体分布的集中趋势,它是总体分布的重要特征值。(　　)

2. 所有变量值与平均数的离差之和为最大。(　　)

3. 计划完成相对指标的数值大于100%,就说明完成并超额完成了计划。(　　)

4. 平均差是各标志值对其算术平均数的离差的平均数。(　　)

5. 同一个总体,时期指标值的大小与时期长短成正比,时点指标值的大小与时点间隔成反比。(　　)

6. 当各组次数相等时,加权算术平均数等于简单算术平均数。(　　)

7. 总量指标是统计中最基本的综合指标,在实际统计工作中应用十分广泛。(　　)

8. 结构相对指标一般采用百分数表示,其分子和分母只能是时期指标。(　　)

三、思考题

1. 时期指标和时点指标有何异同?

2. 各种相对指标如何计算?计算和应用相对指标应注意哪些问题?

3. 实物指标和价值指标各有什么特点?

4. 如何确定中位数和众数?

5. 在分析长期计划执行情况时,水平法和累计法有什么区别?

6. 什么是总量指标?它有什么作用?

7. 简要回答标准差和平均差的异同点。

8. 正确运用平均指标应遵循哪些原则?

四、计算题

1. 某公司2017年计划产值比2016年增长6%,实际完成计划的110%,问该公司2017年产值计划超额完成多少?又知该公司单位产品成本计划在2016年750元的基础上降低25元,实际2017年单位成本是710元,试计算降低成本计划完成程度指标。

2. 某公司所属三个分公司营业收入完成情况如表4-16所示,请用相对指标的原理计算并填写表中空缺数值。

表4-16　各分公司营业收入情况表

	去年完成营业收入(万元)	今年				今年为去年的(%)
		计划	实际		计划完成相对数(%)	
		营业收入(万元)	营业收入(万元)	比重(%)		
一公司			1 067		97.00	106.7
二公司	1 200	1 320			100.00	
三公司	1 800	1 890				115.5
合计						

3. 腾飞公司根据五年计划要求，其生产的某型号包装机在该五年计划的最后一年生产量应达到 700 万件，实际生产情况如表 4-17 所示。

表 4-17　腾飞公司包装机生产量情况表　　（单位：万件）

年份	2013	2014	2015	2016				2017			
				一季	二季	三季	四季	一季	二季	三季	四季
产量	450	480	520	160	160	175	165	170	190	210	210

请计算该型号包装机生产计划完成情况，提前多少时间完成？

2018 年上半年泉州市固定资产投资回升向好

第五章

时间数列

知识目标

1. 通过本章的学习，了解时间数列的概念、时间数列的种类和编制原则。

2. 掌握时间数列水平指标、速度指标的计算和分析方法。掌握各指标之间的关系和应用条件。

技能要求

1. 准确把握时期数列与时点数列的区别。

2. 掌握时间数列的平均发展水平、增长量和平均增长量等指标的计算及分析。

3. 能够运用发展速度、增长速度等指标分析经济现象。

学习导航

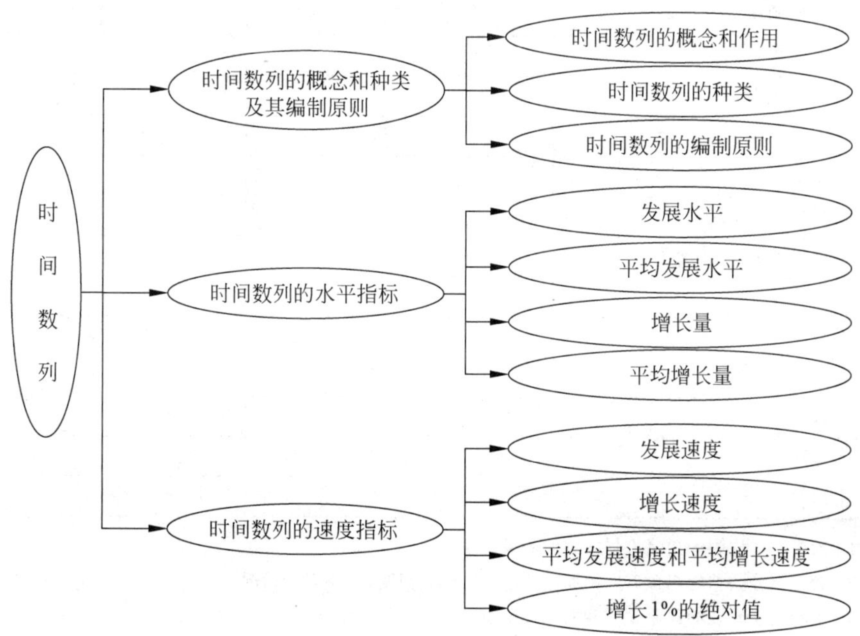

案例引导

2018年前3季度全国规模以上文化及相关产业企业营业收入情况

根据对全国规模以上文化及相关产业6.0万家企业的调查，2018年前3季度，上述企业实现营业收入63 591亿元，比上年同期增长9.3%，继续保持较快增长。

文化及相关产业9个行业中，7个行业的营业收入实现增长。其中，实现两位数增长的行业有2个，分别是：新闻信息服务营业收入5 927亿元，增长26.7%；创意设计服务7 565亿元，增长18.7%。

分区域看，东部地区规模以上文化及相关产业企业实现营业收入49 325亿元，占全国77.6%；中部、西部和东北地区分别为8 305亿元、5 274亿元和686亿元，占全国比重分别为13.1%、8.3%和1.1%。从增长速度看，西部地区增长12.8%，东部地区增长9.2%，中部地区增长8.6%；东北地区增速下降0.6%，降幅比上年同期收窄0.4个百分点。

2018年前3季度全国规模以上文化及相关产业企业营业收入情况参见表1。

表1　2018年前3季度全国规模以上文化及相关产业企业营业收入情况表

	绝对额(亿元)	比上年同期增长(%)
总计	63 591	9.3
新闻信息服务	5 927	26.7
内容创作生产	13 454	9.7
创意设计服务	7 565	18.7
文化传播渠道	6 781	9.7
文化投资运营	357	−2.1
文化娱乐休闲服务	1 106	−0.7
文化辅助生产和中介服务	11 611	6.8
文化装备生产	4 620	2.8
文化消费终端生产	12 170	2.8
东部地区	49 325	9.2
中部地区	8 305	8.6
西部地区	5274	12.8
东北地区	686	−0.6

注：1. 表中速度均为未扣除价格因素的名义增速。

2. 表中部分数据因四舍五入的原因，存在总计与分项合计不等的情况。

3. 上年同期实现的营业收入为58 176亿元。

附注

1. 指标解释

文化及相关产业指为社会公众提供文化产品和文化相关产品的生产活动的集合。营业收入指“主营业务收入”及“其他业务收入”之和。

2. 统计范围

规模以上文化及相关产业的统计范围为在《文化及相关产业分类(2018)》所规定行业范围内,年主营业务收入在2 000万元及以上的工业企业;年主营业务收入在2 000万元及以上的批发企业或主营业务收入在500万元及以上的零售企业;从业人数在50人及以上或年营业收入在1 000万元及以上的服务业企业,但文化和娱乐服务业年营业收入在500万元及以上。

3. 调查方法

每季度进行规模以上文化产业法人单位认定,根据国家统计联网直报平台上规模以上工业企业、限额以上批发和零售业企业、规模以上服务业企业全面调查取得的数据进行汇总。2018年9月末认定的调查企业为6.0万家,较6月末增加960家。

4. 行业分类标准

执行《文化及相关产业分类(2018)》。

资料来源:国家统计局资料汇编

引例分析

案例中所使用的分析指标体现了2018年前3季度全国规模以上文化及相关产业企业营业收入的发展速度,反映出我国规模以上文化及相关产业企业的变化及其规律性,并提出未来的发展方向和目标。该案例中的指标属于时间数列的分析指标,是运用时间数列分析的方法而取得的,是需要同学们认真学习和掌握的重要统计知识。

第一节　时间数列的概念和种类及其编制原则

时间数列分析是一种广泛使用的统计分析方法,它主要用于描述和探索现象随时间发展变化的数量规律性。

任何事物的发展变化我们都可以从三个方面来反映:过去、现在和未来。通过前面所学各个章节,我们基本掌握了反映现象数量变化的现状,比如:用综合指标从静态反映社会经济现象总规模、总水平、平均发展水平,用相对指标反映内部结构、比例、增长状况等。如果我们想从动态上分析研究这些事物发展的历史或者运行轨迹、发展变化及其规律性,我们就必须依据时间数列来研究。

一、时间数列的概念和作用

（一）时间数列的概念

时间数列亦称动态数列。所谓动态是指现象在时间上的发展变化，于是就要编制时间数列。时间数列是指同一总体现象的指标数值，按照时间变动的顺序排列而成的数列，如表 5-1 所示。而上一章我们学习的综合指标是从静态上对总体的数量特征进行分析。

表 5-1 某省社会商品零售总额、固定资产原值情况表

年份	社会商品零售总额(万元)	固定资产原值(万元)
2013	8 000	9 200
2014	8 100	9 230
2015	8 200	9 500
2016	8 800	9 700
2017	9 000	9 900

该时间数列反映了我国某省社会商品零售总额、固定资产原值随着时间变化的发展变化过程。

时间数列是统计数列的一种，它由两个基本要素构成：一个是现象发展水平所属的时间。可以是某一段时期，如一年、一个月、一天，也可以是某一时点，如某年底、某月底；另一个是反映现象发展水平的统计指标数值。

由此可知，时间数列具有两个特点：一是反映客观现象的指标概念相对稳定，二是指标数值随着时间的变化而不断变化。

（二）时间数列的作用

(1) 通过时间数列的编制和分析，可以从数量方面研究社会现象的发展过程和规律，并预测未来，为编制计划、制定政策提供依据。

(2) 利用有关联的时间数值对比，分析现象之间发展变化的依存关系和不同空间的发展水平。

二、时间数列的种类

时间数列按其排列指标性质的不同，可以分为总量指标时间数列、相对指标时间数列和平均指标时间数列。其中，总量指标时间数列是基本数列，或称原始数列；相对指标时间数列和平均指标时间数列则是派生数列，因为它们都是根据总量指标时间数列加工计算得到的。

（一）总量指标时间数列

总量指标时间数列又称绝对数时间数列。总量指标时间数列中排列的各项都是绝对数指标，它反映社会经济现象的绝对水平或规模的发展变化过程。总量指标时间数列，按其反映的时间状况不同，又可分为时期数列和时点数列。

1. 时期数列

时期数列是指总量指标时间数列中，每一个指标都是反映某种社会经济现象在某一段时间内的发展结果。时期数列中，每个统计指标所包括的时间长度叫时期。如表5-2所示，时间数列的时期为一年。设计时期数列时，时期的长短要根据被研究现象的特点和研究目的来确定。

表5-2　我国人均国内生产总值情况表

年　　份	2012	2013	2014	2015	2016	2017
人均国内生产总值(美元)	6 264	6 995	7 595	8 016	8 126	8 836

时期数列有如下主要特点。

(1) 时期数列中的各个指标可以相加。各个指标相加具有一定的社会经济意义，反映现象在更长一段时期发展过程的总量。

(2) 时期数列中各个指标数值大小与时间长短有直接关系。一般来说，指标所属时间越长，指标数值越大；反之，则越小。

(3) 时期数列中的各个指标通常是通过连续登记取得的。

2. 时点数列

时点数列是指总量指标时间数列中，每一个指标都是反映某种社会经济现象在某一时点(或时刻)上的水平，如表5-3所示。时点数列中，相邻两指标之间的时间间隔为时点间隔，时点间隔为一年。

表5-3　某企业年末产品库存量情况表

年　　份	2012	2013	2014	2015	2016
产品库存量(件)	360	285	432	158	102

设计时点数列时，时点间隔的长短要根据研究对象的特点和研究的任务来决定。一般说来，被研究现象变动较快、较大的，时点间隔应短一些，如银行现金结存余额每天都要结算；反之，对那些变动不大或发展比较缓慢的现象，时点间隔可以长一些，如企业机器设备台数可一年清点一次。

时点数列有如下主要特点。

(1) 时点数列中的各个指标不能相加,各个指标相加不具有实际的社会经济意义。

(2) 时点数列中各个指标数值大小与时间长短没有直接关系。

(3) 时点数列中的各个指标通常是通过一定时期登记一次而取得的。

(二) 相对指标时间数列

相对指标时间数列是由不同时期的同类相对指标按时间先后顺序排列而成的数列,它反映社会经济现象之间相互联系的发展过程。我国人口出生率就是一个相对指标时间数列,相对指标时间数列中各项指标数值直接相加没有意义,如表 5-4 所示。

表 5-4 我国人口出生率表

年 度	2011	2012	2013	2014	2015
人口出生率/‰	11.93	12.1	12.08	12.37	12.07

(三) 平均指标时间数列

平均指标时间数列,是由不同时期的同类平均指标按时间先后顺序排列而成的数列。例如,某大型超市连锁企业的各店铺平均销售额按时间顺序排列资料,就属于平均指标时间数列,如表 5-5 所示。

表 5-5 某大型超市各店铺销售资料

年 份	2013	2014	2015	2016	2017
各店平均销售额(万元)	3 286	6 056	10 687	13 696	14 820

根据平均指标时间数列能分析社会经济现象一般水平的发展趋势。平均指标时间数列也是由总量指标时间数列对比计算而来的,平均指标时间数列中各项指标数值直接相加没有意义。

总量指标时间数列是基本的时间数列,相对指标时间数列和平均指标时间数列是派生数列。这三种时间数列是相互联系的,分别从不同的角度说明不同的问题。因此,为了对某一社会经济现象的发展变化过程作全面分析研究,往往需要将这三种时间数列结合起来运用。

三、时间数列的编制原则

编制时间数列的目的,是要通过时间数列中各个指标值的对比,来研究社会经济现象的发展变化及其规律，因而保证时间数列中各指标值具有可比性，是编制时间数列的基本原则。具体要求如下：

1. 时间的间隔期长短应该一致

对于时期数列而言，由于时期数列中指标值的大小与指标所包含的时期长短有直接关系，因此，各指标数值包含的时期长短应该一致，否则就很难做出判断和比较。

对于时点数列而言，也要求各时点间隔尽可能保持一致，以便更准确地反映现象的发展趋势和变化规律。应当指出，对时间可比性的理解不能绝对化。有时为了特定目的也可以把时间长短不同的指标编为时间数列。例如，我国几个重要时期的钢产量资料，如表 5-6 所示。

表 5-6　我国几个重要时期的钢产量资料表

时　　间	1900—1949	1953—1957	1981—1985	1986—1990	2010—2014
钢产量(万吨)	776	1 667	20 304	27 372	364 043

上述时间数列的资料，能够很充分地说明新中国成立前经济的落后和新中国成立后钢铁工业迅速发展的情况。

2. 总体范围要一致

在时间数列中，各个指标所包括的总体范围前后应该一致。例如，研究某地区工业生产的发展情况时，若该地区的行政区划有了变动，则前后指标数值就不能直接对比，必须将资料进行调整，以求总体范围的统一。

3. 计算方法要统一

时间数列各项指标的计算口径、计量单位和计算方法应该一致。

例如：要研究企业劳动生产率的变化，产量用实物量还是用价值量，人数用全部职工数还是用生产工人数，前后都要求统一。又如，要把不同时期工业产值进行对比，就应该注意价格水平的变化，采用统一的不变价格表示。不然，价格标准不同，就不能从指标的对比中，正确反映工业产值的实际变化程度。

小贴士

为什么有的月度统计中没有 1 月份数据？

为了消除春节假期不固定因素带来的影响，增强数据的可比性，按照国家统计制度，从 2012 年定报起，对部分月报不单独开展 1 月份统计数据的调查，1～2 月份数据一起调查，一起发布。即 2012 年以来，国家统计局 2 月份不再发布 1 月份规模以上工业生产、固定资产投资、民间固定资产投资、房地产投资和销售、社会消费品零售总额、工业经济效益等数据。

4. 经济含义要统一

时间数列各项指标所反映的内容应该一致，保证它们的同质性。例如，工业企业里的工资总额，按费用要素分组的工资包括全部职工的工资；而按成本项目分组的工资只包括基本生产工人的工资。如果把这样一些指标数值不加区分就编成时间数列，以反映现象的变动规律，就会导致错误的结论。

第二节　时间数列的水平指标

编制出了时间数列只是有了分析现象发展变化的基础资料，要达到认识现象的发展规律还要对时间数列进行水平分析和速度分析。水平分析是速度分析的基础，速度分析是水平分析的深入和继续。现象发展的水平指标包括发展水平、平均发展水平、增长量和平均增长量。

一、发展水平

在时间数列中每个指标数值叫作发展水平或时间数列水平，它反映社会经济现象在不同时间状况下所达到的规模或水平。它是计算各种动态分析指标的基础。发展水平，既可以是总量指标，也可以是相对指标或平均指标，如表 5-7 所示。

表 5-7　某企业年末职工人数资料表

年　　份	2013	2014	2015	2016	2017
职工人数(人)	526	539	720	823	905

发展水平指标根据在动态分析中所处的位置不同可分为最初水平、最末水平、中间水平等。最初水平，是时间数列的第一项指标值，通常用 a_0 表示，即表 5-7 中 2013 年末的职工人数 526 人。最末水平，是时间数列中最后一项指标值，通常用 a_n 表示，即表 5-7 中 2017 年末的职工人数 905 人。中间水平，是时间数列中除第一项指标值和最后一项指标值之外的其余中间各项指标数值，分别以 $a_1, a_2, \cdots, a_{n-1}$ 表示。

发展水平根据在动态分析中的作用不同，可分为基期水平和报告期水平。

基期水平，是指作为比较基准时期的发展水平，一般以数列第一项或报告期的前一期为基期，用 a_0 或 a_{n-1} 表示。

报告期水平，是指作为研究时期的发展水平，又称计算期水平，通常用 a_n 表示。

发展水平的概念不是固定不变的，它们会随着研究目的的改变而改变。今年的报告期水平可能是将来的基期水平，这个数列的最末水平可能是另一个数列的最初水平。发展水平在用文字表达变化时，习惯用“增加到”“增加为”“降低到”“降低为”表示。

例如：表 5-7 中某企业职工人数由 2013 年末的 526 人增加到 2017 年末的 905 人。

二、平均发展水平

（一）平均发展水平的概念和作用

1. 平均发展水平的概念

平均发展水平又称序时平均数或动态平均数，是时间数列中各个时间或时点上的发展水平加以平均而得的平均数。它把社会现象在不同时间上的变动差异抽象化，从动态上说明现象在某一时间内的一般水平。

序时平均数和一般平均数(静态平均数)的相同点：都是抽象现象在数量上的差异，以反映现象总体的一般水平。但彼此又有区别，主要在于：

(1) 序时平均数所平均的是研究对象在不同时期上的数量表现，从动态上说明其在某一时期发展的一般水平；而一般平均数是从静态上反映现象的同一时间不同单位的一般水平。

(2) 序时平均数是根据时间数列计算的，它所抽象化的是同一现象在不同时间上所表现出来的差异；而一般平均数是根据变量数列计算的，是将总体各个不同单位在同一时间的数量差异抽象化，用以反映总体在具体历史条件下的一般水平。

2. 序时平均数的作用

序时平均数在统计上具有重要作用。

(1) 序时平均数反映现象在一定时间上的一般水平。序时平均数可以消除现象在短时间内波动的影响，便于在各段时间之间进行比较，并观察其发展趋势及其规律。

(2) 通过序时平均数可以了解时间数列中某些可比性问题，便于对同一现象在不同时期的变化状况进行比较。

（二）序时平均数的计算方法

序时平均数可以由总量指标时间数列计算，也可以由相对指标时间数列或平均指标时间数列计算。

1. 总量指标时间数列序时平均数的计算

总量指标时间数列有时期数列和时点数列两种，它们计算平均发展水平有不同的方法。

(1) 由时期数列计算序时平均数

由于时期数列的各项指标数值可以相加,因此可采用简单算术平均法计算其平均发展水平。其计算公式为

$$\bar{a}=\frac{a_1+a_2+\cdots+a_n}{n}=\frac{\sum a}{n}$$

式中:$\bar{a}$ 为平均发展水平;a 为各时期发展水平;n 为时期项数。

例如,计算一年的月平均运输量,可把 12 个月的运输量相加除以 12;一年的季平均运输量,则是四季运输量之和除以 4。

【例 5-1】

根据表 5-8 所列资料,计算我国 2002 年至 2007 年人均国内生产总值的平均数。

表 5-8 我国人均国内生产总值资料表

年 份	2002	2003	2004	2005	2006	2007
人均国内生产总值(元)	9 398	10 542	12 336	14 053	16 165	18 934

解 我国 2002 年至 2007 年人均国内生产总值的平均数为

$$\bar{a}=\frac{\sum a}{n}=\frac{9\,398+10\,542+12\,336+14\,053+16\,165+18\,934}{6}$$

$$=\frac{81\,428}{6}=13\,571.33(\text{元})$$

(2) 由时点数列计算序时平均数

时点数列是瞬间资料,在时点数列中的两个时点之间一般都是有一定间隔的。因此,时点数列一般都是不连续数列。但是,如果时点数列的资料是逐日记录,而又逐日排列的,这时的时点数列就可以看成是连续的时点数列。

时点数列分为连续时点数列和间断时点数列,因此根据掌握的资料情况不同,它们的平均发展水平计算是不同的。现分别介绍如下。

① 连续、时间间隔相等的时点资料

如果资料以每日的时间顺序排列,称为间隔相等的连续时点数列,用简单算术平均法计算序时平均数。其计算公式为

$$\bar{a}=\frac{\sum a}{n}$$

式中:a 为各期发展水平;n 为时间数列的项数。

【例 5-2】

根据表 5-9 所示资料，计算该企业 4 月份平均职工人数。

表 5-9　某企业 4 月份每天职工人数　　单位：人

日期	职工人数	日期	职工人数	日期	职工人数
1	110	11	120	21	124
2	110	12	120	22	126
3	110	13	120	23	126
4	115	14	120	24	126
5	115	15	120	25	126
6	115	16	120	26	118
7	115	17	120	27	118
8	115	18	124	28	118
9	115	19	124	29	118
10	120	20	124	30	118

解　根据计算公式，该企业 4 月份平均职工人数

$$\bar{a}=\frac{\sum a}{n}=\frac{110+110+110+\cdots+118}{30}=\frac{3\ 570}{30}=119(\text{人})$$

② 连续、时间间隔不相等的时点资料

若掌握的时点资料虽是连续的，但没有每日连续登记资料，只有现象发生变化时才登记，则要以时间间隔长度 f 为权数，采用加权算术平均数的方法计算平均发展水平。其计算公式为

$$\bar{a}=\frac{\sum af}{\sum f}$$

式中：a 为各期发展水平；f 为各项指标的时间间隔。其余符号含义与前面相同。

【例 5-3】

某养殖场 2018 年 6 月份生猪存栏变动记录资料，如表 5-10 所示。计算 6 月份生猪日均存栏量。

表 5-10　某养殖场 2018 年 6 月份生猪存栏变动记录表

日　　期	1 日	7 日	15 日	26 日
生猪存栏(头)	500	550	520	516

根据上述资料的特点及计算过程整理结果，如表 5-11 所示。

表 5-11　某养殖场 2018 年 6 月份生猪存栏变动计算表

日期	时间长度(日)f	存栏数(头)a	日头数 af
1—7	7	500	3 500
8—15	8	550	4 400
16—26	11	520	5 720
27—30	4	516	2 064
合计	30	—	15 684

6 月份平均存栏量：

$$\bar{a}=\frac{\sum af}{\sum f}=\frac{15\ 684}{30}=523(\text{头})$$

③ 不连续、间隔相等的资料

在实际工作中，对于时点资料，为了简化统计登记手续，往往每隔一定时间登记一次，时点通常定在月(季、年)初或月(季、年)末，这样就形成了间隔相等的间断时点数列。根据这种数列计算平均发展水平，要假定所研究的现象在两个相邻时点之间的变动是均匀的。因而可将相邻两个时点数值相加除以 2，求得表明两个时点之间的简单平均数，然后根据这些平均数，再用简单算术平均数法计算整个所研究的时间内的现象的平均发展水平。

$$\bar{a}=\frac{\frac{a_1}{2}+a_2+\cdots+a_{n-1}+\frac{a_n}{2}}{n-1}$$

式中：$n-1$ 为间断数目，它比时点数列的资料少一个。

这种计算方法得出的结果只是一个近似值。

【例 5-4】

根据表 5-12 所示资料，计算某企业 2018 年第一季度职工平均人数。

表 5-12　某企业 2018 年第一季度职工人数资料

日　　期	1 月 1 日	2 月 1 日	3 月 1 日	4 月 1 日
职工人数(人)	1 030	1 010	1 200	1 180

解　该企业第一季度平均职工人数为

$$\bar{a}=\frac{\frac{1}{2}a_1+a_2+\cdots+a_{n-1}+\frac{1}{2}a_n}{n-1}$$

$$=\frac{\frac{1\,030}{2}+1\,010+1\,200+\frac{1\,180}{2}}{4-1}=\frac{3\,315}{3}=1\,105(\text{人})$$

由此可见，在间断时点数列间隔相等的情况下，计算平均发展水平，只要将首末两项时点数值折半，加上中间各项数值，再除以项数减 1 即可，这种方法在统计上被称为“首尾折半法”或“简单序时平均法”。

④ 不连续、间隔不等的时点资料

对于一系列不连续、时间间隔又不相等的时点资料，计算其平均发展水平，则可用时间间隔长度 f_i 为权数加权计算。这种方法被称为“加权序时平均法”。

其计算公式为

$$\bar{a}=\frac{\frac{a_1+a_2}{2}f_1+\frac{a_2+a_3}{2}f_2+\cdots+\frac{a_{n-1}+a_n}{2}f_{n-1}}{\sum_{i=1}^{n-1}f_i}$$

式中：f 代表各时点的间隔长度，其余符号含义与前面相同。

【例 5-5】

根据表 5-13 所示的资料，计算某公司银行存款余额的全年平均数。

表 5-13 2018 年某公司各月银行存款余额资料 单位：万元

日　期	1 月 1 日	3 月 1 日	7 月 1 日	10 月 1 日	12 月 31 日
银行存款余额	2 902	3 040	3 010	3 100	3 202

解 该公司 2018 年银行存款余额的全年平均数为

$$\bar{a}=\frac{\frac{2\,902+3\,040}{2}\times 2+\frac{3\,040+3\,010}{2}\times 4+\frac{3\,010+3\,100}{2}\times 3+\frac{3\,100+3\,202}{2}\times 3}{2+4+3+3}$$

$=3\,055(\text{万元})$

根据间断时点数列计算序时平均数，是假定研究现象在相邻两个时点之间的变动是均匀的，实际上各种现象的变动并不完全如此。因此，为了使计算的结果能尽量反映实际情况，间断时点数列的间隔不宜过长。

2. 相对指标时间数列序时平均数的计算

由于相对指标时间数列是由具有互相联系的两个总量指标时间数列对比形成的派生数列，因此要先分别计算出这两个总量指标时间数列的平均发展水平，然后将两者进行对比，求出相对指标时间数列的平均发展水平。其计算公式为

$$\bar{c}=\frac{\bar{a}}{\bar{b}}$$

式中：$\bar{c}$ 代表相对指标时间数列的平均发展水平；$\bar{a}$ 代表作为分子的时间数列的平均发展水平；$\bar{b}$ 代表作为分母的时间数列的平均发展水平。

【例 5-6】

某食品企业 2017 年 7—12 月份的劳动生产率资料如表 5-14 所示，计算该企业 2017 年下半年的劳动生产率。

表 5-14 某食品企业 2017 年 7—12 月份劳动生产率

月　　份	7	8	9	10	11	12
总产值(万元)	706.2	737.1	761.4	838.3	901	1 082.4
月初职工人数(人)	790	810	810	830	850	880
劳动生产率(元/人)	8 940	9 100	9 400	10 100	10 600	12 300

其中该企业 2017 年 12 月末工人人数为 910 人。

解 劳动生产率的分子为总产值，它是时期指标；劳动生产率的分母为职工人数，它是时点指标。根据公式计算，2017 年下半年的劳动生产率($\bar{c}$)的计算过程如下：

$$\bar{c}=\frac{\bar{a}}{\bar{b}}=\frac{\dfrac{706.2+737.1+761.4+839.3+901+1\,082.4}{6}}{\dfrac{\dfrac{790}{2}+810+810+830+850+880+\dfrac{910}{2}}{6}}=\frac{837.73}{838.33}$$

$$=0.999\,28(\text{万元}/\text{人})=9\,992.8(\text{元}/\text{人})$$

3. **平均指标时间数列序时平均数的计算**

平均指标时间数列有静态平均数时间数列和动态平均数时间数列之分，它们的序时平均数的计算方法是不同的。

静态平均数是由总体标志总量与总体单位总量对比得到的，也是两个总量指标对比的结果。动态平均数时间数列的序时平均数的计算分两种情况：若时间数列中各指标的时间长度一致，可用简单算术平均法计算；若时间数列中各指标的时间长短不一，则以时期长度为权数计算加权算术平均数。

三、增长量

（一）增长量的概念

增长量，是总体报告期水平与基期水平之差，用以反映现象在一定时期内增加或减少

的绝对量。其计算公式为

增长量=报告期发展水平－基期发展水平

当报告期水平大于基期水平时,增长量为正值,表示现象水平的增加;当报告期水平小于基期水平时,增长量为负值,表示现象水平的下降。有些现象以正增长量为好,如运输量或销售量增加;有些则以负增长量为好,如成本降低。

根据比较基期的不同,增长量可分为逐期增长量和累积增长量两种。

逐期增长量是报告期水平减去前一期水平,说明现象逐期增加的数量。

累积增长量则是报告期水平和某一固定时期水平(通常为最初水平)相减的差额,说明某一时期内的总增长量。

(二) 增长量的计算公式

逐期增长量:$a_1-a_0, a_2-a_1, \cdots, a_n-a_{n-1}$

累积增长量:$a_1-a_0, a_2-a_0, \cdots, a_n-a_0$

累积增长量与逐期增长量之间有如下的数量关系:

(1) 累积增长量等于相应各个时期逐期增长量之和,即

$$(a_1-a_0)+(a_2-a_1)+\cdots+(a_n-a_{n-1})=a_n-a_0$$

(2) 相邻两期累积增长量之差等于相应的逐期增长量,即

$$(a_n-a_0)-(a_{n-1}-a_0)=a_n-a_{n-1}$$

**【例 5-7】**

某商场销售情况如表 5-15 所示,其中第二列所示的是该商场各年的销售额,其销售额的逐期增长量和累积增长量,经计算在第三列、第四列示出。

表 5-15 某商场销售额的增长量计算表 单位:万元

年份	销售额	逐期增长量	累积增长量
2011	157	—	—
2012	164	7	7
2013	169	5	12
2014	178	9	21
2015	185	7	28
2016	195	10	38
2017	205	10	48

此外,在日常实际统计工作中,为了消除季节变动带来的影响,也经常计算年距增长量指标,即本期发展水平较上年同期发展水平的增长数量,即:

年距增长量=本期发展水平－去年同期发展水平

四、平均增长量

平均增长量是逐期增长量的序时平均数，说明现象在一定时期内平均每期增长的数量。其计算公式为

$$平均增长量=\frac{(a_1-a_0)+(a_2-a_1)+\cdots+(a_n-a_{n-1})}{n}=\frac{a_n-a_0}{n}$$

根据表 5-15 所示的资料，可计算出该商场销售额的年平均增长量为

$$平均增长量=\frac{7+5+9+7+10+10}{6}=8(万元)$$

或 $$平均增长量=\frac{48}{6}=8(万元)$$

这个数值对于制订第二年的计划很有参考价值，利用 2007 年的销售额(205 万元)加上年平均增长量(8 万元)，可作为 2018 年的计划目标，也就是 213 万元。

第三节　时间数列的速度指标

时间数列的速度分析，就是将动态数列的指标数值进行对比，经过对比而得到的指标称为速度指标。时间数列的速度指标包括：发展速度、平均发展速度、增长速度和平均增长速度。它们之间联系密切，其中发展速度是最基本的速度指标，是统计中广泛应用的动态分析指标。

一、发展速度

发展速度是说明某种社会经济现象发展程度的相对数，是报告期水平与基期水平对比的比值，表示某一现象在这段时间内发展变化的方向和程度。对比结果以倍数或百分数表示。其计算公式为

$$发展速度=\frac{报告期水平}{基期水平}$$

发展速度大于 1(或 100%)表示上升，小于 1(或 100%)表示下降。

根据对比的基期不同，发展速度可分为环比发展速度和定基发展速度两种。

1. 环比发展速度

环比发展速度是以前一期水平为基期计算的发展速度，反映现象逐期发展变动的程度。它的计算公式为

$$环比发展速度=\frac{报告期水平}{前一期水平}$$

即：
$$环比发展速度=\frac{a_1}{a_0},\frac{a_2}{a_1},\cdots,\frac{a_n}{a_{n-1}}$$

2. 定基发展速度

定基发展速度是各期水平与某一固定基期水平为基期计算的发展速度，反映现象在一个较长时期内的发展变动程度，因此，定基发展速度又称为总发展速度、总速度。它的计算公式为

$$定基发展速度=\frac{报告期水平}{某一固定基期水平}$$

即：
$$定基发展速度=\frac{a_1}{a_0},\frac{a_2}{a_0},\cdots,\frac{a_n}{a_0}$$

3. 定基发展速度与环比发展速度之间的数量关系

(1) 定基发展速度等于相应的各环比发展速度的连乘积。即：

$$\frac{a_1}{a_0}\times\frac{a_2}{a_1}\times\cdots\times\frac{a_n}{a_{n-1}}=\frac{a_n}{a_0}$$

(2) 两个相邻定基发展速度之商等于相应的环比发展速度。即：

$$\frac{a_2}{a_0}\div\frac{a_1}{a_0}=\frac{a_2}{a_1}$$

定基发展速度的基期可根据特定的研究目的来考虑。如考核五年计划的执行情况时，可选择五年计划的前一年作为基期；如分析企业的生产经营状况，可选择历史状态最好时期作为基期。

二、增长速度

增长速度亦称增长率，它是增长量与基期水平之比，是扣除基数之后的一种发展速度，是说明社会经济现象增长程度的相对数。其计算公式为

$$增长速度=\frac{增长量}{基期水平}=\frac{报告期水平-基期水平}{基期水平}=发展速度-1$$

增长速度等于发展速度减1。当发展速度大于1时，增长速度为正值，表示现象增长的程度；当发展速度小于1时，增长速度为负值，表示现象减少的程度，所谓“负增长”即此种情况。

根据对比的基期不同，增长速度可分为定基增长速度和环比增长速度。定基增长速度表明现象在较长时间内总的增长速度，环比增长速度表明现象逐期增长的程度。其计算公式分别为

$$定基增长速度=定基发展速度-1$$

$$环比增长速度=环比发展速度-1$$

【例 5-8】

根据表 5-16 所示的第二列资料，计算出的该商场销售额的发展速度和增长速度，如表 5-16 第三列和第四列所示。

表 5-16 某商场销售额的发展速度与增长速度计算表

年份	销售额(万元)	发展速度(%)		增长速度(%)	
		定基	环比	定基	环比
2001	157	100.00	—	—	—
2002	164	104.46	104.46	4.46	4.46
2003	169	107.64	103.05	7.64	3.05
2004	178	113.38	105.33	13.38	5.33
2005	185	117.83	103.93	17.83	3.93
2006	195	124.20	105.41	24.20	5.41
2007	205	130.57	105.13	30.57	5.13

在日常实际统计工作中，对于具有季节性变化的社会经济现象，为了消除季节变动带来的影响，通常计算年距发展速度，用以说明本期发展水平较上年同期发展水平对比达到的发展速度。即：

$$年距发展速度=\frac{本期发展水平}{上期同期发展水平}$$

小贴士

翻番的含义

在实际工作中，我们经常见到“翻番”一词，它也是速度指标。具体地说，翻一番，指标数值为原来的两倍，即增长一倍，称为一个倍增(增长速度 100%)。翻两番是在原来增加一倍的基础上再增加一倍，即为原来的四倍，实则比原来增加三倍。至于翻更多番的情况，可以想象其变化之大。

三、平均发展速度和平均增长速度

平均发展速度和平均增长速度在实际工作中是十分重要的分析指标。平均发展速度和平均增长速度统称为平均速度。平均速度是各个时期环比速度的序时平均数，说明社会经济现象在较长时期内速度变化的平均程度。

(一) 平均发展速度

平均发展速度是各期环比发展速度的序时平均数，它说明某社会经济现象在一个较长时期内逐期平均发展变化的程度。由于定基发展速度是各环比发展速度的连乘积,因此平均发展速度不能用一般的算术平均法计算,而要用几何平均法或高次方程法来计算。

1. 几何平均法

几何平均法又称水平法。用这种方法计算平均发展速度就是求各环比发展速度的几何平均数。用几何平均法计算平均发展速度的计算公式为

$$\bar{x}=\sqrt[n]{x_1 \cdot x_2 \cdot x_3 \cdot \cdots \cdot x_n}=\sqrt[n]{\prod x}$$

式中: $\bar{x}$ 为平均发展速度; x 为各环比发展速度; n 为环比发展速度的项数。

由时间数列中各环比发展速度的计算公式得出,计算平均发展速度的公式还可以表示为

$$\bar{x}=\sqrt[n]{\frac{a_1}{a_0}\times\frac{a_2}{a_1}\times\frac{a_3}{a_2}\times\cdots\times\frac{a_n}{a_{n-1}}}$$

由于各个环比发展速度连乘积等于最后一年的定基发展速度,因此计算平均发展速度的公式也可以表示为

$$\bar{x}=\sqrt[n]{\frac{a_n}{a_0}}$$

由此可得: $$a_n=a_0\bar{x}^n$$

上式表达了几何平均法的数学思想,即现象从最初水平出发,每期都按照平均发展速度发展,n 期以后可达到最末水平 a_n。在实际工作中,这个数学思想常常用来推算现象的末期水平。

以上计算平均发展速度的两个公式,可根据提供的具体资料选择应用。如果掌握的资料是各年的环比发展速度用前一个公式;如果掌握的资料是最初水平和最末水平用后一个公式。

【例 5-9】

根据表 5-17 所示的某企业各年销售收入资料,计算平均发展速度。

表 5-17　某企业各年销售收入表　　单位:万元

年　　份	2012	2013	2014	2015	2016	2017
销售收入	5 000	5 600	6 200	6 800	7 500	8 400

解　该企业 2012 年销售收入为 5 000 万元,2017 年为 8 400 万元。根据公式计算这一期间的平均发展速度为

$$\bar{x}=\sqrt[n]{\frac{a_n}{a_0}}=\sqrt[5]{\frac{8\ 400}{5\ 000}}=\sqrt[5]{1.68}=110.93\%$$

几何平均法适用于呈递增趋势的社会现象，侧重考察和控制现象的末期水平，计算平均发展速度方法简便。但这种方法忽略了中间各期水平，当中间各期水平波动很大、各环比发展速度差异很大时，用几何平均法计算的平均发展速度就不能确切反映实际的发展过程。

2. 高次方程法

高次方程法又称累计法，利用高次方程法求平均发展速度的数学思想是：现象从最初水平出发，各期都按照平均发展速度发展，则各期的理论水平之和与各期的实际水平之和相等。即：

$$a_0\bar{x}+a_0\bar{x}^2+a_0\bar{x}^3+\cdots+a_0\bar{x}^n=a_1+a_2+a_3+\cdots+a_n$$

整理后，得：

$$a_0(\bar{x}+x^2+\bar{x}^3+\cdots+\bar{x}^n)=\sum a_i$$

$$\bar{x}^n+\bar{x}^{n-1}+\cdots+\bar{x}^2+\bar{x}-\frac{\sum a_i}{a_0}=0$$

解这个方程，求出 $\bar{x}$ 的正根，即为高次方程法求得的平均发展速度。解这样高次方程比较麻烦，在实际工作中，通常使用已经编好的《平均发展速度查对表》中的“累计法查对表”，根据年限和各年发展水平总和为基础的百分比 $\left(\frac{\sum a_i}{a_0}\right)$ 直接查表，求得平均发展速度，或用电子计算器计算。

高次方程法适用于年度间变化不稳定的现象，考虑的是总体各期发展水平的总和，并未考虑到每期水平的分布状况。所以，只要 $\frac{\sum a_i}{a_0}$ 的数值确定了，平均发展速度也就随之确定，这是利用高次方程法求平均发展速度所应注意的问题。

应用几何平均法和高次方程法两种方法求平均发展速度的出发点是不同的，因此，对于同一资料采用两种不同的方法计算，一般情况下结果是不相同的，只有当各期环比发展速度均相等时，这两种方法计算的平均发展速度才会相等。

（二）平均增长速度

平均增长速度是环比增长速度的序时平均数，说明社会经济现象在一个较长时期内逐期平均增长的程度。若计算结果为正值，表明被研究现象在一段时间内逐期递增；若计算结果为负值，则表示其逐期递减。

平均增长速度与平均发展速度有密切的联系，其计算公式为

$$平均增长速度=平均发展速度-1$$

例如，根据表 5-17 中的某企业各年销售收入资料计算平均增长速度：

$$\text{平均增长速度} = \text{平均发展速度} - 100\%$$
$$= 110.93\% - 100\% = 10.93\%$$

在计算和应用平均速度时要注意适当选择基期，并注意所选择的资料应具有同质性。在分析较长历史时期资料时，还应结合分段平均速度来补充总平均速度。

平均发展速度和平均增长速度指标在实际统计工作中应用很广泛。它们可以概括反映国民经济建设中取得的成就，说明各个历史阶段中发展或增长的程度，可用于对不同历史时期、不同国家、不同地区的社会经济现象发展情况进行比较。利用这两个指标可编制长期计划、分析计划完成情况，并以此作为编制计划的重要依据之一，还可以利用平均发展速度预测未来发展水平等。

对各种有关现象的平均速度指标，可结合起来加以分析，以深入研究有关现象在各个研究时期中平均发展或增长的程度及其差别程度。

知识链接

不同统计资料中相同指标数据不一致怎么办

一般情况下，国家统计局在各种渠道发布的相同时间、相同指标的数据是一致的，如果存在不一致，主要是数据发布的时点不同所致。

一般来说，年度数据以年报数据为准，如《国民经济和社会发展统计公报》的数据公布时间一般在次年2月底，使用的是快报数据，后期数据可能会有进一步的核实调整，会体现在10月前后出版的《中国统计年鉴》中。此外，如果进行了经济普查、人口普查和农业普查，GDP、人口和农业等方面相关的年度历史数据就会进行修订，历史数据就应该以最新的资料为准。

进度数据像GDP、平均增速、规模以上工业增加值、固定资产投资、社会消费品零售总额等指标的环比指数，每个季度或每个月会根据季节调整模型对历史数据进行修订。

总之，在遇到不同资料中指标数据不一致的情况时，一般用发布时间较晚的数据更为准确，也可以通过国家统计局统计服务渠道进行咨询。

四、增长1%的绝对值

由于速度指标都是相对数，它会掩盖现象的绝对水平，因此，在经济分析中必须把相对指标与绝对指标结合应用，才能全面说明问题。增长1%的绝对值指标就是把速度指标和发展水平结合运用的一个动态指标。

增长1%的绝对值，是指在环比增长速度中，报告期水平比前期水平每增长1%所增长的绝对数量，它等于逐期增长量除以环比增长速度，即前一期水平的1%。它说明增长速度与绝对量之间的关系，表明研究现象每增长1%的份额所包含的绝对值。

$$1\%\text{的增长绝对值} = \frac{\text{报告期逐期增长量}}{\text{报告期环比增长速度}} \times 1\% = \frac{\text{基期水平}}{100}$$

本章小结

时间数列是将反映社会经济现象的某一指标在不同时间上的指标数值按照时间的先后顺序排列而成的数列，又称动态数列或时间序列。时间数列的水平指标有发展水平、平均发展水平、增长量和平均增长量。时间数列的速度指标有发展速度、增长速度、平均发展速度和平均增长速度。

同步测试

一、单项选择题

1. 下面四个动态数列中，属于时点数列的是(　　)。

A. 历年招生人数动态数列　　B. 历年增加在校生人数动态数列

C. 历年在校生人数动态数列　　D. 历年毕业生人数动态数列

2. 工人劳动生产率动态数列，属于(　　)。

A. 绝对数动态数列　　B. 静态平均数动态数列

C. 相对数动态数列　　D. 序时平均数动态数列

3. 说明现象在较长时期发展的总速度的指标是(　　)。

A. 环比发展速度　　B. 平均发展速度

C. 定基发展速度　　D. 定基增长速度

4. 平均发展速度是(　　)。

A. 定基发展速度的算术平均数　　B. 环比发展速度的算术平均数

C. 环比发展速度连乘积的几何平均数　　D. 增长速度加上 100%

5. 若各年环比增长速度保持不变，则各年增长量(　　)。

A. 逐年增加　　B. 逐年减少

C. 年年保持不变　　D. 无法判断

二、判断题

1. 平均增长速度是环比增长速度连乘积开 n 次方根。(　　)
2. 所谓序时平均数就是将同一总体不同时期的平均数按时间顺序排列起来。(　　)
3. 发展水平就是动态数列中的每一项具体指标数值，它只能表现为绝对值。(　　)
4. 时间数列中，各个环比发展速度的连乘积等于总的定基发展速度。(　　)
5. 若逐期增长量每年相等，则其各年的环比发展速度是逐年下降的。(　　)
6. 凡在短期内，现象有周期性的规律变动，都不能称为季节变动。(　　)

三、思考题

1. 动态数列有什么作用？

2. 时期数列与时点数列有何区别？

3. 由静态平均数动态数列和由动态平均数动态数列，计算其序时平均数的方法有何不同？为什么？

4. 发展速度与增长速度的关系是怎样的？

5. 为什么要注意速度指标和水平指标的结合运用？如何结合？

四、计算题

1. 某公司2017年3—6月商品库存情况，如表5-18所示。

表5-18　某公司2017年3—6月商品库存情况表

日　　期	3月31日	4月30日	5月31日	6月30日
库存(万元)	30	38	34	28

试计算该公司2017年第二季度的商品平均库存额。

2. 某饲料生产企业第一季度有关生产情况资料，如表5-19所示。

表5-19　某饲料生产企业第一季度生产情况表

月　　份	1	2	3
产量(吨)	105	110	115
月初工人数(人)	50	50	52

试计算：(1) 第一季度平均每月产量。

(2) 第一季度平均工人数。

(3) 第一季度月平均劳动生产率。

3. 某现象2014—2017年各年的递减速度分别为：12%、10%、8%和2%，试用水平法求其平均下降速度。

辽宁省2017年经济运行情况

第六章

统计指数

知识目标

1. 了解统计指数的概念、作用、分类。

2. 掌握通过综合指数法和平均数指数法编制总指数的原理、计算过程和实际意义。

技能要求

1. 掌握数量指标指数和质量指标指数的编制方法。

2. 掌握加权算术平均数指数和加权调和平均数指数的计算。

3. 掌握利用指数体系对复杂现象的变动进行因素分析的方法，并能够实际运用。

学习导航

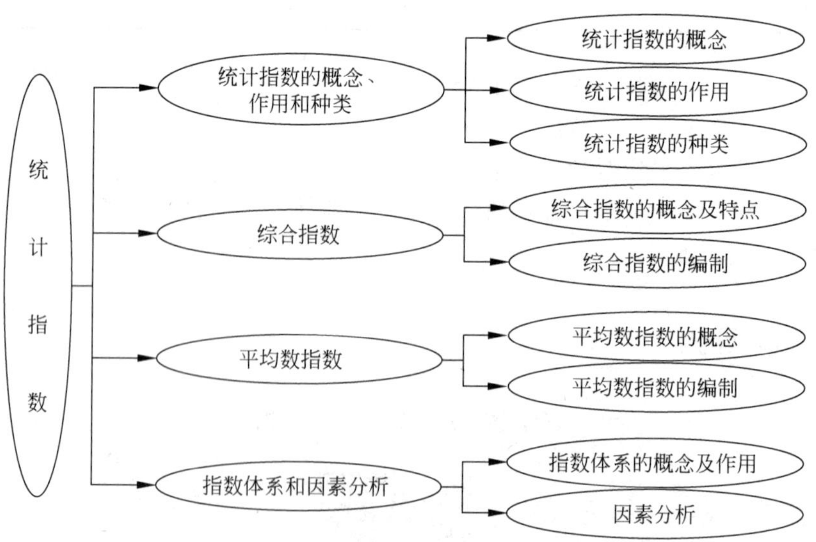

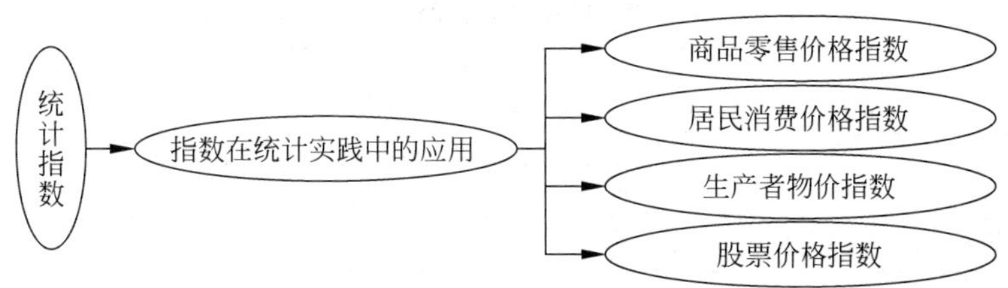

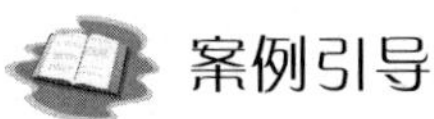

2018 年 10 月中国公路物流运价指数

由中国物流与采购联合会和林安物流集团联合调查的 2018 年 10 月中国公路物流运价指数为 95.3 点(见图 1),比上月回落 0.18%。

图 1　2016 年以来各月中国公路物流运价指数

从月内各周指数看,呈现"总体平稳、稳中趋缓"的运行态势。10 月份第一周由于国庆假期放假未进行价格指数调查,月内各周指数维持在 953 与 954 之间,指数运行环比回落且波动幅度很小。与上年同期相比,仍处于较低水平,其中,周指数降幅平均达 8%以上;月指数同比下降 8.39%。

从分车型指数看,各车型指数均有不同程度回落。其中,以大宗商品及区域运输为主的整车指数为 95.8 点,比上月回落 0.18%,比上年同期回落 6%。零担指数中,零担轻货指数回落幅度小于零担重货指数。零担轻货指数为 93.3 点,比上月回落 0.16%;零担重货指数为 95.8 点,比上月回落 0.19%,且两者同比下降分别为 16.2%和 7.6%(见表 1)。

表1　2018年10月中国公路物流运价指数表

	2017年	2018年10月	与上月比(%)
中国公路物流运价指数	106.4	95.3	-0.18
整车指数	103.3	95.8	-0.18
零担轻货指数	116.9	93.3	-0.16
零担重货指数	105.6	95.8	-0.19

今年1月至10月,4、5月份公路物流运价指数出现了短期的反弹回升,运价一度回升5%,但随后不久继续波动下行。10月份发布的制造业PMI指数为50.2%,环比有所下降,高新技术产业PMI为51.6%,高于制造业整体水平1.4个百分点,高新技术产业发展势头良好,国内传统动能向新动能转变的进程不断加快。同时,10月份企业原材料采购保持扩张,采购量指数为51%,表明公路物流需求增加。

从供给看,公路物流供给较前期基本稳定。随着10、11月电商大力促销以及消费旺季临近,部分区域加快备货频率,运力供给有所趋升。公路物流市场总体处于供大于求的局面,运价指数环比持续略微回落。

附注

(1) 中国公路物流运价指数是反映一定时期内,我国经济领土范围内公路物流运输价格变动程度和变动趋势的相对数。

(2) 中国公路物流运价指数基于以林安物流网为代表的公路物流平台的动态交易信息。目前,采集的价格数据涵盖了全国9大物流区域、38个重点城市、74个物流节点平台、1 406条公路运输线路、200万辆货运车辆。

(3) 中国公路物流运价指数以2012年12月最后一周的平均价格为基期,周指数的基点为1 000,月指数的基点为100。

资料来源:根据中国物流与采购联合会数据资料汇编

引例分析

从后期走势看,中美经贸摩擦持续升级,9月24日,美国针对我国2 000亿美元出口产品加征关税,对部分外向度较高的行业如机械、纺织等行业有一定影响,与这类行业相关的物流需求可能放缓。11月初"双11"各大电商力推网络促销,及元旦春节重大节日临近,对国内消费需求放量具有短期拉动作用,与快递等相关的公路物流需求有望持续回升。

第一节 统计指数的概念、作用和种类

一、统计指数的概念

统计指数产生于18世纪后半期，距今已有二百多年的历史。最早统计指数的概念是从物价变动中产生的，当时由于金银大量流入欧洲，欧洲市场的物价飞涨，引起社会不安，于是产生了要反映物价变动程度的要求，这种反映物价变动的相对数称为指数。后来，统计指数的运用推广到反映多种商品物价变动以及经济领域研究的各个方面。

统计指数的概念有广义和狭义之分。

从广义上讲，一切说明社会经济现象数量对比关系的相对数都是指数。它包括不同时间的同类现象、不同空间(地区、部门、单位)的同类现象以及实际与计划对比的相对数。从这个角度来说，动态相对数、比较相对数以及计划完成相对数都可以称为指数。

从狭义上讲，指数则是一种特殊的相对数，它是反映不能直接相加的多种事物数量综合变动情况的相对数。例如，一个零售市场有数以万计的商品，各种商品性质不同，计量单位各异，直接相加没有任何经济意义。那么，如何反映各种商品不同时期的物价总水平变动情况呢？这就需要计算狭义的指数，本章重点研究狭义的指数编制方法及其应用。

二、统计指数的作用

1. 综合反映事物的变动方向和程度

综合反映事物的变动方向和程度是指数的主要作用。无论是综合指数还是平均数指数，其计算结果一般都是用百分比表示的相对数。这个百分比大于或小于100%，表示事物变动的方向。大于100%，说明事物变动的方向是上升；小于100%，说明事物变动的方向是下降。比100%大多少或小多少，则是说明事物变动的程度。

2. 分析影响各个因素的方向和程度

用来分析受多因素影响的现象总变动中，各个因素的影响方向和影响程度。许多社会经济现象都是复杂现象，其变动要受多种因素影响。通过编制各因素指数，可以分析其对总变动指数影响的方向和影响程度。如分别编制销售量指数和价格指数，分析它们对销售额的影响方向和影响程度；分别编制产量指数和单位产品成本指数，分析它们对总成本的影响方向和影响程度。

3. 研究事物在长时间内的变动趋势

利用指数来研究事物变动的趋势，只有通过编制某一现象指数的时间数列才能反映出来。如将某地区连续20年的零售物价指数编制成时间数列，若时间数列中各年的物价指数都大于100%，则说明其物价变动趋势是上升的；若时间数列中各年的物价指数都小于 100%,则说明其物价变动趋势是下降的。

三、统计指数的种类

(一) 个体指数和总指数

按照所反映的对象范围不同,统计指数分为个体指数和总指数。

1. 个体指数

个体指数又称单项商品(或服务项目)价格指数,也是反映某一种商品(或服务项目)价格变动趋势和程度的相对数。例如,个体产品产量指数、个体产品价格指数等都是个体指数。个体指数的计算方法比较简单,因为它所说明的是同一种现象,只要将报告期指标与基期指标相对比,计算其发展速度即可。其计算公式为

$$个体指数=\frac{报告期水平}{基期水平}\times 100\%$$

2. 总指数

总指数是反映全部商品和服务项目的数量、成本、价格等现象在不同时间上变动趋势和程度的一种特殊相对数。像多种产品的产量指数、成本指数和价格指数都是总指数。

此外,在计算总指数时,为了更加全面、深入地反映现象发展的动态,往往对总体包含的多种现象进行分类,从而形成一种类指数(或称组指数),是反映某一类(组)商品或服务项目价格变动趋势和程度的相对数。

类指数是把指数分析法和分组法结合起来的一种运用,它在总指数中通过分组来计算各个组的指数。类(组)指数从其范围上来讲,是介于总指数与个体指数之间的一种指数,其编制方法与总指数相同,只是比总指数的范围小。

例如,我国的零售物价总指数就是由消费品类和农业、生产资料类加权汇总编制的。其中,消费品类物价指数又分为食品类、衣着类、日用品类、文化娱乐用品类、书报杂志类、药品及医疗用品类、燃料类和建筑材料类共 16 个大类。

(二) 数量指标指数和质量指标指数

按照所反映现象的性质不同,统计指数分为数量指标指数和质量指标指数。

1. 数量指标指数

数量指标指数主要反映生产、经营等经济活动数量的变动。例如:产品产量指数、商品销售量指数、职工人数指数等都是数量指标指数,它们是根据产量、销售量、职工人数等数量指标计算的。

2. 质量指标指数

质量指标指数主要反映经济活动质量变动、管理水平的高低等方面的变动。例如,产

品成本指数、商品价格指数、劳动生产率指数等都属于质量指标指数。它们是根据成本、价格、劳动生产率等质量指标计算的。

（三）综合指数、平均数指数和平均指标指数

按照指数的编制方法不同，统计指数分为综合指数、平均数指数和平均指标指数。

1. 综合指数

综合指数是由两个总量指标对比而形成的指数，它是编制总指数的基本方法。

2. 平均数指数

平均数指数是以个体指数为基础，采用平均数形式编制的总指数，它是综合指数的变形公式。

3. 平均指标指数

平均指标指数是不同时期的加权平均数对比而形成的指数。

（四）定基指数和环比指数

按照采用的基期不同，统计指数分为定基指数和环比指数。

1. 定基指数

定基指数是在指数数列中，计算各个时期的指数时，如果采用某一固定时期做基期，这样计算的一系列指数称为定基指数。

2. 环比指数

如果采用各报告期前一个时期做基期，这样计算的一系列指数称为环比指数。

知识链接

为什么大多数价格指数采用了同比指数，而不是定基指数？

对于一些常见的价格指数数据，国家统计局不仅发布同比和环比指数，也发布定基指数，具体可查询国家统计局官方网站“国家统计数据库/年度数据”中的价格指数专栏。一般情况下同比指数使用得更为广泛，定基指数使用相对少一些，这是其本身特点决定的。

同比主要是为了消除季节变动的影响，用以说明本期发展水平与上年同期发展水平对比而达到的相对发展速度，相对更为灵活；定基是报告期水平与某一固定时期水平之比，表明这种现象在较长时期内总的发展速度，在一定程度上受基期选择的限制，灵活性差一些。两种方式各有所长，在实际使用中按情况选择适合的即可。

第二节 综合指数

统计研究的对象不在于总体中个体的变动，而在于总体的综合运动。例如，在研究人们的生活水平随工资的提高而提高时，就要同时研究物价的变动，而对物价的研究，不仅

要关注某种商品物价的变动,而且要关注全社会所有商品物价的综合变动。

总指数反映的是复杂现象的综合变动,而复杂现象总体往往是指使用价值不同、计量单位不一,其数量不能直接相加和对比的多种产品或商品共同构成的总体。要反映这些复杂现象总体的综合变动就必须编制总指数。综合指数就是总指数编制方法中的一种形式。

一、综合指数的概念及特点

综合指数是由两个总量指标对比而形成的指数。在所研究的总量指标中,包含两个或两个以上的因素,将其中一个或一个以上的因素指标固定下来,仅观察其中一个因素的变动,这样编制出来的总指数就叫作综合指数。

综合指数从编制方法来看,具有以下特点:

(1) 先综合后对比。即先解决总体中各个个体由于度量单位不同不能直接加总的问题。为此,需要从经济现象的内在联系出发,确定与研究现象相关联的因素,使它成为同度量因素,从而把不能直接相加的指标,过渡到能够相加和比较的指标,然后进行对比。

(2) 把总量指标中的同度量因素加以固定,以测定所要研究的因素,即指数化指标的变动程度。例如:若要观察两个时期商品价值总量中的商品数量的变动,就需要把两个时期各种商品的价格作为同度量因素固定在同一时期,以测定两个时期各种商品总数量的变动。

同度量因素

同度量因素亦称为同度量系数或权数,是指在计算总指数过程中,通过同度量因素把不能进行直接相加的每种代表品的实物量,转化为可以相比较的价值量的指标。在不同的使用价值还原为价值的过程中,同度量因素不仅起着媒介作用,而且也起着权数的作用。

(3) 分子、分母所研究对象的范围,原则上必须一致,反映的是该现象变动程度。

(4) 综合指数的计算对资料要求较高,需要全面资料。

二、综合指数的编制

综合指数又可分为数量指标综合指数和质量指标综合指数两种,它们的编制原则和方法不同。

(一) 数量指标综合指数的编制

我们以计算商品销售量指数为例来说明数量指标综合指数编制的一般方法。

【例 6-1】

假设某商店有三种商品的销售量和价格资料，如表 6-1 所示。

表 6-1　某商店销售量和价格资料表(1)

商品名称	计量单位	价格(元)		销售量	
		基期 p_0	报告期 p_1	基期 q_0	报告期 q_1
甲	件	20	14	50	62.5
乙	千克	10	8	75	90
丙	台	5	5	100	115

现在的目的是要计算商品销售量总指数，以反映三种商品销售量的总变动。由于三种商品的度量单位不同，因此三种商品的销售量不能直接相加。因此，就要以商品的价格作为同度量因素，使不能直接相加的商品销售量过渡到能够相加的商品销售额，然后用两个时期的商品销售额进行对比来求得商品销售量总指数。

由于销售额的变化包含销售量和价格两个因素的变动，因此需要固定其中的同度量因素(即价格)，从而观察销售量的变化。因为作为同度量因素的价格既可以固定在基期，也可以固定在报告期，所以采用不同时期的价格，将会得到不同的计算结果，并且具有不同的经济内容。

(1) 以基期价格作为同度量因素，销售量总指数的计算可用以下公式表示。

$$\overline{K}_q = \frac{\sum p_0 q_1}{\sum p_0 q_0}$$

式中：$\overline{K}_q$ 为商品销售量总指数；$\sum p_0 q_1$ 为按基期价格计算的报告期销售额；$\sum p_0 q_0$ 为基期销售额。

上述公式是由德国学者拉斯贝尔提出的，称为拉斯贝尔数量指标指数公式或拉氏数量指标指数公式。

(2) 以报告期价格作为同度量因素，销售量总指数的计算可用以下公式表示。

$$\overline{K}_q = \frac{\sum p_1 q_1}{\sum p_1 q_0}$$

式中：$\sum p_1 q_1$ 为报告期销售额；$\sum p_1 q_0$ 为按报告期价格计算的基期销售额。

上述公式是由德国学者派许提出的，称为派许数量指标指数公式或派氏数量指标指数公式。在计算综合指数时，同度量因素究竟选择哪一个时期，是一个十分重要的问题，应根据指数的经济内容来决定，计算商品销售量指数的目的是测定各种商品销售量的总变动,因此,计算时应尽量排除价格变动的影响。

如果根据拉氏数量指标指数公式来计算,即同度量因素固定在基期,这时得到的销售额指标的变动中仅包含销售量这个因素的变动,这实际上就意味着按原有价格水平来测定销售量的综合变动。所以,拉氏数量指标指数公式符合计算销售量指数的要求。

如果根据派氏数量指标指数公式来计算,即同度量因素固定在报告期,这时虽然在计算过程中价格被固定不变,但由于这样计算得到的销售额指标是按报告期价格计算的,实际上其中已经包含了价格的变动,这就意味着按调整后的价格来测定销售量的综合变动。所以,根据派氏数量指标指数公式计算的销售量指数与计算该指标的目的不相吻合。

因此,在计算数量指标综合指数时,应将同度量因素固定在基期,这是计算数量指标综合指数时,选择同度量因素时期的一般原则。

根据表 6-1 中的资料计算,结果如表 6-2 所示。

表 6-2　某商店销售量和价格资料表(2)

商品名称	计量单位	价格(元)		销售量		p_0q_0	p_0q_1	p_1q_1
		基期 p_0	报告期 p_1	基期 q_0	报告期 q_1			
甲	件	20	14	50	62.5	1 000	1 250	875
乙	千克	10	8	75	90	750	900	720
丙	台	5	5	100	115	500	575	575
合计	—	—	—	—	—	2 250	2 725	2 170

根据拉氏数量指标指数公式计算得

$$\bar{K}_q=\frac{\sum p_0q_1}{\sum p_0q_0}=\frac{1\ 250+900+575}{1\ 000+750+500}=\frac{2\ 725}{2\ 250}=121.11\%$$

$$\sum p_0q_1-\sum p_0q_0=2\ 725-2\ 250=475(\text{元})$$

计算结果表明:三种商品销售量报告期比基期增加了 21.11%,由于商品销售量增加而使商品销售额增加了 475 元。

(二) 质量指标综合指数的编制

我们仍以表 6-1 中的资料,通过计算商品零售价格指数来说明质量指标综合指数的一般编制方法。

由于三种商品的零售价格不能直接相加,因此需将商品的销售量作为同度量因素,把不能直接相加的商品零售价格过渡为能够相加的商品销售额,然后由两个时期的商品销售额进行对比求得商品零售价格指数。与计算商品销售量指数相似,计算商品零售价格指数也应将同度量因素固定在同一个时期。

(1) 以基期销售量作为同度量因素，商品零售价格指数的计算可用如下公式表示

$$\overline{K}_p=\frac{\sum p_1q_0}{\sum p_0q_0}$$

式中：$\overline{K}_p$ 为价格总指数。

上述公式又称为拉斯贝尔质量指标综合指数公式或拉氏质量指标综合指数公式。

(2) 以报告期销售量作为同度量因素，商品零售价格指数的计算可用如下公式表示

$$\overline{K}_p=\frac{\sum p_1q_1}{\sum p_0q_1}$$

上述公式又称为派许质量指标综合指数公式或派氏质量指标综合指数公式。

同计算商品销售量指数一样，在计算商品零售价格指数时也存在选择同度量因素时期的问题。我们计算商品零售价格指数的目的是测定商品价格的波动情况，以说明市场物价变动对人民生活的影响程度。

如果根据拉氏质量指标综合指数公式来计算，即同度量因素固定在基期，其计算结果表明：按过去的商品销售量、商品零售价格的变动程度，公式的分子与分母之差额说明由于物价的变动，居民按过去的购买量购买这三种商品将多支出或少支出的金额，这显然是没有多少现实意义的。

如果根据派氏质量指标综合指数公式来计算，即同度量因素固定在报告期，其计算结果表明：按目前的商品销售量、商品零售价格的变动程度，公式的分子与分母之差额说明由于物价的变动，居民按目前的购买量购买这三种商品将多支出或少支出的金额，这比较符合商品零售价格指数的意义。

因此，在计算质量指标综合指数时，应将同度量因素固定在报告期，这是计算质量指标综合指数时，选择同度量因素时期的一般原则。

根据表 6-2 中的资料和派氏质量指标综合指数公式计算商品零售价格指数为

$$\overline{K}_p=\frac{\sum p_1q_1}{\sum p_0q_1}=\frac{875+720+575}{1\,250+900+575}=\frac{2\,170}{2\,725}=79.63\%$$

$$\sum p_1q_1-\sum p_0q_1=2\,170-2\,725=-555(\text{元})$$

计算结果表明：三种商品价格报告期比基期下降了 20.37%，由于价格下降，使居民购买这三种商品少支出 555 元。

综上所述，在计算综合指数时，同度量因素时期选择的一般原则是：数量指标综合指数的同度量因素时期固定在基期，质量指标综合指数的同度量因素时期固定在报告期。但也不是一成不变的，在实际应用中，还要根据研究目的来确定同度量因素的时期。

目前，常用不变价格作为同度量因素，即不论计算哪个时期的总指数，都采用同一个

特定时期的价格作为同度量因素。其计算公式如下：

$$\overline{K}_q=\frac{\sum p_n q_1}{\sum p_n q_0}$$

式中：p_n 为不变价格。

第三节 平均数指数

一、平均数指数的概念

平均数指数是计算总指数的另一种重要形式，它的特点是从构成复杂社会经济现象的各种因素的个体指数出发，通过对个体指数进行加权平均而得到的总指数。我们知道，在计算和编制综合指数时需要采用全面资料，如果基期或报告期的资料不全，就不能用综合指数进行计算，这时必须采用平均数指数进行计算。

依据“先对比，后平均”的形式编制平均数指数的基本程序是：首先通过对比计算出个体指数，然后将个体指数进行加权平均求得总指数。

平均数指数与综合指数的联系在于：在特定的权数下，两者之间存在变形关系。但是作为一种独立指数形式的平均数指数，不只是作为综合指数的变形使用，其本身也具有独立的应用价值。

二、平均数指数的编制

最常用的平均数指数，有加权算术平均数指数和加权调和平均数指数两种形式。

（一）加权算术平均数指数的编制

根据基期同度量因素进行计算的综合指数，都可以变形为加权算术平均数指数，所以拉氏综合指数都可变形为加权算术平均数指数。

设 $k=\frac{q_1}{q_0}$ 代表个体销售量指数，则拉氏销售量综合指数：

$$\overline{K}_q=\frac{\sum p_0 q_1}{\sum p_0 q_0}=\frac{\sum \frac{q_1}{q_0} p_0 q_0}{\sum p_0 q_0}=\frac{\sum k p_0 q_0}{\sum p_0 q_0}$$

由上述公式可知：$\overline{K}_q$ 是 k 以 $p_0 q_0$ 为权数而求得的加权算术平均数。

设 $k=\frac{p_1}{p_0}$ 代表个体价格指数，则拉氏商品价格综合指数：

$$\overline{K}_p=\frac{\sum p_1q_0}{\sum p_0q_0}=\frac{\sum \frac{p_1}{p_0}p_0q_0}{\sum p_0q_0}=\frac{\sum kp_0q_0}{\sum p_0q_0}$$

由上述公式可知：$\overline{K}_p$ 是 k 以 p_0q_0 为权数而求得的加权算术平均数。

假设表 6-1 中只有销售量和基期销售额资料，这时就不能直接采用综合指数公式进行计算，只能用平均数指数公式来计算总指数。列计算表，如表 6-3 所示。

表 6-3 某商店销售量和个体指数资料表

商品名称	计量单位	销售量		个体指数 $k=q_1/q_0$	基期销售额 p_0q_0	kp_0q_0
		基期 q_0	报告期 q_1			
甲	件	50	62.5	1.25	1 000	1 250
乙	千克	75	90	1.2	750	900
丙	台	100	115	1.15	500	575
合计	—	—	—	—	2 250	2 725

根据公式计算得：

$$\overline{K}_q=\frac{\sum kp_0q_0}{\sum p_0q_0}=\frac{2\ 725}{2\ 250}=121.11\%$$

计算结果与采用综合指数公式计算的结果一致。这就表明：加权算术平均数指数实际上是数量指标综合指数的变形，两者虽然形式不同，但结果和经济内容是一致的，在以 p_0q_0 为权数的情况下，两者之间可以相互转换。

（二）加权调和平均数指数的编制

根据报告期同度量因素进行计算的综合指数都可以变形为加权调和平均数指数，所以派氏综合指数都可变形为加权调和平均数指数。

设 $k=\frac{q_1}{q_0}$ 代表个体销售量指数，则派氏销售量综合指数：

$$\overline{K}_q=\frac{\sum p_1q_1}{\sum p_1q_0}=\frac{\sum p_1q_1}{\sum \frac{q_0}{q_1}p_1q_1}=\frac{\sum p_1q_1}{\sum \frac{p_1q_1}{k}}$$

由上述公式可知：$\overline{K}_q$ 是 k 以 p_1q_1 为权数而求得的加权调和平均数。

设 $k=\frac{p_1}{p_0}$ 代表个体价格指数，则派氏价格综合指数：

$$\overline{K}_p=\frac{\sum p_1q_1}{\sum p_0q_1}=\frac{\sum p_1q_1}{\sum \frac{p_0}{p_1}p_1q_1}=\frac{\sum p_1q_1}{\sum \frac{p_1q_1}{k}}$$

由上述公式可知：$\overline{K}_p$ 是 k 以 p_1q_1 为权数而求得的加权调和平均数。

假设表 6-1 中只有商品零售价格和报告期销售额资料，这时就不能直接采用综合指数公式进行计算，只能用平均数指数公式来计算总指数。列计算表，如表 6-4 所示。

表 6-4　某商店销售价格和个体指数资料表

商品名称	计量单位	价格(元)		个体指数 $k=p_1/p_0$	报告期销售额 p_1q_1	$\frac{p_1q_1}{k}$
		基期 p_0	报告期 p_1			
甲	件	20	14	0.7	875	1 250
乙	千克	10	8	0.8	720	900
丙	台	5	5	1	575	575
合计	—	—	—	—	2 170	2 725

根据公式计算得

$$\overline{K}_p=\frac{\sum p_1q_1}{\sum \frac{p_1q_1}{k}}=\frac{2\,170}{2\,725}=79.63\%$$

计算结果与采用综合指数公式计算的结果一致。这就表明：加权调和平均数指数实际上是质量指标综合指数的变形，两者虽然形式不同，但结果和经济内容是一致的，在以 p_1q_1 为权数的情况下，两者之间可以相互转换。

此外，在实际工作中，常把平均数指数的权数固定，以正常年份数量构成或价格水平作为编制产量指数或价格指数的权数，使用一段时期不变，这种权数就叫固定权数，按这种方法计算的平均数指数就称为固定权数平均数指数。固定权数平均数指数是计算总指数的一种独立的形式，其计算公式表示如下：

$$\text{固定权数算术平均数指数}=\frac{\sum kw}{\sum w}$$

$$\text{固定权数调和平均数指数}=\frac{\sum w}{\sum \frac{w}{k}}$$

式中：k 为个体指数；w 为固定权数。

第四节　指数体系和因素分析

一、指数体系的概念及作用

客观现象是错综复杂的，各种因素对它的影响不是孤立的，而是互相联系、互相制约和相互影响的。统计中，除了依据现象内在因素联系编制综合指数以外，同时还要应用指数体系来分析现象中各个因素的影响程度，这就需要建立指数体系。

由若干个经济上有联系、数量上保持一定关系的指数所组成的整体就称作指数体系。其中由两个不同时期总量对比形成的指数，称为价值指数，又称为总量指数，如不同时期的工业总产值、产品总成本、商品销售额等对比形成的价值指数。

社会经济现象的总量通常可以分解为若干个构成因素，如商品销售额是销售量(q)与销售价格(p)的乘积，粮食总产量可以看作播种面积(q)与单位面积产量(p)的乘积，等等。

指数体系的主要作用表现在两个方面：一是可以进行指数间的互相推算；二是可以测定各因素的变动对总量指标变动的影响，进行因素分析。

二、因素分析的概念和应用

(一) 因素分析的概念

因素分析是依据指数体系理论，分析受多种因素影响的社会经济现象总量指标变动中，各因素影响的方向和程度的方法。

因素分析的内容主要包括两方面。

(1) 从相对数方面分析现象总量指标的变动受各因素变动影响的方向和程度

各因素指数的乘积等于总变动指数，该指数体系可表示为如下公式：

$$\frac{\sum p_1q_1}{\sum p_0q_0}=\frac{\sum p_0q_1}{\sum p_0q_0}\times\frac{\sum p_1q_1}{\sum p_0q_1}$$

例如，价值指数 $(\sum pq)$＝数量指标指数$(\sum q)$×质量指标指数$(\sum p)$

总成本指数＝产量指数×单位成本指数

总产值指数＝产量指数×产品价格指数

销售额指数＝销售量指数×价格指数

(2) 从绝对数方面分析总量指标的变动受各因素变动影响的水平

各因素指数分子分母差额的总和等于总量指数实际发生的总差额，公式如下所示：

$$\sum p_1q_1-\sum p_0q_0=\left(\sum p_0q_1-\sum p_0q_0\right)+\left(\sum p_1q_1-\sum p_0q_1\right)$$

（二）因素分析的应用

总量指标因素分析的方法有总量指标的两因素分析、总量指标的多因素分析等。根据需要下面重点介绍总量指标的两因素分析法。

【例 6-2】

某厂两种产品资料，如表 6-5 所示。试从绝对数和相对数两方面分析：该厂单位成本和产量的变动对总成本变动影响的方向和程度。

表 6-5 某厂产品产量和成本资料表

产品名称	单 位	产量(万件)		单位成本(元)		总成本(万元)		
		基期 q_0	报告期 q_1	基期 z_0	报告期 z_1	z_0q_0	z_1q_1	z_0q_1
甲	米	65	40	8	9	520	360	320
乙	台	50	75	6	4	300	300	450
合计	—	—	—	—	—	820	660	770

解 总成本变动受产量和单位成本两个因素变动的影响，故可依据下列指数体系来分析总成本变动的影响因素：

总成本指数＝产量指数×单位成本指数

$$\frac{\sum z_1q_1}{\sum z_0q_0}=\frac{\sum z_0q_1}{\sum z_0q_0}\times\frac{\sum z_1q_1}{\sum z_0q_1}$$

$$\sum z_1q_1-\sum z_0q_0=\left(\sum z_0q_1-\sum z_0q_0\right)+\left(\sum z_1q_1-\sum z_0q_1\right)$$

利用该指数体系进行因素分析的步骤如下。

第一步，计算总成本指数及其绝对数的增减额。

总成本指数及其增减额：

$$\text{总成本指数}=\frac{\sum z_1q_1}{\sum z_0q_0}=\frac{660}{820}=80.49\%$$

$$\text{总成本变动额}=\sum z_1q_1-\sum z_0q_0=660-820=-160(\text{万元})$$

第二步，计算两个因素(产量和单位成本)指数及其绝对数的增减额。

产量指数及对总成本影响的增减额：

$$\frac{\sum z_0q_1}{\sum z_0q_0}=\frac{770}{820}=93.90\%$$

$$\sum z_0q_1-\sum z_0q_0=770-820=-50(\text{万元})$$

单位成本指数及对总成本影响的增减额：

$$\frac{\sum z_1 q_1}{\sum z_0 q_1} = \frac{660}{770} = 85.71\%$$

$$\sum z_1 q_1 - \sum z_0 q_1 = 660 - 770 = -110(\text{万元})$$

第三步，因素分析内容。

相对数变动：80.49%＝93.90%×85.71%

绝对数变动：－160 万元＝(－50 万元)＋(－110 万元)

第四步，从相对数和绝对数两个方面进行分析说明。

从相对数来看，两种产品的总成本报告期比基期下降了 19.51%，是由于产量下降了6.1%和单位成本下降了 14.29%两个因素共同作用的结果；从绝对数来看，两种产品的总成本报告期比基期减少了 160 万元，是由于产量下降使总成本减少了 50 万元，单位成本降低使总成本减少了 110 万元两因素共同作用的结果。

第五节　指数在统计实践中的应用

统计指数在我国社会经济生活中应用非常广泛，每月、每季度和每年国家统计局都要公布一些统计指数来说明经济运行情况，并用来预测经济走势。常用的统计指数主要有商品零售价格指数(RPI)、居民消费价格指数(CPI)、生产者物价指数(PPI)、制造业采购经理指数(PMI)和股票价格指数等。其中与人民生活关系最为密切的是商品零售价格指数和居民消费价格指数。

一、商品零售价格指数

商品零售价格指数(retail price index，RPI)是全面反映工业、商业、餐饮业和其他零售企业向城乡居民、机关团体出售生活消费品和办公用品价格变动趋势和变动程度的相对数。编制 RPI 的目的在于掌握零售商品价格的变动趋势，为国家宏观调控和国民经济核算提供参考依据。

商品零售价格的调查范围涉及各种类型的工业、商业、餐饮业和其他行业等零售商品的价格，包括食品、饮料烟酒、服装鞋帽、纺织品、家用电器及音像器材、文化办公用品、日用品、体育娱乐用品、交通通信用品、家具、化妆品、金银珠宝、中西药品及医疗保健用品、书报杂志及电子出版物、燃料、建筑材料及五金电料等 16 个大类。

商品零售价格指数的编制方法如下：

(1) 选择恰当的调查地区和调查点；

(2) 选择代表商品和代表规格品；

(3) 搜集价格资料;

(4) 确定权数;

(5) 计算平均价格;

(6) 编制价格指数。

小贴士

为什么当期消费品零售总额同比名义增速与直接用绝对值计算不一致?

统计数据随着数据资料的完善、后期核查过程中发现问题等原因会对数据进行修订,往往会对初步数据做出调整,在计算增速时以修正后的上年同期数据进行计算。这也是国际统计工作的通用做法。

二、居民消费价格指数

居民消费价格指数(consumer price index,CPI),用于反映一定时期内居民所消费商品及服务项目的价格水平变动趋势和变动程度。居民消费价格指数是用百分数表示的,若高于100%,表示价格水平上升;若低于100%,表示价格水平下降。CPI是反映我国通货膨胀(或紧缩)程度的主要指标,在国民经济价格体系中具有极为重要的地位。

通俗地讲,CPI就是市场上的货物价格增长百分比。一般市场经济国家认为CPI增长率在2%~3%属于可接受范围内,当然还要看其他数据。CPI过高始终不是好事,高速经济增长率会拉高CPI,但物价指数增长速度快过人民平均收入的增长速度就一定不是好事,而一般平均工资的增长速度很难超越3%~4%。

居民消费价格指数是在对全国550个样本市、县,近3万个采价点进行价格调查的基础上,根据国际规范的流程和公式计算出来的。我国CPI的调查内容包括食品、烟酒及用品、衣着等八大类。编制CPI所用权重是依据全国12万户城乡居民家庭调查资料中的消费支出构成确定的。

我国居民消费价格指数,是采用固定加权算术平均指数方法来编制的。其主要编制过程是:

(1) 将各种居民消费划分为8大类,即食品、衣着、家庭设备及用品、医疗保健、交通和通信工具、文教娱乐用品、居住项目及服务项目等,下面再划分为若干个大类、中类和小类。

(2) 从以上各类中选定有代表性的商品项目(含服务项目)列入指数,利用有关对比时期的价格资料分别计算个体价格指数。目前选定约700个规格品种的商品和服务项目,作为我国居民消费价格调查的"商品篮子",其中不包括投资品和资产项目。

(3) 依据有关时期内各种商品的销售额构成,确定代表品的比重权数。

(4) 按从低到高的顺序，采用固定加权算术平均数指数公式，依次编制各小类、中类、大类的消费价格指数和消费价格总指数。即：

$$\overline{K}_p = \frac{\sum k_p w}{\sum w}$$

式中：k_p 为商品价格个体指数或各层的类指数；w 为权数。

知识链接

为什么商品房没有纳入 CPI 统计？

商品房没有纳入 CPI 统计是有以下原因：

(1) 出于国民经济核算的需要。目前世界各国统计机构所采用的"国际惯例"，即住宅按新的或现存的有形固定资产来处置。为此，CPI 的统计口径必须与国民经济核算体系中的类相一致，而根据国民经济核算分类，商品房购买属于投资范畴，而 CPI 关注的是消费。

(2) 出于测量通货膨胀的需要。测量通货膨胀的指标不止一个，但世界各国大多使用 CPI 来测量。商品和服务价格普遍的、持续的上涨就发生了通货膨胀，而不是资产的价格上涨发生通货膨胀。假设我们把目前商品房价格变动作为消费品价格变动纳入到 CPI 的统计中，那 CPI 会更高。这与现实商品和服务价格情况不符，容易引起误解。

(3) 商品房购买与当期消费不同步，购买支出与当期实际住房消费不对等。商品房购买行为实质上是一种在短期内大量金额的集中支付，但商品房却要用于今后几十年的消费。也就是说，当期的实际住房消费对应的只是整个住房的一部分(即折旧)，而不是整个住房。

(4) 事实上 CPI 已经反映了居住消费价格的变动。不将商品房(资产)价格变动纳入 CPI 统计范畴，不代表 CPI 不反映居住类(消费)价格的变化情况。

三、生产者物价指数

生产者物价指数简称 PPI，它是站在生产者的角度来衡量工业企业产品出厂价格变动趋势和变动程度的指数，是反映某一时期生产领域价格变动情况的重要经济指标，也是制定有关经济政策和国民经济核算的重要依据。

根据价格传导规律，PPI 反映生产环节的价格水平，CPI 反映消费环节的价格水平，PPI 对 CPI 有一定影响。因此，PPI 能够反映生产者获得原材料的价格波动情况，推算预期 CPI，从而估计通胀风险。2009 年 1 月开始，我国开始同时公布 CPI 和 PPI，为估计和预测经济运行情况提供依据。

在我国，PPI 一般指统计局公布的工业品出厂价格指数，目前我国 PPI 的调查产品有

4 000 多种，覆盖全部 39 个工业行业大类，涉及调查种类 186 个。其中，能源原材料价格在 PPI 构成中占较大比重。通常情况下，PPI 走高意味着企业出厂价格提高，因此会导致企业盈利增加。但如果下游价格传导不利或市场竞争激烈，走高的 PPI 则意味着众多竞争性领域的企业将面临越来越大的成本压力，从而影响企业盈利，整个经济运行的稳定性也将受到考验。

案例示范

数据解读——2018 年 10 月份 PPI 环比涨幅回落

（1）从环比看，PPI 上涨 0.4%，涨幅比上月回落 0.2 个百分点。其中，生产资料价格上涨 0.6%，生活资料价格与上月持平。从调查的 40 个工业行业大类看，价格上涨的有 27 个，持平的有 8 个，下降的有 5 个。在主要行业中，涨幅回落的有石油、煤炭及其他燃料加工业，上涨 3.1%，比上月回落 0.9 个百分点；化学原料和化学制品制造业，上涨 0.9%，回落 0.1 个百分点。涨幅扩大的有石油和天然气开采业，上涨 6.3%，扩大 2.5 个百分点；煤炭开采和洗选业，上涨 1.1%，扩大 0.6 个百分点；有色金属冶炼和压延加工业，上涨 0.5%，扩大 0.2 个百分点；非金属矿物制品业，上涨 0.7%，扩大 0.1 个百分点。由涨转降的有化学纤维制造业，下降 0.3%。此外，黑色金属冶炼和压延加工业价格与上月持平。

（2）从同比看，PPI 上涨 3.3%，涨幅比上月回落 0.3 个百分点。其中，生产资料价格上涨 4.2%，生活资料价格上涨 0.7%。在主要行业中，涨幅回落的有化学原料和化学制品制造业，上涨 6.1%，比上月回落 0.9 个百分点；非金属矿物制品业，上涨 7.3%，回落 0.8 个百分点；黑色金属冶炼和压延加工业，上涨 6.9%，回落 0.3 个百分点；石油、煤炭及其他燃料加工业，上涨 24.0%，回落 0.1 个百分点。涨幅扩大的有石油和天然气开采业，上涨 42.8%，扩大 1.6 个百分点。降幅扩大的有有色金属冶炼和压延加工业，下降 2.6%，扩大 0.9 个百分点。据测算，在 10 月份 3.3%的同比涨幅中，去年价格变动的翘尾影响约为 1.2 个百分点，新涨价影响约为 2.1 个百分点。

四、股票价格指数

（一）股票价格指数的概念

股票价格指数一般采用与基期比较法，即将选样股票计算期的价格总和与基期的价格总和进行比较，反映各个时期价格水平的变动情况，简称股价指数。指数单位一般用“点”表示，“点”是衡量股票价格起落的尺度，即将基期指数作为 100，每上升或下降 1 个百分点称为“1 点”。

股价指数的编制是选择有代表性的、实力雄厚的上市公司的股票，这些公司的股价变动反映了股市的股价水平，而这些公司的经营业绩又反映了该国家或地区的经济状况，所以股价指数是观察和分析经济的重要参考依据。

（二）选择权数的方法

一般方法是以采样股股票发行量为权数，以求得市价总值，报告期市价总值与基期市价总值之比即求得指数。这种以市价总值股价指数显示采样股整体资产价值的变化，相对地降低了某些股票市价暴涨暴跌对指数的影响。当股票分割、配股发生时，采样股数量相应地逐渐膨胀，权数增大，以致出现失真现象，故以发行量为权重，较适合于观察平均股价水准变动。

另一种方法是以采样股股票成交量为权数，但该种权数是不固定的，当股价上涨而成交量骤变时，股价指数容易使投资者产生误解。但以成交量为权重，反映了平均每股成交额，可用以测定股票市场的投资者心态。

（三）著名的股价指数

1. 道·琼斯股票价格指数

道·琼斯股票价格指数又称道·琼斯股票价格平均指数，是世界上最有影响、使用最广的股价指数。它以在纽约证券交易所挂牌上市的一部分有代表性的公司股票作为编制对象，由四种股价平均指数构成，分别是：

(1) 以 30 家著名的工业公司股票为编制对象的道·琼斯工业股价平均指数。

(2) 以 20 家著名的交通运输业公司股票为编制对象的道·琼斯运输业股价平均指数。

(3) 以 6 家著名的公用事业公司股票为编制对象的道·琼斯公用事业股价平均指数。

(4) 以上述三种股价平均指数所涉及的 56 家公司股票为编制对象的道·琼斯股价综合平均指数。

在四种道·琼斯股价指数中，以道·琼斯工业股价平均指数最为著名，它被大众传媒广泛地报道，并作为道·琼斯指数的代表加以引用。

道·琼斯股票价格指数以 1928 年 10 月 1 日为基期，采用算术平均法进行计算编制而成，当遇到股票的除权除息时，股票指数将发生不连续的现象。1928 年后，道·琼斯股票价格平均数就改用新的计算方法，即在计点的股票除权或除息时采用连接技术，以保证股票指数的连续，从而使股票指数得到了完善，并逐渐推广到全世界。

2. 香港恒生指数

香港恒生指数是香港股票市场上历史最悠久、影响最大的股票价格指数，由香港恒生银行于 1969 年 11 月 24 日开始发表。恒生股票价格指数包括从香港 500 多家上市公司中挑选出来的 33 家有代表性且经济实力雄厚的大公司股票作为成分股，分为四大类，即 4 种金融业股票、6 种公用事业股票、9 种房地产业股票和 14 种其他工商业（包括航空和酒店）股票。

恒生股票价格指数的编制是以 1964 年 7 月 31 日为基期，因为这一天香港股市运行正常，成交值均匀，可反映整个香港股市的基本情况，基点确定为 100 点。该指数的计算方法是将 33 种股票按每天的收盘价乘以各自的发行股数为计算日的市值，再与基期的市值相比较，乘以 100 就得出当天的股票价格指数。

3. 上证综指和深证成指

（1）上证综指

上证综合指数是由上海证券交易所编制的综合指数类股票指数，简称上证综指。它是以 1990 年 12 月 19 日为基准日，基准日指数定为 100 点，1991 年 7 月 15 日正式开始发布。该股票指数的样本为所有在上海证券交易所挂牌上市的股票，其中新上市的股票在挂牌的第二天纳入股票指数的计算范围，该股票指数的权数为上市公司的总股本。

其公式为：本日股价指数＝本日股票市价总值÷基期股票市价总值×100

其中：

$$\text{本日股票市价总值} = \sum \text{本日收盘价} \times \text{发行股数}$$

$$\text{基期股票市价总值} = \sum \text{基期收盘价} \times \text{发行股数}$$

随着上市股票品种逐渐增加，上海证券交易所在这一综合指数的基础上，从 1992 年 2 月起分别公布 A 股指数和 B 股指数，1993 年 5 月 3 日起正式公布工业、商业、地产业、公用事业和综合五大类分类股价指数，以反映不同行业股票的各自走势。

至此，上证指数已发展成为包括综合股价指数、A 股指数、B 股指数、分类指数在内的股价指数系列。

（2）深证成指

深证成分股指数是反映深圳证券交易所成分股价指数，简称深证成指，它是深圳证券交易所的主要股指之一。深证成指 1995 年 5 月起开始发布，它是按一定标准选出 40 家有代表性的上市公司作为成分股，用成分股的可流通数作为权数，以 1994 年 7 月 20 日为基准日，基准日指数定为 1 000 点，以加权平均法进行编制。其基本公式为

股价指数＝现时成分股总市值/基期成分股总市值×1 000

深证成分股指数选取样本时考虑的因素有：

① 日期的长短；

② 上市规模，按每家公司一段时期内的平均总市值和平均可流通股市值计；

③ 交易活跃程度，按每家公司一段时期总成交金额计。

确定初步名单后，再结合以下各因素评选出 40 家上市公司作为成分股：

① 股票在一段时期内的平均市盈率；

② 公司的行业代表性及所属行业的发展前景；

③ 公司近年的财务状况、盈利记录、发展前景及管理素质等；

④ 公司的地区、板块代表性等。

为保证指数的代表性，必须视上市公司的变动更换成分股，深圳证券交易所定于每年1、5、9 月对成分股的代表性进行考察，讨论是否需要更换。

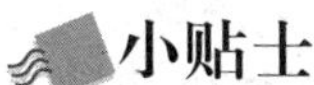

小贴士

标准普尔 500 指数

标准普尔是世界权威金融分析机构，由普尔先生(Mr Henry Varnum Poor)于 1860 年创立。标准普尔由普尔出版公司和标准统计公司于 1941 年合并而成。

标准普尔为投资者提供信用评级、独立分析研究、投资咨询等服务，其中包括反映全球股市表现的标准普尔全球 1 200 指数和为美国投资组合指数的基准的标准普尔 500 指数等一系列指数。其母公司为麦格罗·希尔(McGraw-Hill)。

标准普尔 500 指数英文简写为 S&P 500 Index，是记录美国 500 家上市公司的一个股票指数。这个股票指数由标准普尔公司创建并维护。标准普尔 500 指数覆盖的所有公司，都是在美国主要交易所，如纽约证券交易所、Nasdaq 交易的上市公司。与道·琼斯指数相比，标准普尔 500 指数包含的公司更多，因此风险更为分散，能够反映更广泛的市场变化。

本章小结

综合指数是实际中应用最多的一种指数形式，其编制方法主要有拉氏指数和派氏指数两种形式。平均数指数则主要是作为综合指数的一种变形来使用。平均指数的计算形式有两种：加权算术平均数指数和加权调和平均数指数。指数体系是由总量指数和若干个因素指数构成的数量关系式。指数体系的作用主要表现在两个方面：一是进行因素分析；二是用于指数之间的相互推算。居民消费价格指数、零售价格指数和股票价格指数是几种重要的经济指数，理解它们的编制过程有助于我们对实际经济问题的认识和研究。

同步测试

一、单项选择题

1. 按照指数的性质不同，指数可分为(　　)。

A. 个体指数和总指数　　B. 简单指数和加权指数

C. 数量指标指数和质量指标指数　　D. 动态指数和静态指数

2. 下列指数中属于质量指标指数的是(　　)。

A. 产量指数　　B. 商品销售量指数

C. 职工人数指数　　D. 劳动生产率指数

3. 某企业今年生产费用比去年增长50%,产量比去年增长25%,则单位成本比去年上升(　　)。

A. 10%　　B. 37.5%　　C. 20%　　D. 12.5%

4. 对商品销售额的变动情况进行分析时,影响销售额指数的因素包括销售量指数和(　　)。

A. 个体指数　　B. 销售价格指数

C. 总平均价格指数　　D. 销售额指数

5. 若价格增长5%,销售量增长4%,则销售额增长(　　)。

A. 20%　　B. 9%　　C. 9.2%　　D. 8%

6. 单位成本报告期比基期下降8%,产量增加8%,在这种条件下,生产总费用(　　)。

A. 减少了　　B. 增加了　　C. 没有变化　　D. 难以确定

二、判断题

1. 统计指数是综合反映社会经济现象总变动方向及变动幅度的相对数。(　　)

2. 加权指数是计算总指数广为采用的方法,个体指数也是一种加权指数。(　　)

3. 某公司甲产品产量提高10%,出厂价格下降10%,则其产品产值不变。(　　)

4. 指数体系是进行因素分析的根据。(　　)

5. 按照个体指数和报告期销售额计算的价格指数是加权算术平均数指数。(　　)

6. 在指数体系中,总量指数与各因素指数之间的数量关系是总量指数等于各因素指数之和。(　　)

三、思考题

1. 什么是统计指数?统计指数的作用有哪些?

2. 什么是同度量因素?同度量因素在统计指数中有何作用?

3. 什么是综合指数?为什么说综合指数是总指数的基本形式?

4. 综合指数与平均指数有何区别与联系?

5. 指数体系怎样理解?有何作用?

四、计算题

1. 某企业产品销售额增长2.9%,价格下降2%,问该企业的当期销售量指数为多少?

2. 某市社会商品销售额报告期为10亿元,比基期增加9亿元,物价指数上涨3%,请分析报告期比基期的商品销售量的变动情况。

3. 某企业三种产品生产情况有关资料如表6-6所示。

表 6-6　某企业生产情况表

产品	单位	产品产量		单位成本(元)	
		基期	报告期	基期	报告期
甲	件	100	140	10	8
乙	套	300	280	20	20
丙	台	700	800	12	10

试从相对数和绝对数两方面分析单位成本和产品产量的变动对总成本的影响。

我国居民消费价格指数(CPI)是如何调查和生成的

第七章

抽样推断

知识目标

1. 深刻理解抽样推断的基本概念、特点和作用。

2. 掌握样本容量确定方法，熟悉利用样本资料来推断总体数量特征的原理及方法。

3. 了解抽样误差产生的原因，理解抽样平均误差、抽样极限误差、概率度和概率保证程度之间的关系。

技能要求

1. 掌握抽样误差的计算与实际应用。

2. 掌握区间估计方法，能够在实际工作中运用。

学习导航

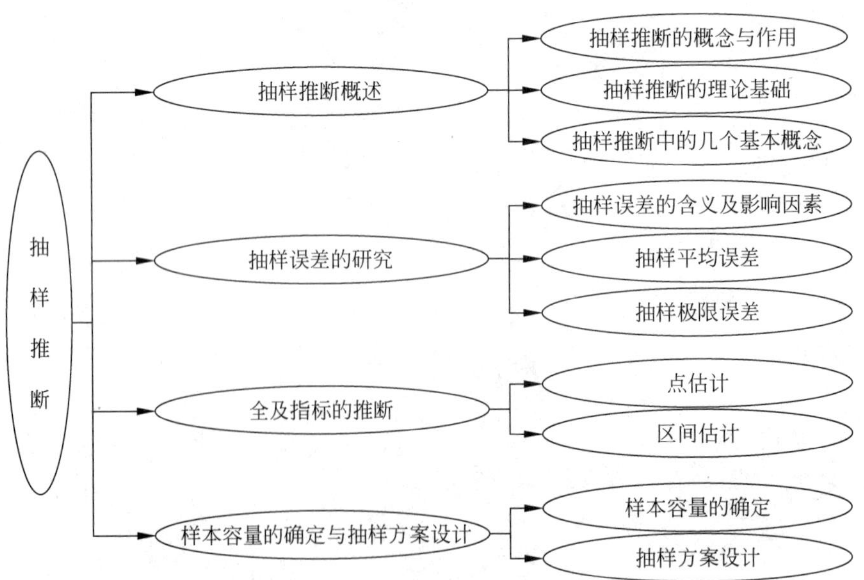

案例引导

2018年三季度全国工业产能利用率分析

2018年三季度，全国工业产能利用率为76.5%，比上年同期下降0.3个百分点。前3季度，全国工业产能利用率为76.6%，与上年同期持平。分季度工业产能利用率参见图1。

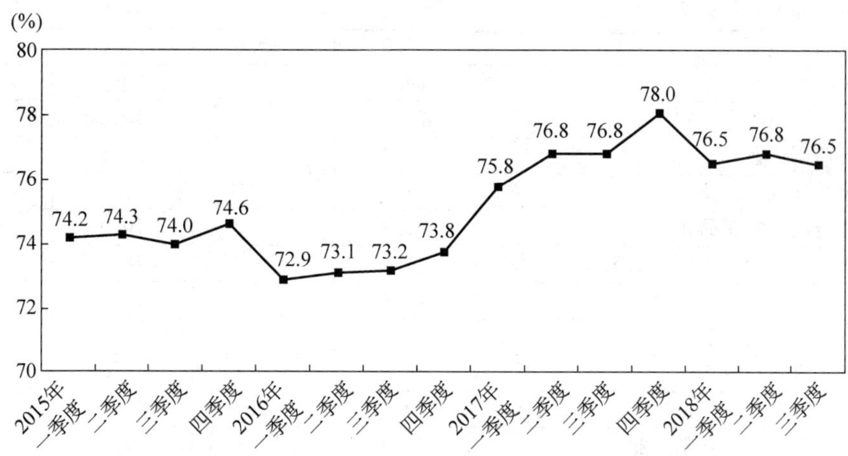

图1 分季度工业产能利用率

分三大门类看，三季度，采矿业产能利用率为71.1%，比上年同期回升0.1个百分点；制造业产能利用率为76.9%，比上年同期下降0.4个百分点；电力、热力、燃气及水生产和供应业产能利用率为74.4%，比上年同期回升0.7个百分点。

分主要行业看，三季度，煤炭开采和洗选业产能利用率为70.1%，食品制造业为75.0%，纺织业为79.9%，化学原料和化学制品制造业为73.7%，非金属矿物制品业为71.3%，黑色金属冶炼和压延加工业为78.7%，有色金属冶炼和压延加工业为78.8%，通用设备制造业为75.5%，专用设备制造业为78.4%，汽车制造业为79.6%，电气机械和器材制造业为77.3%，计算机、通信和其他电子设备制造业为80.4%。2018年三季度工业产能利用率参见表1。

表1 2018年三季度工业产能利用率

行业	三季度		前3季度	
	产能利用率(%)	比上年同期增减(%)	产能利用率(%)	比上年同期增减(%)
工业	76.5	−0.3	76.6	0.0
其中：采矿业	71.1	0.1	72.4	1.7
制造业	76.9	−0.4	77.0	−0.1

续表

行　　业	三　季　度		前3季度	
	产能利用率(%)	比上年同期增减(%)	产能利用率(%)	比上年同期增减(%)
电力、热力、燃气及水生产和供应业	74.4	0.7	73.3	1.1
其中：煤炭开采和洗选业	70.1	1.1	71.4	4.0
石油和天然气开采业	89.3	1.4	87.9	−0.4
食品制造业	75.0	−1.0	75.7	0.5
纺织业	79.9	0.0	80.6	0.2
化学原料和化学制品制造业	73.7	−2.3	74.8	−1.9
医药制造业	76.5	−1.9	77.8	−0.7
化学纤维制造业	82.5	−1.7	82.0	−1.4
非金属矿物制品业	71.3	−0.3	70.0	−0.5
黑色金属冶炼和压延加工业	78.7	2.0	78.1	2.7
有色金属冶炼和压延加工业	78.8	0.3	79.2	1.0
通用设备制造业	75.5	−1.0	77.4	0.7
专用设备制造业	78.4	3.4	78.9	3.6
汽车制造业	79.6	−2.5	80.6	−1.1
电气机械和器材制造业	77.3	−1.5	77.9	−1.3
计算机、通信和其他电子设备制造业	80.4	0.0	79.0	−0.6

附注

1. 指标解释

产能利用率：是指实际产出与生产能力(均以价值量计量)的比率。

企业的实际产出是指企业报告期内的工业总产值；企业的生产能力是指报告期内，在劳动力、原材料、燃料、运输等保证供给的情况下，生产设备(机械)保持正常运行，企业可实现的、并能长期维持的产品产出。

2. 行业分类标准

执行国民经济行业分类标准(GB/T 4754—2017)。

资料来源：根据国家统计局网站资料汇编

引例分析

本案例中大中型企业采用全面调查的方式，而小微企业采用抽样调查，调查共涉及9万多家工业企业。小微企业按抽样方法推算总体，与大中型企业调查数据合成，计算出全国工业产能利用率。这些统计调查数据是怎样计算出来的？抽样调查样本是如何抽取的？抽样误差是怎样控制的？这正是本章所要研究的问题。

第一节　抽样推断概述

一、抽样推断的概念与作用

（一）抽样推断的概念与特点

1. 抽样推断的概念

抽样推断是按照随机原则从总体中抽取一部分总体单位作为样本单位，组成样本总体，并以样本的数量特征对总体的数量特征做出具有一定可靠程度的估计和推断的统计分析方法。所谓随机原则，是指抽取样本单位时，不能由主观意志确定抽取哪些总体单位，要使每一个总体单位都有同等的机会被抽中。

抽样推断包含了两个含义：抽样调查和统计推断。

抽样调查是一种非全面调查，它是按随机原则从总体中抽出一部分单位进行调查以获得有关的数据资料，目的是推断总体。

统计推断是根据抽样调查所获得的样本信息，对总体的数量特征作出具有一定可靠程度的估计和判断。

2. 抽样推断的特点

抽样推断具有以下特点：

（1）抽样推断是用样本指标值来估计总体指标值

由样本的已知资料去估计未知的总体特征，或者说，由部分去认识总体的全面情况，这是抽样调查与其他非全面调查显著不同的方面之一。非全面调查中的重点调查通过对少数重点单位的了解，只能实现对总体情况的基本认识，而不是全面的认识。

典型调查虽然在一定条件下也可以用于估计总体的数量特征，但是其根本作用仍在于深入地了解总体中典型单位的情况，认识新生事物，掌握事物发展的方向，做到既有数字的调查，又有问题的分析，非全面统计报表更是直接针对总体中的部分单位而进行的。抽样调查则不同，虽然也属于非全面调查，但其目的却是着眼于对总体全面情况的了解。

（2）抽样的随机原则是抽样推断的前提

只有严格遵循随机原则才能使调查对象中某个单位都有同等机会被抽中或抽不中，以保证被抽中单位的次数分布类型与调查对象（总体）的分布状况接近，从而能增强被抽中单位对总体的代表性。只有严格遵循随机原则，才能计算抽样误差，才能在使用抽样误差去推断总体指标数值时估计出有多大把握程度。

（3）抽样推断的误差是可以事先计算并加以控制的

利用概率论理论可以事先计算出抽样误差，并通过各种组织措施来控制抽样误差范围，保证抽样推断结果达到预期可靠程度的要求。

总之，抽样推断的中心问题是如何根据已知的部分资料来推断未知的总体情况。例如，根据对我国1%人口的抽样调查，汇总出全国总人口及其结构的主要数据；根据少数职工家庭生活情况的调查资料，推算全国职工生活的实际水平等。

（二）抽样推断的作用

抽样推断作为一种科学、经济的统计方法，在科学研究、社会经济管理等方面已经得到普遍应用。从原则上讲，为取得大量社会经济现象数量方面的统计资料，在许多场合都可以运用抽样推断的方法，在某些特殊场合，甚至还必须运用抽样推断的方法。在统计实践中，抽样推断主要表现为以下几个方面作用：

1. 适用于调查具有破坏性的场合

所谓调查具有破坏性，是指被抽取的单位经过观测之后就失去了原有的形态或功能。对这种情况的调查，只能采用抽样方法。例如，对一批电子管的耐用寿命的检验；对一批灯泡合格率的了解；对轮胎里程的测定；对炮弹杀伤力的测验等都是如此。

2. 对无限总体或总体规模非常大的场合进行调查

例如，要测定一湖水的含氧量；对大气污染程度的调查；对太空中行星运动规律的研究；对森林木材积蓄量的调查等也只能采用抽样方法。

3. 不必要进行全面调查但又需要知道总体全面情况

例如，对居民家庭收支情况的调查；对成人身高和健康状况的调查；对人口流动情况的调查等都是这样。

4. 用于对全面调查的结果进行核查和修正

全面调查由于涉及面广，参加人员多，较容易产生漏查、重复、填错、计算错误等调查性差错，而抽样调查由于抽取的单位少，有准确度高及抽样误差可以控制等优点，因此，全面调查尤其是普查一经结束就需要通过抽样来检验其质量，并进一步校正原来的数字。

5. 用于资料时效性要求很强的场合

比如，稻谷等农产品收割前一般都要进行产量预计，以便及时地组织仓储和运输设备，对工厂连续大量生产的产品质量进行检验和控制，新产品投产有利与否的统计检验等，都对调查结果有很强的及时性要求，一般均需采用抽样方法。

6. 可以节约人力、物力、财力和时间

抽样推断与全面调查相比较，调查单位比全面调查少得多，可以节约很多资源，又能较快地得到调查结果，这对许多工作都是有利的。特别对于总体范围很大、单位很多的现象总体，抽样推断更显优越性。

二、抽样推断的理论基础

抽样推断是建立在概率论的大数定律和中心极限定理基础上的科学推断方法。

1. **大数定律**

大数定律又称大数法则，是随机变量出现的基本规律。大致内容是在对某一现象观察过程中由大量互相独立的随机变量构成的总体，受偶然因素的影响，每次所得的结果不同，但经过大量观察并加以综合平均后，消除了偶然因素引起的差异，而接近于总体的平均值，使现象总体某一标志的规律及其共同特征在数量上、质量上显示出来。因此，大数定律为统计学研究现象的数量方面和数量关系提供了科学依据。

2. **中心极限定理**

中心极限定理是阐述平均数分布状态的理论，即不管总体的分布呈何种状态，由一系列随机样本组成的所有可能平均数的分布均服从正态分布。这为抽样推断提供了极为重要的数学依据和有效方法，利用这种关系，我们只要能够从样本总体中计算出算术平均数和标准差，就可以推断并估算出全及总体的相应指标。

大数定律可以帮助我们认识样本平均数趋近总体平均数的趋势，这是推断的前提条件。中心极限定理则可帮助我们正确测算样本平均数与总体平均数之间的误差和根据样本平均数推断总体平均数的可靠程度，这是推断的主要依据。

三、抽样推断中的几个基本概念

（一）全及总体

全及总体是指所要了解认识的对象的全体，即统计总体，简称为总体。总体是具有某种共同性质或特征的许多单位的集合体。全及总体的单位数通常用 N 来表示。总体可从不同角度进行分类，例如，按其包含的总体单位数多少分为有限总体和无限总体；按照全及总体中各单位标志的性质不同，可以分为属性总体和变量总体。

（二）样本总体

样本总体是从全及总体中随机抽取出来，代表全及总体的那部分单位的集合体。又称抽样总体，简称样本或子样。样本总体的单位数称为样本容量，通常用 n 表示。一般来说，样本单位数达到或超过 30 个称为大样本，在 30 个以下称为小样本。在对社会经济现象进行抽样调查时，多数采用大样本。

如某城市有 25 万个家庭，要采用抽样推断的方法研究其收支情况，则该市全部住户家庭构成全及总体，$N=25$ 万。如果要从全部住户家庭中随机抽取 4‰，即 1 000 户进行调查，则被抽中的 1 000 户构成样本总体，则样本总体 $n=1\ 000$。

对于一次抽样调查，全及总体是唯一确定的，而样本则是不确定的，一个全及总体可能抽出很多个样本总体，样本的个数和样本的容量有关，也和抽样的方法有关。

（三）全及指标

全及指标是根据全及总体各个单位的标志值或标志属性计算的，反映总体某种属性或特征的综合指标。常用的全及指标有全及平均数、全及成数、总体数量标志标准差及方差、总体是非标志标准差及方差。

1. 全及平均数

全及平均数又称总体平均数，是指全及总体各个单位的标志值的平均数，用 $\overline{X}$ 表示。

（1）在总体未分组的情况下：

$$\overline{X}=\frac{\sum_{i=1}^{N}X_i}{N}=\frac{\sum X}{N} \tag{7-1}$$

式中：$X_i(i=1,2,\cdots,N)$表示全及总体各单位标志值。

（2）在总体分组的情况下：

$$\overline{X}=\frac{\sum_{i=1}^{k}X_iF_i}{\sum_{i=1}^{k}F_i}=\frac{\sum XF}{\sum F} \tag{7-2}$$

式中：$X_i(i=1,2,\cdots,k)$ 表示总体各组的标志值；$F_i(i=1,2,\cdots,k)$ 表示总体各组分配次数；k 表示将总体分组后，分组的组数。

2. 全及成数

全及成数又称总体成数，它是指全及总体中具有某一相同标志表现的单位数占全及总体单位数的比重，用 P 表示。全及总体中具有某一相同标志表现的单位数用 n_1 表示，则 $P=n_1/N$。反之，如果将全及总体中不具有某一相同标志表现的单位数占全及总体单位数的比重，用 Q 表示，全及总体中不具有某一相同标志表现的单位数用 n_0 表示，则 $Q=n_0/N$，且 P 与 Q 互为余数，即 $P+Q=1$ 或 $P=1-Q$ 或 $Q=1-P$。

3. 总体数量标志标准差及方差

（1）总体数量标志标准差是指全及总体中根据各单位标志值计算的标准差，记作 σ。

① 在总体未分组的情况下：

$$\sigma=\sqrt{\frac{\sum_{i=1}^{N}(X_i-\overline{X})^2}{N}} \tag{7-3}$$

② 在总体分组的情况下：

$$\sigma = \sqrt{\frac{\sum_{i=1}^{k}(X_i - \overline{X})^2 F_i}{\sum_{i=1}^{k} F_i}} \tag{7-4}$$

（2）总体方差是总体标准差的平方，记作

$$\sigma^2 = \frac{\sum_{i=1}^{N}(X_i - \overline{X})^2}{N} \tag{7-5}$$

或

$$\sigma^2 = \frac{\sum_{i=1}^{k}(X_i - \overline{X})^2 F_i}{\sum_{i=1}^{k} F_i} \tag{7-6}$$

（四）样本指标

样本指标又称抽样指标，它是根据样本总体各单位标志值或标志特征计算的，反映样本数量特征的综合指标。

样本指标与全及指标是相对应的，也可分为四种类型的六个指标，即样本平均数、样本成数、样本数量标志标准差及方差、样本是非标志标准差及方差。

1. 样本平均数

样本平均数又称抽样平均数，它是指样本总体各单位标志值的平均数，用 $\bar{x}$ 表示。

（1）在样本未分组的情况下：

$$\bar{x} = \frac{\sum_{i=1}^{n} x_i}{n} \tag{7-7}$$

式中：$x_i (i=1,2,\cdots,N)$ 表示样本各单位标志值。

（2）在样本分组的情况下：

$$\bar{x} = \frac{\sum_{i=1}^{k} x_i f_i}{\sum_{i=1}^{k} f_i} \tag{7-8}$$

式中：$x_i (i=1,2,\cdots,k)$ 表示样本各组的标志值；$f_i (i=1,2,\cdots,k)$ 表示样本各组的分配次数；k 表示将总体分组后，分组的组数。

2. 样本成数

样本成数又称抽样成数，它是指样本中具有某一相同标志表现的单位数占样本容量的比重，用 p 表示。将样本总体中不具有某一相同标志表现的单位数占样本容量的比重，用 q 表示，则 p 与 q 互为余数，即 $p+q=1$ 或 $p=1-q$ 或 $q=1-p$。

3. 样本数量标志标准差及方差

样本数量标志标准差是指样本中根据各单位标志值计算的标准差，记作 S。样本方差是样本标准差的平方，记作 S^2。

(1) 在样本未分组的情况下：

$$S=\sqrt{\frac{\sum_{i=1}^{n}(x_i-\bar{x})^2}{n}} \tag{7-9}$$

(2) 在样本分组的情况下：

$$S=\sqrt{\frac{\sum_{i=1}^{k}(x_i-\bar{x})^2 f_i}{\sum_{i=1}^{k} f_i}} \tag{7-10}$$

（五）重复抽样

重复抽样又称重置抽样或放回抽样。它是指从全及总体 N 个单位中随机抽取容量为 n 的样本时，每次从总体中随机抽取一个样本单位，把结果登记下来后，重新将其放回到总体中去重新参加抽样，再从全及总体中抽取下一个样本单位，如此反复抽样、反复放回，直到抽完 n 个样本单位为止。

在这种操作方式下，全及总体单位数 N 始终不变，总体各单位被抽中的可能性前后相同，且同一单位可能有多次被重复抽中的可能。

（六）不重复抽样

不重复抽样也称不重置抽样、不回置抽样。它是指从总体 N 个单位中随机抽取容量为 n 的样本时，每次从总体中随机抽取一个样本单位，不再放回去，下一次则从剩下的总体单位中继续进行抽取，如此反复构成一个样本。就是说，每个总体单位只能被抽取一次，所以从总体中每抽取一次，总体就少一个单位，因此，先后抽出来的各个单位被抽中的机会是不相等的。

第二节　抽样误差的研究

一、抽样误差的含义及影响因素

（一）抽样误差的概念

抽样误差是指按随机原则抽样时，由于调查范围的非全面性和抽样的随机性而产生的样本指标与总体指标之间的误差。它是随机抽样调查所特有的一种偶然性的代表性误差。在随机抽样调查中，抽样误差是不可克服、不可避免的，但可以通过一定的方法加以估计和控制。

（二）抽样误差的性质

1. 抽样误差属于随机误差

在抽样调查过程中，主要产生两种统计误差：一种是登记性误差，另一种是代表性误差。

登记性误差是指在统计调查过程中，由于主客观原因在登记、记录、汇总、计算中产生的差错。只要有较强的工作责任心和较高的技术水平，登记性误差是完全可以避免的。

代表性误差产生的情况则不同：一种是在抽样过程中破坏了随机原则而产生的偏差，这种偏差是可以避免的，又称为系统性误差。另一种是按随机原则进行抽样而产生的随机误差，这是由于抽样调查时只抽取部分单位进行调查而引起的，是不可避免的。因为，只要抽取的样本单位数 $n<N$，都会损失一些信息，总会存在着不同程度的随机误差。

2. 抽样误差是抽样平均误差

抽样误差是指抽样平均误差，而不是抽样实际误差。由于在现实的抽样推断中无法找到一一对应的抽样实际误差，即每个样本指标与总体被估计的真实指标之间的离差，为了反映抽样误差的一般水平，需要采用抽样平均误差指标。抽样平均误差是指所有可能出现的样本指标的标准差。

（三）影响抽样误差的因素

影响抽样误差大小的因素主要有以下几个方面：

1. 总体各单位标志值的变异程度

总体各单位标志值的变异程度受总体的方差或标准差数值大小的影响。如果总体变异性小，则所抽取各样本的指标与总体指标的离差也较小，再求其平均而得到的抽样误差也较小。因而,抽样误差的大小与总体的方差(或标准差)大小成正比例关系。

2. 样本单位数目的多少

抽取的样本单位数愈多,那么它对总体的代表性愈好,则抽样误差愈小;反之,则越大。可见,抽样误差的大小与抽取的样本容量成反比例关系。

3. 抽样方法

在其他条件相同的情况下,不重复抽样的抽样误差小于重复抽样的抽样误差。这是因为不重复抽样下对已抽过的总体单位不再放回参加下一次抽取,从而避免了重复中选,因此,不重复抽样的样本比重复抽样的样本更能反映总体的特征,故抽样误差较小。

4. 抽样调查的组织形式

抽样调查按其组织形式不同可分为简单随机抽样、分类抽样、等距抽样、整群抽样。相同条件下,不同的抽样组织形式有不同的抽样误差,这是因为按不同组织形式所抽取的样本对于总体的代表性不同。

二、抽样平均误差

(一) 抽样平均误差的概念

抽样平均误差是指根据随机原则抽样时,所有可能出现的样本平均数(或成数)的标准差。抽样平均误差反映了样本指标与全及指标的平均离差程度,抽样平均误差的作用首先表现在它能够说明样本指标代表性的大小,抽样平均误差大,说明样本指标对全及指标的代表性低;反之,则高。

抽样平均误差的理论公式为

$$\mu_{\bar{x}}=\sqrt{\frac{\sum(\bar{x}_i-\bar{X})^2}{\text{所有可能样本数目}}} \tag{7-11}$$

式中:$\mu_{\bar{x}}$ 代表样本平均数的抽样平均误差;$\bar{x}_i$ 代表所有可能样本的平均数;$\bar{X}$ 代表总体平均数。

实践中,总体平均数是要推算的未知数,所有可能样本的平均数也是无法取得的。因此,我们不能直接利用定义性公式计算抽样平均误差。

(二) 抽样平均误差的实际计算方法

抽样平均误差的实际计算公式是由数理统计的有关原理和定理推导得出的。按照抽取样本单位的方式和方法的不同,抽样平均误差的实际计算方法也有所不同。抽样平均误差有平均数的抽样平均误差和成数的抽样平均误差两种,且都分别采用重复抽样和不重复抽样两种方法,因此,实际具体计算方法有所差别。

1. 重复抽样的抽样平均误差计算公式

（1）平均数的抽样平均误差

$$\mu_{\bar{x}}=\sqrt{\frac{\sigma^2}{n}}=\frac{\sigma}{\sqrt{n}} \tag{7-12}$$

（2）成数的抽样平均误差

$$\mu_p=\sqrt{\frac{p(1-p)}{n}} \tag{7-13}$$

2. 不重复抽样的抽样平均误差计算公式

（1）平均数的抽样平均误差

$$\mu_{\bar{x}}=\sqrt{\frac{\sigma^2}{n}\left(\frac{N-n}{N-1}\right)} \tag{7-14}$$

N 很大时，公式可近似地表示为

$$\mu_{\bar{x}}=\sqrt{\frac{\sigma^2}{n}\left(1-\frac{n}{N}\right)} \tag{7-15}$$

（2）成数的抽样平均误差

$$\mu_p=\sqrt{\frac{p(1-p)}{n}\left(\frac{N-n}{N-1}\right)} \tag{7-16}$$

N 很大时，公式可近似地表示为

$$\mu_p=\sqrt{\frac{p(1-p)}{n}\left(1-\frac{n}{N}\right)} \tag{7-17}$$

从上述公式中可以看出，在其他条件不变的情况下，不重复抽样的抽样平均误差小于重复抽样的抽样平均误差，不重复抽样的样本代表性较大。当总体单位数 N 很大时，$\frac{n}{N}$ 很小，而 $1-\frac{n}{N}$ 就接近于 1，在这种情况下，不重复抽样的抽样平均误差近似于重复抽样的抽样平均误差。

在计算抽样误差时，由于总体标准差是未知的，在大样本情况下，可以用样本标准差代替总体标准差，也可以用历史标准差或试验标准差代替。

（三）抽样平均误差的实际应用

1. 平均数抽样平均误差的计算

【例 7-1】

从某厂生产的 20 000 只日光灯管中随机抽取 1 000 只进行检查，假如该产品平均使

用寿命的标准差 S 为 10 小时，试根据重复抽样和不重复抽样的方法，计算该厂日光灯管平均使用寿命的平均误差。

解 (1) 按重复抽样计算抽样平均误差

根据式(7-12)，得

$$\mu_{\bar{x}}=\sqrt{\frac{S^2}{n}}=\sqrt{\frac{10^2}{1\,000}}=0.32(\text{小时})$$

(2) 按不重复抽样计算抽样平均误差

根据式(7-15)，得

$$\mu_{\bar{x}}=\sqrt{\frac{S^2}{n}\left(1-\frac{n}{N}\right)}=\sqrt{\frac{10^2}{1\,000}\left(1-\frac{1\,000}{20\,000}\right)}=0.31(\text{小时})$$

【例 7-2】

某工业企业有 5 000 名工人，从其中随机抽取 100 人进行日产量调查，资料如表 7-1 所示。试计算平均日产量的抽样平均误差。

表 7-1 抽样平均误差计算表

按工人日产量分组 x/件	工人数 f/人	xf	$x-\bar{x}$	$(x-\bar{x})^2$	$(x-\bar{x})^2f$
200	1	200	−5	25	25
201	1	201	−4	16	16
202	3	606	−3	9	27
203	10	2 030	−2	4	40
204	20	1 080	−1	1	20
205	30	6 150	0	0	0
206	20	4 120	1	1	20
207	10	2 070	2	4	40
208	3	624	3	9	27
209	2	418	4	16	32
合计	100	20 499	—	—	247

解 首先计算样本平均数 $\bar{x}$ 和样本方差 S^2：

$$\bar{x}=\frac{\sum xf}{\sum f}=\frac{20\,499}{100}=205(\text{件})$$

$$S^2=\frac{\sum(x-\bar{x})^2f}{\sum f}=\frac{247}{100}=2.47$$

然后计算抽样平均误差。

(1) 按重复抽样计算抽样平均误差。

根据式(7-12),得

$$\mu_{\bar{x}}=\sqrt{\frac{S^2}{n}}=\sqrt{\frac{2.47}{100}}=0.157(件)$$

(2) 按不重复抽样计算抽样平均误差。

根据式(7-15),得

$$\mu_{\bar{x}}=\sqrt{\frac{S^2}{n}\left(1-\frac{n}{N}\right)}=\sqrt{\frac{2.47}{100}\times\left(1-\frac{100}{5\ 000}\right)}=0.156(件)$$

2. 成数抽样平均误差的计算

**【例 7-3】**

从某厂生产的 10 000 件产品中,随机抽取 100 件进行调查,测得有 1 件为不合格。试求产品合格率的抽样平均误差。

解 根据条件可知,合格率 $P=\frac{100-1}{100}\times100\%=0.99$

(1) 在重复抽样条件下:

$$\mu_p=\sqrt{\frac{p(1-p)}{n}}=\sqrt{\frac{0.99\times0.01}{100}}=1\%$$

(2) 在不重复抽样条件下:

$$\mu_p=\sqrt{\frac{p(1-p)}{n}\left(1-\frac{n}{N}\right)}=\sqrt{\frac{0.99\times0.01}{100}\times\left(1-\frac{1}{100}\right)}=1\%$$

计算结果表明,当$\frac{n}{N}$较小时,重复抽样和不重复抽样的抽样平均误差几乎没有什么差别。

三、抽样极限误差

抽样极限误差是指样本指标和全及指标之间抽样误差的最大可能范围。由于全及指标是一个确定的数,而样本指标则是围绕着全及指标左右变动的量,它与全及指标可能产生正离差,也可能产生负离差,样本指标变动的上限或下限与全及指标之差的绝对值就可以表示抽样误差的可能范围,这种以绝对值形式表示的抽样误差可能范围称为抽样极限误差。抽样极限误差,用符号 Δ 表示。

样本平均数的极限误差:

$$\Delta_{\bar{x}}=|\bar{x}-\bar{X}| \tag{7-18}$$

样本成数的极限误差：

$$\Delta_P = | p - P | \tag{7-19}$$

上述公式用不等式表示：

$$\bar{x} - \Delta_{\bar{x}} \leqslant \bar{X} \leqslant \bar{x} + \Delta_{\bar{x}}$$

$$p - \Delta_P \leqslant P \leqslant p + \Delta_P$$

从不等式中可看出，只要知道样本平均数 $\bar{x}$ 和样本成数 p 以及抽样极限误差 $\Delta_{\bar{x}}$ 和 Δ_P，就可以估计全及总体平均数 $\bar{X}$ 和全及总体成数 P 所在的可能范围。如某地区 1 000 户居民人均年收入为 2.5 万元，不重复抽样的抽样平均误差为 0.026 万元，如果确定极限误差为 0.022 万元，则该地区 1 000 户居民的人均年收入的可能范围是在(2.5±0.022)万元，即 24 780 元至 25 220 元之间。

第三节　全及指标的推断

抽样推断就是根据所计算的样本指标来推断相应的全及指标。由于这种推断不完全准确，实际上是一种科学的估计，因此，抽样推断方法又称为抽样估计方法，包括点估计和区间估计两种方法。由于全及指标是表明总体数量特征的参数，因此这种估计也可以称为参数估计。

一、点估计

点估计也称定值估计，它是把根据样本资料得出的样本指标，直接用以代表相应全及指标，即 $\bar{x}=\bar{X}$，$p=P$。

例如：对 10 000 件产品按 3%的比例进行随机抽样检验，测得 300 件产品的平均使用寿命是 5 000 小时，合格率为 96%，则可认为 10 000 件产品的总平均使用寿命是 5 000 小时，合格率为 96%。

点估计的优点是简便易行，原理直观。但不足之处是没有考虑到抽样误差，更没有指出误差在一定范围内的概率保证程度有多大。点估计只适用于推断准确程度和可靠程度要求不严的情况，否则，就必须采用区间估计方法。

二、区间估计

(一) 区间估计的概念

区间估计是根据样本指标和抽样误差，结合推断的可靠程度来估计总体的可能区间范围的方法。进行区间估计时必须掌握以下基本要点。

（1）根据样本指标和抽样极限误差估计全及指标的可能范围。即 $\bar{x}-\Delta_{\bar{x}}\leqslant\bar{X}\leqslant\bar{x}+\Delta_{\bar{x}}$ 或 $\bar{x}-\Delta_p\leqslant\bar{X}\leqslant\bar{x}+\Delta_p$。由抽样极限误差估计的全及指标的范围称作置信区间。总体平均数的置信区间记作$(\bar{x}-\Delta_{\bar{x}},\bar{x}+\Delta_{\bar{x}})$；总体成数的置信区间记作$(p-\Delta_p,p+\Delta_p)$。

（2）区间估计所表明的只是一个可能范围，不是一个绝对可靠范围。全及指标是固定的、未知的，而用样本构造的区间则是不固定的。我们抽取不同的样本，用该方法可以得到不同的区间，从这个意义上说，置信区间是一个随机区间，它会因样本的不同而不同，而且不是所有的区间都包含全及指标的真值。

（3）要提高估计的可靠程度，必须扩大误差范围。抽样误差范围决定估计的准确性，而概率保证度决定估计的可靠性。

利用一个样本对总体进行估计时，若提高估计的准确性，必然会降低估计的可靠性。因此在抽样估计时，只能对其中一个要素提出要求，来推算另一个要素的变动情况。例如，对估计的准确性提出要求，即要求误差范围不超过给定的标准，来推算估计的可靠性。或对估计的可靠性提出要求，即要求给出一定的概率保证度，来推算可能的误差范围。根据给定的条件不同，有两种估计方法。

（二）区间估计的方法

1. 根据给定的抽样误差范围求概率保证程度

具体步骤是：

（1）抽取样本，计算样本平均数或样本成数，作为全及指标的估计值，并计算样本标准差以推算抽样平均误差。

（2）根据给定的抽样极限误差范围，估计全及指标的上限和下限。

（3）将抽样极限误差除以抽样平均误差，求出概率度 t，再根据 t 值查正态分布概率表求出相应的概率保证程度 $F(t)$，进而对全及指标做出区间估计。

**【例 7-4】**

对一批某型号的电子元件进行耐用性能检查，按重复随机抽样的资料分组，如表 7-2 所示，要求耐用时数的允许误差范围不超过 10.5 小时，试估计该批电子元件的平均耐用时数。

表 7-2 某型号的电子元件抽查资料表

耐用时数/小时	组中值(x)	元件数(f)	xf
900 以下	875	1	875
900～950	925	2	1 850
950～1 000	975	6	5 850
1 000～1 050	1 025	35	35 875

续表

耐用时数/小时	组中值(x)	元件数(f)	xf
1 050～1 100	1 075	43	46 225
1 100～1 150	1 125	9	10 125
1 150～1 200	1 175	3	3 525
1 200 以上	1 225	1	1 225
合计	—	100	105 550

解 (1) 计算样本平均数、样本标准差、抽样平均误差：

$$\bar{x}=\frac{\sum xf}{\sum f}=\frac{105\ 550}{100}=1\ 055.5$$

$$S=\sqrt{\frac{\sum(x-\bar{x})^2 f}{\sum f}}=51.91(\text{小时})$$

$$\mu_{\bar{x}}=\frac{S}{\sqrt{n}}=\frac{51.91}{\sqrt{100}}=5.191(\text{小时})$$

(2) 根据给定的允许误差范围 $\Delta_{\bar{x}}=10.5$ 小时，计算总体平均数的上下限：

$$\text{下限}=\bar{x}-\Delta_{\bar{x}}=1\ 055.5-10.5=1\ 045(\text{小时})$$

$$\text{上限}=\bar{x}+\Delta_{\bar{x}}=1\ 055.5+10.5=1\ 066(\text{小时})$$

(3) 求概率保证程度 $F(t)$：

$$t=\frac{\Delta_{\bar{x}}}{\mu_{\bar{x}}}=\frac{10.5}{5.191}=2.02$$

根据 $t=2.02$，查正态分布概率表得概率保证程度 $F(t)=0.956\ 6$。

推断的结论是：在 95.66% 的概率保证程度下，估计该批电子元件的耐用时数在 1 045～1 066 小时之间。

承上例，假设该厂的产品质量检验标准规定，元件耐用时数达 1 000 小时以上为合格品，要求合格率的可允许误差范围不超过 4%，试估计该批电子元件的合格率。

解 (1) 计算样本合格率、标准差、合格率的抽样平均误差：

根据表 7-2 可知，耐用时间达到 1 000 小时以上的元件有 91 件，则

$$p=\frac{n_1}{n}=\frac{91}{100}=91\%$$

$$S_p^2=p(1-p)=0.91\times 0.09=0.081\ 9$$

$$\mu_p=\sqrt{\frac{p(1-p)}{n}}=\sqrt{\frac{0.0819}{100}}=2.86\%$$

(2) 根据该给定的允许误差范围 $\Delta_p=4\%$,求总体合格率的上下限:

$$\text{下限}=p-\Delta_p=91\%-4\%=87\%$$

$$\text{上限}=p+\Delta_p=91\%+4\%=95\%$$

(3) 求概率保证程度 $F(t)$

$$t=\frac{\Delta_p}{\mu_p}=\frac{4\%}{2.86\%}=1.4$$

根据 $t=1.4$,查正态分布概率表得概率保证程度 $F(t)=83.85\%$。

结论是:在 83.85%的概率保证程度下,估计该批电子元件的合格率在 87%~95%之间。

2. 根据给定的概率保证程度求抽样误差范围

具体步骤是:

(1) 抽取样本,计算样本平均数或样本成数,作为全及指标的估计值,并计算样本标准差以推算抽样平均误差。

(2) 根据给定的概率保证程度 $F(t)$的要求,查正态分布概率表求得概率度 t 值。

(3) 根据概率度 t 和抽样平均误差推算抽样极限误差,并根据抽样极限误差求出被估计总体的上下限。

【例 7-6】

对我国某城市进行居民家庭人均旅游消费支出调查,随机抽取 400 户居民家庭,调查得知居民家庭人均年旅游消费支出为 930 元,标准差为 200 元,要求以 89.9%的概率保证程度,估计该市人均年旅游消费支出额。

解 (1) 根据抽样资料可知:

$$n=400\text{ 户},\quad \bar{x}=930\text{ 元},\quad S=200\text{ 元}$$

$$\mu_{\bar{x}}=\frac{S}{\sqrt{n}}=\frac{200}{\sqrt{400}}=10(\text{元})$$

(2) 根据 $F(t)=89.9\%$,查正态分布概率表得 $t=1.64$。

(3) 求抽样极限误差及被估计总体的上下限:

$$\Delta_{\bar{x}}=t\mu_{\bar{x}}=1.64\times10=16.4$$

$$\text{下限}=\bar{x}-\Delta_{\bar{x}}=930-16.4=913.6(\text{元})$$

$$\text{上限}=\bar{x}+\Delta_{\bar{x}}=930+16.4=946.4(\text{元})$$

结论:在 89.9%的概率保证程度下,估计该市居民家庭年人均旅游消费支出额在 913.6~946.4 元之间。

【例 7-7】

某市电视台为了解观众对某电视栏目的喜爱程度，在该市随机对 900 名居民进行调查，结果有 540 名喜欢该电视栏目，要求以 95%的概率保证程度，估计该市居民喜欢该电视栏目的比率。

解 (1) 根据抽样资料可知：

$$p=\frac{n_1}{n}=\frac{540}{900}=60\%$$

$$S_p^2=p(1-p)=0.6\times 0.4=0.24$$

$$\mu_p=\sqrt{\frac{p(1-p)}{n}}=\sqrt{\frac{0.24}{900}}=1.63\%$$

(2) 根据 $F(t)=95\%$，查正态分布概率表得 $t=1.96$。

(3) 求抽样极限误差及被估计总体的上下限：

$$\Delta_p=t\mu_p=1.96\times 1.63\%=3.19\%$$

$$\text{下限}=p-\Delta_p=60\%-3.19\%=56.81\%$$

$$\text{上限}=p+\Delta_p=60\%+3.19\%=63.19\%$$

结论：在 95%的概率保证程度下，估计该市居民对此电视栏目喜爱的比率在 56.81%～63.19%之间。

第四节 样本容量的确定与抽样方案设计

一、样本容量的确定

必要样本容量是指为了完成抽样调查任务，满足抽样调查的各项要求而科学计算的需要抽取的样本单位数。确定必要的样本容量是抽样调查方案中的一个重要问题。样本容量过大会增加调查费用，花费更多人力和时间，不能充分发挥抽样调查的优越性。样本容量过小，样本代表性不足，抽样误差增大，对全及指标的推断必然不准确，失去实际价值。为了避免样本容量的过大或过小，必须恰当确定样本容量。

(一) 影响必要样本容量的因素

1. 全及总体各单位标志变异程度的大小

全及总体各单位标志值之间的差异越大，方差也越大，因而，要求抽取的样本单位数就越多；反之，要求抽取的样本单位数就越少。例如，要了解某城市人均收入状况，如果人均收入水平相差较大，必要抽取的样本单位就要多些。

2. 允许的抽样极限误差的大小

对抽样推断的准确性要求越高，其允许的抽样极限误差越小，因而，要求抽取的样本单位数就越多；反之，允许的抽样极限误差越大，必要抽取的样本单位就越少。当允许误差为零时，抽样调查也就变成了全面调查。

3. 抽样推断的可靠程度

如果要求抽样推断的可靠程度较高，即概率保证程度 $F(t)$ 较大，则概率度 t 值也大，因而，要求抽取的样本单位数就较多；反之，要求的可靠程度越低，t 值也越小，则应抽取的样本单位数越少。

4. 抽样方法和抽样组织方式

不同的抽样方法和抽样组织方式，会产生不同的抽样平均误差，进而影响推断估计的精度和可靠程度。例如，在其他条件相同的情况下，重复抽样比不重复抽样要抽取多一些样本单位；采用分类抽样的样本容量要小于简单随机抽样的样本容量。

小贴士

概率抽样的优缺点

优点：

(1) 调查者可获得被抽取的不同年龄、不同层次的人们的信息。

(2) 能估算出抽样误差。

(3) 调查结果可以用来推断总体。

例如，在一项使用概率抽样法的调查中，如果有 5% 的被访者给出了某种特定回答，那么，调查者就可以以此百分比再结合抽样误差，推及总体情况。

缺点：

(1) 在大多数案例中，同样规模的概率抽样的费用要比非概率抽样高。

(2) 概率抽样比非概率抽样需要更多时间策划和实施。

(3) 必须遵守的抽样计划执行程序会大量增加收集资料的时间。

(二) 简单随机抽样必要样本容量的计算公式

1. 重复抽样条件下

(1) 样本平均数的必要样本容量

$$n_{\bar{x}} = \frac{t^2 \sigma^2}{\Delta_{\bar{x}}^2} \tag{7-20}$$

(2) 样本成数的必要样本容量

$$n_p = \frac{t^2 p(1-p)}{\Delta_p^2} \tag{7-21}$$

2. 不重复抽样条件下

(1) 样本平均数的必要样本容量

$$n_{\bar{x}} = \frac{t^2\sigma^2 N}{\Delta_{\bar{x}}^2 N + t^2\sigma^2} \tag{7-22}$$

(2) 样本成数的必要样本容量

$$n_p = \frac{t^2 p(1-p)N}{\Delta_p^2 N + t^2 p(1-p)} \tag{7-23}$$

(三) 简单随机抽样样本容量确定实例

【例 7-8】

对某油田的 2 000 口油井的年产油量进行抽样调查。根据历史资料可知,油井年产油量的标准差为 200 吨,若要求抽样误差不超过 15 吨,概率保证程度为 95.45%,问应抽取多少口油井进行调查?

解 根据概率保证程度 $F(t)=95.45\%$,查正态分布概率表得 $t=2$。

(1) 重复抽样条件下:

$$n_{\bar{x}} = \frac{t^2\sigma^2}{\Delta_{\bar{x}}^2} = \frac{2^2\times 200^2}{15^2} = 712(\text{口})$$

即在重复抽样条件下需抽查 712 口油井。

(2) 不重复抽样条件下:

$$n_{\bar{x}} = \frac{t^2\sigma^2 N}{\Delta_{\bar{x}}^2 N + t^2\sigma^2} = \frac{2^2\times 200^2\times 2\,000}{15^2\times 2\,000 + 2^2\times 200^2} = 525(\text{口})$$

即在不重复抽样条件下需抽查 525 口油井。

【例 7-9】

对某工厂的一批机械零件的合格率进行抽样调查,根据过去的资料,合格率曾有过 94%、97%和 99%三种情况,现要求允许误差不超过 1%,要求推断的概率保证程度为 95.45%,问至少要抽取多少个零件进行调查?

解 根据概率保证程度 $F(t)=95.45\%$,查正态分布概率表得 $t=2$,$\Delta_p=0.01$,由三个值分别计算的方差是:$0.94\times 0.06=0.056\,4$;$0.97\times 0.03=0.029\,1$;$0.99\times 0.01=0.009\,9$,因此应选最大的值为方差,即选 $p=0.94$。

故 $$n_p = \frac{t^2 p(1-p)}{\Delta_p^2} = \frac{2^2\times 0.94\times 0.06}{0.01^2} = 2\,256(\text{个})$$

即至少应抽取 2 256 个零件进行调查。

【例 7-10】

某电池厂对某种型号电池进行电流强度检验。根据以往正常生产的经验，电池电流强度的标准差为 0.4 安培，合格率为 90%。现以重复抽样方式计算抽样数目，并要求在 95.45% 的概率保证程度下，平均数的允许误差不得超过 0.08 安培，合格率的允许误差不得超过 5%，问应抽取多少只电池进行检验？

解　根据概率保证程度 $F(t)=95.45\%$，得 $t=2$；$\sigma=0.4$，$\Delta_{\bar{x}}=0.08$，$p=0.9$，$\Delta_p=0.05$。

根据以上资料，分别计算平均数样本数和成数样本数：

$$n_{\bar{x}}=\frac{t^2\sigma^2}{\Delta_{\bar{x}}^2}=\frac{2^2\times 0.4^2}{0.08^2}=100(\text{只})$$

$$n_p=\frac{t^2p(1-p)}{\Delta_p^2}=\frac{2^2\times 0.9\times 0.1}{0.05^2}=144(\text{只})$$

根据计算结果，两个样本指标所必需的抽样数目不同，故这时应选用稍大的样本容量 144 只，以满足二者的共同需要。

（四）确定必要样本容量应注意的问题

(1) 根据上述计算样本容量公式所计算出的样本单位数是为达到所给定要求而必须抽取的最低样本单位数目，实际调查时可对计算的必要抽样数目进行调整。

(2) 当总体单位数不大时，如果采用不重复抽样的方法抽取样本，必须应用不重复抽样的计算公式计算必要抽样数目；当总体单位数很大时，虽然采用不重复抽样方法，亦可采用重复抽样的计算公式计算必要抽样数目。

(3) 一个总体往往同时计算抽样平均数和抽样成数。由于它们的方差和允许误差范围不同，因此，需要的必要抽样数目也不相同。为了防止由于样本单位数不足而扩大抽样误差，在实际工作中往往根据比较大的必要抽样数目进行抽样，以满足共同的需要。

(4) 如有几个方差可以选用时，宜选择最大数值的方差。

(5) 计算的样本容量如果带有小数，一般不采取四舍五入的办法取整数，而是用比这个数大的邻近整数代替。

二、抽样方案设计

抽样推断是以有效取得各项实际资料为基础的，要保证抽样估计的准确性和可靠性，必须结合一定的抽样调查组织方式做好抽样设计工作。根据随机抽样的原则，结合具体研究对象的性质以及调查工作的目的和条件，在实践中，主要采用简单随机抽样、分类抽样、等距抽样和整群抽样四种抽样调查组织方式。

（一）简单随机抽样

1. 简单随机抽样的概念与特点

简单随机抽样也叫纯随机抽样，是指在进行抽样时，对全及总体不经过任何形式的整理和加工，直接从总体中随机抽取样本单位的抽样组织方式。简单随机抽样又分为重复抽样和不重复抽样两种方法。简单随机抽样是最简单、最基本的抽样组织方式。

从理论上说，这种抽样方式也是最符合随机原则的。这种方法的优点是使用起来简便易行，它适用于总体单位不多，各单位均匀分布于总体的各个部分，且总体的各个部分都是同等分布的。

2. 简单随机抽样的方法

在进行简单随机抽样前应先确定总体范围，并对总体单位进行编号，形成明确的"抽样框"，即总体单位的名单，然后用抽签、摇号的方法或根据随机数表来抽选必要的样本单位数。

随机数表是指含有一系列随机数字的表格。这种表格的编制，既可以借助电子计算机产生，也可以采用数码机产生或自己编制。表中数字的出现及其排列是随机形成的。使用此表时，可以竖查、横查、顺查、逆查，可以用表中每组数字左边的头几位数，也可以用中间或右边的某几位数，总之，可以随意使用。但一经确定使用某种方法后，中途不能改用其他方法，以保持在使用方法上的前后一致性。

查到的在抽样编码范围内的号码就是被抽中的样本单位，直到抽取出足够的样本单位数为止。如果采用不重复抽样，应将所碰到的重复号码跳过去，按上面的方法继续抽选，直至样本单位抽满为止。

（二）分类抽样

1. 分类抽样的概念与特点

分类抽样又称类型抽样或分层抽样，它是先将全及总体按某个主要标志划分为几个类型组，然后在各组中再按随机原则抽取样本单位的一种抽样组织方式。分类抽样的特点是把统计分组方法同贯彻随机原则结合起来进行。

分类抽样通过分组，使同组内各单位之间的差异变小，并且保证每组有同等被抽选的机会，使样本结构趋近于总体结构。因此，分类抽样使从各组抽取的样本代表性较高，同时也降低了影响抽样平均误差的方差。

2. 分类抽样的方法

经过划类分组后，确定各类型组抽样单位数一般有两种方法。

第一种方法是各组所抽选的单位数按各组标志值的变动程度来确定，变动程度大的组，抽样数目可适当多一些；变动程度小的组，抽样数目可适当少一些，各组抽样数目没有统一的比例关系,这就是不等比例抽样。

第二种方法是按照等比例抽样分配各组的抽样单位数,即按各组单位数占总体单位总数的比重来分配抽样数目。例如,某市有 10 万户居民,按 1‰的比例抽取样本户进行居民家庭收入水平的抽样调查,则抽取样本户数为 100 户,若收入水平高的居民户占 20%,收入水平居中的居民户占 70%,收入水平低的居民户占 10%,则三个组所分配的样本户分别为:20 户、70 户和 10 户。

等比例抽样是在总体单位标志值均匀分布在全及总体各单位之间时使用的方法,而不等比例抽样则是在总体单位标志值分布不均衡、相差很大的情况时使用的方法。不等比例抽样多指某类型组的单位数在总体单位总数中占的比重过小时,如果按等比例抽样有可能一个样本单位都难抽到或即使能抽到样本单位,但份额太小,为了保证样本中各个类型组的单位数的代表性,只有采用不等比例抽样方式。

(三) 等距抽样

1. 等距抽样的概念

等距抽样又称机械抽样或系统抽样,它是先将总体单位按某一标志顺序排列,然后按照固定顺序和相同间隔来抽取样本单位的抽样组织方式。作为总体各单位顺序排列的标志,可以是无关标志,也可以是有关标志。

无关标志是指排列标志与单位标志值的大小无关或不起主要影响作用,如时间、地理位置、门牌号码、姓氏笔画标志等。有关标志是指作为排队顺序的标志与单位标志值的大小有密切关系。

2. 等距抽样的方法

按样本单位抽选的方法不同,等距抽样分为随机起点等距抽样、半距起点等距抽样和对称等距抽样三种。

(1) 随机起点等距抽样

随机起点等距抽样是指,先将总体单位按某种顺序排队,随机确定一个起点抽取第一个样本单位,然后每隔一定间隔抽取一个样本单位,直至样本单位抽满为止。

(2) 半距起点等距抽样

半距起点等距抽样这种方法要求各个样本地位都选在各组的中点位置上。其优点在于简单易行,而且当总体按有关标志排队时,能保证样本有充分的代表性。但半距起点等距抽样也有一定的局限性,表现在两个方面:首先,随机性不明显。当总体排队顺序确定了,样本容量也确定了,样本单位也随之确定。其次,由于所抽样本的位置已被等距取样所固定,所有样本单位也被等距取样所固定,不能更改,不能进行样本轮换,抽样框的利用率过低。

(3) 对称等距抽样

对一个调查总体,当样本单位抽取间隔 d 确定后,按对称等距抽样的要求,首先在第一组随机抽取第一个样本单位，假设该样本单位在全及总体单位中排的序号为 a；接着在第二组与第一个样本单位对称的位置上抽取第二个样本单位，其序号为 $2d-a$；又在第三组与第二个样本单位对称的位置上抽取第三个样本单位，其序号为 $2d+a$；以后陆续抽出的样本单位序号依次为 $4d-a$，$4d+a$，$6d-a$，$6d+a$，$8d-a$，$8d+a$，…

对称等距抽样不仅简便易行，能够保证样本有充分的代表性，且随机性扩大，并能进行样本轮换，提高了抽样框的利用率。

（四）整群抽样

1. 整群抽样的概念

整群抽样与前几种抽样组织方式的最大区别在于，它的抽样单位不是单个的个体，而是成群的个体。整群抽样是将总体各单位划分成若干个群，然后以群为单位，从中随机抽取一些群，对中选群的所有单位进行全面调查的抽样组织方式。

例如，按产品产出时间顺序，每隔一个固定的时间长度，抽一段时间的全部产量，即为一群。又如，对某市居民生活水平的调查可从该市全部居民委员会中随机抽选若干居委会，然后对被抽中的居委会的所有居民户进行深入的全面调查，再根据其调查结果推断该市全部居民生活水平状况，即是整群抽样。

2. 整群抽样的特点

整群抽样与分类抽样对比，虽然两者都是将总体划分为许多组，但划分组的作用却不同。分类抽样划分的组称为“类”，它的作用是缩小总体，使总体的差异减少，而抽取的样本仍是总体单位；整群抽样划分的组是“群”，它的作用却是扩大单位。

整群抽样的优点是调查工作的组织和进行比较方便；缺点是调查的总体单位集中在少数样本群中，如果调查单位在总体中的分布不均匀，则抽样误差较大，代表性较低。因此，在群间差异性不大或者不适宜单个地抽选样本单位的情况下，可采用这种方式。

本章小结

抽样推断是按照随机原则从总体中抽取一部分总体单位作为样本单位，组成样本总体，并以样本的数量特征对总体的数量特征做出具有一定可靠程度的估计和推断的统计分析方法。抽样推断中常用的概念有：全及总体和样本总体、全及指标和样本指标、抽样平均误差和抽样极限误差、重复抽样和不重复抽样等。

抽样推断方法包括点估计和区间估计两种方法。在统计实践中，抽样的组织方式主要有简单随机抽样、分类抽样、等距抽样和整群抽样四种。影响必要样本容量的因素有：总体各单位标志变异程度、允许误差、概率度、抽样方法和抽样组织方式等。

一、单项选择题

1. 先将总体单位按某一标志顺序排列，然后按照固定顺序和相同间隔来抽取样本单位的抽样组织方式是(　　)。

A. 简单随机抽样　　B. 分类抽样
C. 等距抽样　　D. 整群抽样

2. 在抽样调查中，无法避免的误差是(　　)。

A. 登记误差　　B. 系统性误差
C. 计算误差　　D. 抽样误差

3. 反映样本指标与总体指标之间的抽样误差可能范围的是(　　)。

A. 抽样极限误差　　B. 概率度
C. 概率保证程度　　D. 抽样平均误差

4. 从 2 000 名学生中按照不重复抽样方法抽取了 100 名学生进行调查，其中有女生 45 名，则样本成数的抽样平均误差是(　　)。

A. 0.24%　　B. 4.85%　　C. 5.62%　　D. 3.78%

5. 在其他条件不变的情况下，样本单位数和抽样误差的关系是(　　)。

A. 样本单位数目越大，抽样误差越大
B. 样本单位数目越大，抽样误差越小
C. 样本单位数目的变化与抽样误差的数值无关
D. 抽样误差变化程度是样本单位数目变动程度的一半

二、判断题

1. 抽样调查的着眼点就在于对样本数量特征的认识。(　　)
2. 极限抽样误差总是大于抽样平均误差。(　　)
3. 不同的抽样组织形式下，计算抽样平均误差应该采取不同的公式。(　　)
4. 实际调查时只能按照计算的必要样本容量来抽取样本数目。(　　)
5. 抽样误差在抽样推断中是不可避免的。(　　)

三、思考题

1. 抽样调查中的随机原则是指什么？
2. 抽样推断时为什么必须遵循随机原则抽取样本？
3. 抽样推断有哪些特点和作用？
4. 什么是全及总体？什么是样本总体？各有哪些指标？
5. 抽样调查有什么主要作用？

6. 什么是必要样本容量？影响必要样本容量的因素有哪些？

7. 重复抽样和不重复抽样有什么不同？

8. 点估计和区间估计有何异同？

四、计算题

1. 某公司一批数量为 10 000 件的商品运抵仓库，随机抽取 100 件检验其质量，发现有 10 件商品不合格。试按照重复与不重复抽样分别计算合格率抽样平均误差。

2. 对某城市全部 96 000 户职工家庭生活进行抽样调查，已知过去该市职工家庭生活收入的标准差为 40 元，允许误差不得超过 10 元，要求：在 95.45%的概率保证程度下，进行简单随机不重复抽样时，应抽取多少户？

3. 某物流企业职工的收入情况，如表 7-3 所示。

表 7-3　某物流企业职工的收入情况表

不同收入类型	职工人数(人)	年平均收入(百元)	各类职工收入的标准差(百元)
较高的	200	1 320	48
一般的	1 600	804	30
较低的	1 200	600	45
合计	3 000		

要求：按照职工人数的 5%抽样，计算以下几个问题：

(1) 抽样年平均收入。

(2) 年平均收入的抽样平均误差。

(3) 在 95%的概率保证程度下，职工月平均收入的可能范围。

扩展阅读

统筹人口发展战略　实现人口均衡发展

——改革开放 40 年经济社会发展成就系列报告

第八章

相关与回归分析

知识目标

1. 理解现象之间存在的相关关系，正确比较和判断变量之间的相关程度。
2. 掌握相关分析和回归分析的基本理论和基本方法。

技能要求

1. 掌握相关系数的计算与分析。
2. 能够完成线性回归方程的建立，并根据线性回归方程进行推断与预测。
3. 能够依据实际资料对现象之间的相关关系进行分析和预测。

学习导航

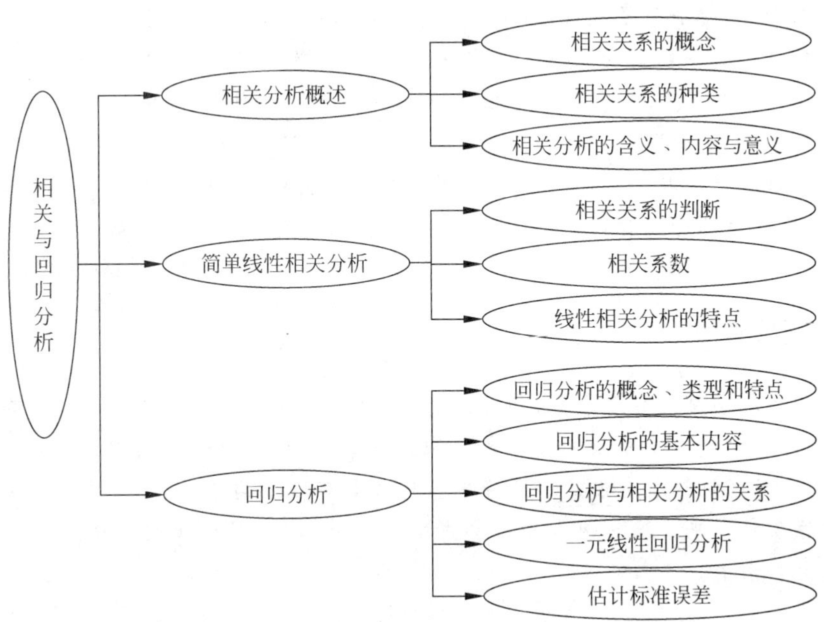

案例引导

就业形势总体稳定　就业质量稳步提高

2018 年三季度，在经济增长带动和各项稳就业、促就业政策支撑下，我国就业形势继续保持稳定，城镇就业规模持续扩大，就业结构不断优化，就业质量稳步提升。

一、城镇调查失业率保持低位

2018 年 7—9 月，全国城镇调查失业率分别为 5.1%、5.0%和 4.9%，除 7 月份与上年持平外，8、9 月份均比上年同期低 0.1 个百分点。其中，25～59 岁的主要就业人群城镇调查失业率持续稳定在 4.3%～4.4%的较低水平。环比看，7 月份受高校毕业生集中毕业影响，失业率有所升高，随后逐月走低，9 月已降到 5.0%以下。

二、就业规模持续扩大

据初步测算，9 月末，全国城镇就业总量达到 4.33 亿人，比 2017 年末增加 900 万人以上。在就业总量增长的同时，就业结构继续优化。9 月末，全国三次产业就业人员比重为 27.4∶28.0∶44.6，其中一、二产业比重同比分别下降 0.7 和 0.1 个百分点，三产比重上升 0.8 个百分点。在三产内部，信息传输、软件和信息技术服务业，水利、环境和公共设施管理业，教育，卫生和社会工作，文化、体育和娱乐业等新兴服务业就业人员数量同比增速居前。

三、就业质量稳步提升

今年三季度，就业质量继续提升。一是工资水平保持较快增长。1—9 月，全部规模以上企业就业人员平均工资比去年同期增长 10.2%，增速提高 2.8 个百分点。二是工作时间保持稳定。9 月份，城镇各类企业就业人员周平均工作时间为 46.1 小时，其中周工作时间不足 35 小时的就业不充分人员比重较去年同期下降 0.2 个百分点。三是就业人员工作稳定性增强。与上年同期相比，9 月份城镇企业就业人员劳动合同签订率提高 0.1 个百分点，在签订的劳动合同中，长期劳动合同占比提高 0.2 个百分点。

资料来源：根据中国经济网资料汇编

引例分析

社会现象之间都是相互联系、相互制约的，每一种现象的存在和发展都影响着周围一些事物，同时也受到周围事物的影响和制约。本案例中失业率、就业总量、就业结构和质量、工资水平与经济增长速度等各种经济指标都具有紧密的关联关系，最终会通过数量上的对应关系反映出来。通过对这些相关关系的分析，就可以为就业方面的下一步工作提供科学可靠的依据。

第一节　相关分析概述

一、相关关系的概念

客观世界中，任何事物或现象都不是孤立存在的，它总是和其他事物或现象相互联系、相互制约的。每一现象的存在和发展一方面影响着周围一些事物的存在和发展，另一方面又受周围一些事物的影响和制约。对于现象之间的这种联系可以通过数量对应关系反映出来，因此现象之间的联系必然表现为变量之间的依存关系。变量之间的数量关系，存在着两种不同的类型：一种是函数关系；一种是相关关系。

（一）函数关系

函数关系是指变量之间存在着严格的、确定性的依存关系。在这种关系中，对于某一变量的每一个数值，都有另一个变量完全确定的值与之相对应，并且这种关系可以用一个数学表达式反映出来。例如，圆的面积 S 与圆的半径 r 之间存在着函数关系，即 $S=\pi r^2$；当圆的半径确定以后，圆的面积也随之确定。

（二）相关关系

相关关系是指客观现象之间存在不确定的数量上的关联关系，即对于某一变量的每一个数值，另一变量的值虽然不确定，但它仍按某种规律在一定范围内变化。在各种经济活动和生产过程中，许多经济的、技术的因素之间都存在着这种相关关系，分析这种关系的内在联系和表现形式是统计研究工作的一项重要任务。

相关关系具有以下两个特征：

1. 现象之间存在数量上的关联关系

相关关系表现为，当一个现象发生数量上的变化时，另一个现象也会相应地发生数量上的变化。例如，随着家庭收入的增加，会相应带来储蓄存款的增加；经济的增长，会带来用电量的增加；公司广告费支出的增加，会影响销售额的增长；商品价格的高低变动，会影响其销售量的大小等。但是相关关系不同于因果关系，例如，人的身高和体重，不太好区分谁是原因谁是结果。

2. 现象之间的数量依存关系是不确定的

在相关关系中，虽然两个变量的数量间有依存关系，但其数值是不固定的。例如：身高相同的人，体重却会有许多不同的值；同样的施肥量，单位面积产量则可能出现不同的数值；同样收入水平的家庭，银行存款额也不会相同等。

之所以会发生这种不确定性的情况，是因为还受到许多其他因素的影响。

二、相关关系的种类

现象之间的相关关系是很复杂的,它们以不同的方向、不同的程度相互作用着,并表现出不同的类型和形态。

1. 按相关关系涉及影响因素的多少不同可以分为单相关和复相关

单相关也称简单相关,指两个变量之间的相关关系,即研究时只涉及一个自变量和一个因变量。例如,仅考虑施肥量对粮食产量的影响,这是单相关。

复相关也称多元相关,是指三个或三个以上变量之间的相关关系,即研究时只涉及两个或两个以上的自变量和一个因变量。例如,商品购买力与居民货币收入、居民非商品支出、手存现金、储蓄之间的关系。

2. 按相关关系的表现形态不同可以分为线性相关和非线性相关

线性相关是指对两个相关变量进行实际调查,可获得一系列成对的数据,每一对数据对应平面直角坐标系上的一个点,如果这些点的分布情况近似地表现为一条直线,则称这两个变量为线性相关或直线相关。例如,商品销售量与商品销售额之间呈线性关系。

如果各相关点的分布近似表现为一条曲线,则称这两个变量为非线性相关或曲线相关。例如,从人类的生命过程来看,年龄与医疗费支出之间呈非线性相关。

3. 按相关变量变动方向的不同可以分为正相关和负相关

正相关是指两个相关变量的数量按相同方向变化,即相互影响的变量同时递增或同时递减。例如,家庭的消费支出会随着收入水平的提高而增加。

负相关是指两个相关变量的数量按不同方向变化,即一个变量递增(减)时另一个变量递减(增)。例如,随着家庭收入的增加,家庭收入中用来购买食品的支出比例则会下降。家庭收入水平与食品支出比重之间的相关关系就是负相关。

4. 按变量之间的相关程度不同可以分为完全相关、不完全相关和不相关

完全相关是指如果一个变量的值完全由另一个或一些变量的值所决定,则称变量之间的关系为完全相关。例如,圆的面积 S 决定于它的半径 r,即 $S=\pi r^2$。在这种情况下,相关关系即转化为函数关系,也就是说函数关系是相关关系的一个特例。

不相关是指如果变量之间彼此互不影响,其数量变化各自独立,则称变量之间不相关。例如,职工出勤人数与气温的高低是不相关的。

不完全相关是指如果两个变量之间的关系介乎于完全相关和不相关之间,则称为不完全相关。通常所说的相关现象都是指这种不完全相关,这是相关分析的主要研究对象。

5. 按相关性质可以分为真实相关和虚假相关

真实相关是指两种现象之间的相关确实具有内在的联系。例如,需求与价格和收入的相关、消费与收入的相关等都可以说是真实相关。

虚假相关是指两种现象之间的相关只是表面存在,实质上并没有内在的联系。例如,有人通过观察认为GDP与癌症患者人数存在相当高的正相关，这种相关就是一种比较典型的虚假相关。GDP与癌症患者之间的关系缺乏实质性的科学依据，之所以呈现正相关是由于它们都与另一个因素即人口总量有着内在的相关关系。

三、相关分析的含义、内容与意义

（一）相关分析的含义

相关分析是研究两个或两个以上变量之间的相关方向和相关密切程度的统计分析方法。在相关分析中不必确定变量中哪个是自变量，哪个是因变量。其所涉及的变量都是随机变量，是对等关系。

（二）相关分析的内容

1. 确定变量之间有无相关关系以及相关关系的表现形式

这是相关分析中的定性分析。确定相关关系是否存在是进行相关分析的前提，它包括确定变量之间是否有相关关系，是否真实相关。在通过分析确定有真实相关关系之后，要进一步确定其表现形式是直线相关还是曲线相关。相关形式不同，分析方法也不同。

2. 确定变量之间相关的密切程度

若只是粗略地直观认识变量间的密切程度，则要编制相关表或绘制相关图。若要定量地确定变量之间相关关系的密切程度，则要计算其相关系数。对于变量之间有相关关系，但关系不密切，进一步研究就没有多大价值。

3. 建立合适的数学模型

根据相关关系的表现形式，即建立变量之间数量变化关系的近似表达式，需要配合相应的数学模型。若变量之间的关系表现为线性相关，就采用线性方程拟合；若变量之间表现为曲线相关，就采用曲线方程拟合。以此来表现变量之间相互依存关系数量上的规律性，从而为推算、预测提供依据。

4. 测定变量估计值的可靠程度

配合直线或曲线方程，将自变量数值代入方程中就可以估计或预测因变量的值。估计值与实际观察值一般是有差别的，差别的大小可以通过计算估计标准误差来确定。估计标准误差小，说明估计或预测值较准确，可靠程度较高；估计标准误差大，则估计或预测值不够准确，可靠程度低。

（三）相关分析的意义

任何社会经济现象的存在和运行，都或多或少地受到其他事物或现象的影响和制约，它们彼此依赖、相互联系。例如，企业通过增加广告次数和频率增强对消费者的刺激，从而扩大商品的销量。相关分析是为了揭示现象之间的联系方向和联系密切程度的一种统计分析方法；回归分析则是在相关分析的基础上，进一步揭示一事物影响另一事物变动的一般水平，以便从一个已知量来推算或预测另一个未知量的一种统计分析方法。

例如，实验数据的一般处理、经验公式的求得、因素分析、产品质量的控制、气象及地震预报、自动控制中数学模型的制定等。这类统计分析方法可以帮助人们提高分析问题、预测事物发展变化的精确性和判断、决策的科学性，因而在社会经济活动中得到广泛运用。

第二节　简单线性相关分析

一、相关关系的判断

进行相关分析时，首先要对现象之间是否存在相关关系，以及具有什么样的相关关系进行分析，做出判断。分析判断的方法有两种：

（一）根据对客观现象的定性认识来判断

现象之间有无关系，有什么样的关系，这是一种质的规定性。对于这种质的规定性的认识属于定性认识。从认识的一般规律来讲，只有在定性判断的基础上，才能够进行定量的分析和判断。定性认识是否准确，取决于研究者的理论知识、专业知识、实际经验和分析研究能力。所以，对现象进行定性判断是进行相关分析的基础和前提。

（二）利用相关表和相关图进行判断

在研究者对社会经济现象之间是否存在相关关系以及对相关关系的类型不易做出准确的判断时，还可以根据掌握的统计资料，编制相关表和绘制相关图来做出进一步的判断。通过相关图表有助于直观地判断现象之间有无联系，可以观察现象相关关系的类型和密切程度。

1. 相关表

相关表是根据现象变动的实际数据资料编制出来的，反映两个变量之间相关关系的统计表。它分为简单相关表和分组相关表两类。

(1) 简单相关表

简单相关表是利用未分组的原始资料，将具有相关关系的两个变量的值一一对应排列而编制的相关表。例如，抽取 10 个企业的月销售收入和销售利润资料，依据专业知识和实际经验，经过定性分析判断产品销售额与销售利润总额有相关关系，于是可编成简单相关表，如表 8-1 所示。

表 8-1　销售收入和销售利润资料表　　单位：万元

企业编号	销售收入 x	销售利润 y
1	5	0.6
2	5	0.8
3	5	1
4	10	1
5	12	1.1
6	12	1.3
7	15	1.8
8	15	2.2
9	20	2.5
10	20	2.5

从表 8-1 可以看出，销售收入与销售利润有同步增长的趋势，两变量存在着正相关关系。

简单相关表适用于总体单位数相对较少的原始资料。

(2) 分组相关表

分组相关表是将原始资料进行分组而形成的相关表。它包括单变量分组相关表和双变量分组相关表。

① 单变量分组相关表

单变量分组相关表是只对自变量数值进行分组形成的相关表。例如：根据某地区 40 岁以上人口的死亡率原始资料，整理编制的单变量分组相关表，如表 8-2 所示。

表 8-2　年龄与死亡率单变量分组相关表

年龄(岁)	死亡率(‰)	年龄(岁)	死亡率(‰)
40～50	2.25	70～80	53.27
50～60	6.26	80 以上	135.79
60～70	19.51		

从表 8-2 中不难看出，随着年龄的增长，死亡率也在增长。

② 双变量分组相关表

双变量分组相关表是对自变量和因变量都进行分组的相关表。如果两个相关变量变动均较为复杂，则可根据分析的需要，同时对两个变量进行分组。

例如，根据某咨询公司在某居民小区随机调查的 60 户家庭月收入与家庭储蓄额的资料，编制双变量分组相关表，如表 8-3 所示。

表 8-3 60 户家庭的月收入与家庭储蓄额双变量分组相关表

家庭月收入(元)	家庭储蓄额(万元)									合计
	5 以下	5～10	10～15	15～20	20～25	25～30	30～35	35～40	40 以上	
1 500 以下	3									3
1 500～3 000	3	7								10
3 000～4 500		10	1							11
4 500～6 000		2	8	3						13
6 000～7 500			1	1	2	1				5
7 500～9 000				1	2	3	3	3		12
9 000 以上						1	2	1	2	6
合计	6	19	10	5	4	5	5	4	2	60

从表 8-3 中可以看出，家庭储蓄额会随着家庭月收入的逐步增加而增加，尽管在家庭月收入相同的情况下，家庭储蓄额互不相同，但它们之间存在着正相关关系。

2. 相关图

通过编制相关图也可直观地判断现象之间大致上呈现何种相关关系。相关图，又称散点图或相关散布图，它是以直角坐标系的横轴代表自变量 x，纵轴代表因变量 y，并将两变量相对应的变量值用坐标点形式描绘出来，用以反映相关点分布状况的图形。图上每一个点代表一对观测值。

通过相关图可以较为形象直观地判断两个变量之间有无相关关系、相关关系的类型和密切程度。对于表 8-1，由于已假设销售收入为自变量，销售利润为因变量，则销售收入作为 x 轴，而销售利润作为 y 轴，现将 10 对数据在图中用点描出来，做出相关图，如图 8-1 所示。

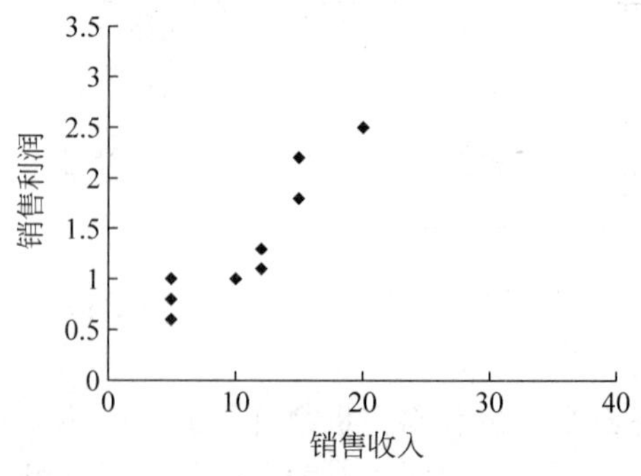

图 8-1 销售收入和销售利润相关图

从图 8-1 可以看出，销售收入与销售利润的关系虽然不十分严格，但有直线相关的趋势，而且大致可以看出关系比较密切。从相关图，可以判断销售收入和销售利润这两个变量是相关的。另外，从这些散点的分布状况看，说明这两个变量是正相关的。也就是说，随着销售收入的增加，销售利润也有所增大。所以，相关图比相关表可以更明显、直观地表现出现象之间的相关关系。

小贴士

真实相关与虚假相关

在现实的统计工作中，也存在“真实相关”与“虚假相关”的问题。

所谓真实相关是指两个变量之间的相关关系确实存在，具有内在的联系，如居民消费水平与居民收入水平、产品成本与劳动生产率等。

虚假相关是指两个变量之间的相关只是一种表面现象，实质并没有内在联系。例如，有人曾经观察某国家历年的国内生产总值与某国精神病患者人数的关系，发现两者之间高度正相关，即随着国内生产总值的提高，某国精神病患者人数也增加，这是典型的虚假相关。因为，国内生产总值与居民精神病患者人数不可能有任何内在关系，精神病患者人数的增加有可能与这段时间某国人口总量的增加有关。

因此，在分析两个变量之间的相关关系时，应首先以相关学科的理论为指导，结合专业知识与实际经验，分析判断变量之间到底是真实相关还是虚假相关，以研究变量之间的内在联系。对虚假相关的分析是没有意义的，并且也会导致荒谬的结论。

二、相关系数

（一）相关系数的概念

相关表和相关图只能粗略地反映现象之间的相关关系，根据相关表和相关图不可能准确判断相关密切程度。要判断现象之间相关关系的密切程度，必须计算相关系数。

相关系数是指在直线相关条件下，反映两个现象之间相关关系密切程度的统计分析指标，用 r 表示。

（二）相关系数的计算

相关系数的计算方法有若干种，最易理解的一种叫积差法，直接来源于数理统计中相关系数的定义。这里我们不做公式的推导和证明，只简单介绍其结果。

相关系数的定义公式为

$$r=\frac{\sigma_{xy}^{2}}{\sigma_x\sigma_y}$$

式中：r 代表相关系数；$\sigma_{xy}^{2}=\dfrac{\sum(x-\bar{x})(y-\bar{y})}{n}$ 代表变量 x 与 y 的协方差；$\sigma_x=$

$\sqrt{\frac{\sum(x-\bar{x})^2}{n}}$ 代表变量 x 的标准差；$\sigma_y=\sqrt{\frac{\sum(y-\bar{y})^2}{n}}$ 代表变量 y 的标准差。

根据 σ_{xy}^2、σ_x、σ_y 的表达式，经代数演算，相关系数的计算公式又可表述为

$$r=\frac{n\sum xy-\sum x\cdot\sum y}{\sqrt{n\sum x^2-\left(\sum x\right)^2}\cdot\sqrt{n\sum y^2-\left(\sum y\right)^2}}$$

【例 8-1】

某医院在 2017 年对医用设备的使用年限和维修费支出情况进行了调查，调查结果如表 8-4 所示。

表 8-4 设备使用年限与维修费资料表

序号	设备使用年限(年)	年维修费(元)	序号	设备使用年限(年)	年维修费(元)
1	2	400	7	5	800
2	2	540	8	6	700
3	3	520	9	6	760
4	4	640	10	6	900
5	4	740	11	8	840
6	5	600	12	9	1 080

初步判断这两个变量是相关的。根据调查资料，计算医用设备的使用年限与年维修费用的相关系数，如表 8-5 所示。

表 8-5 相关系数计算表

序号	使用年限(年)x	年维修费用(元)y	x^2	y^2	xy
1	2	400	4	160 000	800
2	2	540	4	291 600	1 080
3	3	520	9	270 400	1 560
4	4	640	16	409 600	2 560
5	4	740	16	547 600	2 960
6	5	600	25	360 000	3 000
7	5	800	25	640 000	4 000
8	6	700	36	490 000	4 200
9	6	760	36	577 600	4 560
10	6	900	36	810 000	5 400
11	8	840	64	705 600	6 720
12	9	1 080	81	1 166 400	9 720
合　计	60	8 520	352	6 428 800	46 560

根据计算表和相关系数的计算公式，计算相关系数得出：

$$r=\frac{n\sum xy-\sum x\sum y}{\sqrt{n\sum x^2-\left(\sum x\right)^2}\sqrt{n\sum y^2-\left(\sum y\right)^2}}$$

$$=\frac{12\times 46\,560-60\times 8\,520}{\sqrt{12\times 352-(60)^2}\times\sqrt{12\times 6\,428\,800-(8\,520)^2}}$$

$$=0.891\,3$$

（三）对相关关系的分析

计算相关系数的目的是要判断两个变量之间的线性相关程度与方向，因此，需要明确判断标准。相关系数 r 的性质可归纳如下：

(1) 相关系数 r 的取值范围永远在 -1 到 $+1$ 之间，即 $-1\leqslant r\leqslant 1$。

(2) 当 $-1<r<0$ 时，相关图呈现出 y 随 x 的增加而减少的趋势，即为负相关关系。

(3) 当 $r=0$ 时，表示 x 与 y 两个变量之间不存在线性相关关系。但需要注意的是，$r=0$ 只能说明两个变量之间没有线性关系，而不能排斥其他关系，如可能存在非线性相关关系。变量之间的非线性相关程度较大时，可能会导致 $r=0$。因此，当 $r=0$ 或很小时，应结合相关图做出合理的解释，而不能轻易得出两个变量之间不存在相关关系的结论。

(4) 当 $0<r<1$ 时，相关图呈现出 y 随 x 的增加而增加的趋势，即为正相关关系。

(5) 当 $|r|=1$ 时，相关图呈现出一条直线，表示变量 x 与 y 完全线性相关，实际上这时两变量之间存在着确定的函数关系。

为了判断现象之间相关程度的高低，一般将相关关系密切程度划分为四个等级：$|r|\leqslant 0.3$ 称为微弱相关；$0.3<|r|\leqslant 0.5$ 称为低度相关；$0.5<|r|\leqslant 0.8$ 称为显著相关；$0.8<|r|<1$ 称为高度相关。

对于设备的使用年限与维修费用的相关系数 0.891 3，可以判断：设备使用年限与年维修费用之间存在着高度的正相关，即设备使用年限越长，年维修费用越高。

三、线性相关分析的特点

(1) 相关系数是测定变量之间相关密切程度和相关方向的代表性指标，在分析两个变量的直线相关关系时，通常计算直线相关系数。

(2) 参与相关分析的两个变量是对等的，不分自变量和因变量，因此相关系数只有一个。

(3) 相关系数有正负号，反映相关关系的方向。正号反映两变量呈正相关关系，负号反映两变量呈负相关关系。

(4) 相关分析的两个变量都是随机变量。计算相关系数,在相关分析和经济预测中都有很重要的用途。回归分析与相关系数的计算有着紧密联系,一般说来,只有显著相关,进一步作回归分析才有意义。

第三节 回归分析

一、回归分析的概念、类型和特点

(一) 回归分析的概念

通过相关分析,可以判定变量之间是否存在相关关系以及相关的密切程度,但它不能根据一个变量的值,估计推算出另一个变量的值。也就是说,它不能说明两个变量之间的一般数量关系。而回归分析的基本思想恰恰是:虽然自变量和因变量之间没有严格的、确定性的函数关系,但可以设法找出最能代表它们之间关系的数学表达形式。

回归分析是指对具有相关关系的两个或多个变量之间的数量变化进行数量测定,配合一定的数学方程(模型),以便由自变量的数值对因变量的可能值进行估计或预测的一种统计分析方法。根据数学模型绘出的几何图称为回归线。根据回归分析方法得出的数学表达式称为回归方程。

在回归分析中,变量之间存在一定的数量关系,但又不呈现函数关系,即观察值不是全落在回归线上,而是散布在回归线周围。但离回归线越近,观察值越多,偏离较远的观察值极少。

(二) 回归分析的类型

1. 一元回归和多元回归

根据自变量的个数不同,可将回归分析分为一元回归分析和多元回归分析。只有一个自变量的回归分析称为一元回归分析,又称简单回归。有两个或两个以上自变量的回归分析称为多元回归分析,或称复回归。

2. 线性回归和非线性回归

根据回归线的形状不同,可将回归分析分为线性回归分析和非线性回归分析。线性回归分析是指变量之间关系的形态呈直线趋势,故而可用直线方程来描述它们之间的数量关系。若变量之间是非线性相关关系,可通过建立非线性回归方程来反映它们之间的数量关系,即非线性回归分析。

将以上两种分类方式结合起来,就会有一元线性回归分析和多元线性回归分析、一元非线性回归分析和多元非线性回归分析。本章将重点介绍一元线性回归分析。

（三）回归分析的特点

回归分析具有以下五个特点。

（1）两个变量中，一个是自变量，一个是因变量。

（2）回归方程不是抽象的数学模型，而是用自变量数值推算因变量数值的根据，必须反映变量之间关系的一般变动情况。

（3）对于没有明显因果关系的两个变量，可以确定两个不能互相替代的回归方程，一个是以 x 为自变量，以 y 为因变量的回归直线方程；另一个是以 y 为自变量，以 x 为因变量的回归直线方程。这两个回归直线方程斜率不同，意义也不同。

（4）一元线性回归方程系数即斜率有正有负，正回归系数表明两变量之间是正相关，负回归系数表明两变量之间是负相关。至于回归系数的大小，视原数列使用的计算单位而定，这不能表明两变量之间的变动程度。

（5）计算回归方程的资料要求是：因变量为随机的，而自变量是给定的数值；求出回归方程后，也是给定自变量值，代入方程中，推算出因变量的一般值或平均数值。

二、回归分析的基本内容

回归分析的基本内容具体如下。

1. 确定相关关系的数学表达式

为了测定相关现象之间数量变化的一般关系，可以通过建立函数关系的近似表达式即回归方程作为相关关系的数学表达式。如果现象之间表现为直线相关，则可以采用配合直线方程的方法；如果表现为曲线相关，则采用配合曲线方程的方法。这是进行判断、推算、预测的依据。

2. 依据回归方程进行回归估计或预测

由于回归方程反映了变量之间的一般性数量关系，因此当自变量数值发生变化后，可依据回归方程估计出因变量可能发生相应变化的数值。因变量的回归估计值，虽然不是一个必然的对应值，但它至少可以从一般性角度或平均意义角度反映因变量可能发生的数量变化。

3. 确定因变量估计值误差的程度

用配合直线或曲线方程的方法，可以求得反映变量之间数量变化的关系式，从而计算出许多因变量的估计值。但是，根据这个直线或曲线方程而得到的因变量的估计值与实际值是有差异的。这就要计算反映因变量估计值与观察值之间差异程度的指标——估计标准误差。差异小表示估计值比较准确，差异大说明估计值不够准确。作为统计预测需要掌握这一准确度的大小。

三、回归分析与相关分析的关系

回归分析和相关分析是研究变量之间相互联系的两种统计方法，对两个变量间的关系进行完整的分析应该包含这两种方法，它们既有密切的联系又有区别。

（一）回归分析与相关分析的联系

回归分析与相关分析的联系具体如下。

(1) 相关分析是回归分析的基础和前提。如果缺少相关分析，没有从定性上证明现象间是否具有相关关系，没有对相关关系的密切程度做出判断，就不能进行回归分析。即使勉强进行了回归分析，也是毫无意义的。

(2) 回归分析是相关分析的深入和继续。相关分析需要回归分析来表明现象数量关系的具体形式。因此，只有进行回归分析，拟合了回归方程，才可能进行有关分析和预测，相关分析才有实际意义。

（二）回归分析与相关分析的区别

回归分析与相关分析的区别具体如下。

(1) 相关分析所研究的两个变量是对等关系，即不必确定两个变量中哪个是自变量，哪个是因变量，改变两变量的地位并不影响相关系数的数值。回归分析所研究的两个变量之间的关系是不对等的，必须根据研究的目的，确定哪个是自变量，哪个是因变量。

(2) 对两个变量 x 和 y 来说，相关分析只能计算出一个反映两个变量之间相关密切程度的相关系数，计算中改变 x 和 y 的地位不影响相关系数的数值。回归分析可根据研究目的的不同分别建立两个不同的回归方程：一个是以 x 为自变量，y 为因变量，可以得出 y 对 x 的回归方程；另一个是以 y 为自变量，x 为因变量，可以得出 x 对 y 的回归方程。若要画出图来，是两条斜率不同的回归直线。

(3) 相关分析计算的相关系数是一个绝对值在 0 到 1 之间的抽象系数，其数值大小反映变量之间相关关系的程度。根据回归分析建立的回归方程，反映的是变量之间变动的内在联系和比例关系，不是抽象系数。根据回归方程，利用自变量的给定值，可以估计或推算因变量的数值，估计出来的参数都是有实际经济含义的数值。

(4) 相关分析对资料的要求是：两个变量都必须是随机变量，各自受随机因素的影响。而回归分析对资料的要求是：因变量是随机的，而自变量则可以不是随机的，是给定的数值。

四、一元线性回归分析

（一）建立回归方程

一元线性回归分析又称简单线性回归分析。它是一种对具有显著直线相关的两个变量间数量变化进行分析，确定回归方程，以预测估计因变量数值的方法。分析时所建立的回归方程称为一元线性回归方程，亦称直线方程。它是分析一个自变量 x 与一个因变量 y 之间线性关系的数学方程。其回归方程的基本形式是

$$y_c = a + bx$$

式中：y_c 是因变量 y 的估计值，或称回归值、理论值；a 是直线与纵轴的交点，数学上称为截距，表示当自变量等于零时，因变量的起点值；b 是直线与横轴间夹角的正切值，数学上称为斜率，回归分析中称为回归系数，表示自变量 x 每变动一个单位时，因变量 y 的平均变动量。当 b 的符号为正时，自变量和因变量按相同方向变动；当 b 的符号为负时，自变量和因变量按相反方向变动。

（二）确定回归方程中的参数

a 和 b 是回归方程中的两个待定参数，它们一旦被确定，这条直线便被唯一确定了。但用于描述这 n 组数据的直线有许多条，究竟用哪条直线来代表两个变量之间的关系，则需要有一个明确的原则。必须选择一条距离各散点最近的直线来代表变量 x 与 y 之间的关系。根据这一思想确定直线中未知常数 a、b 的方法称为最小平方法（最小二乘法）。利用这种方法得到的直线方程，可以使得推算的估计值 y_c 与实际值 y 的离差平方和达到最小。用公式表示为

$$\sum (y - y_c)^2 = \sum (y - a - bx)^2 = \text{最小值}$$

设 $Q = \sum (y - y_c)^2$，则 Q 是两个待定参数 a 和 b 的函数。根据微积分学中求极值的原理，需分别对 a 和 b 求偏导数，并令其等于零。经过整理，得出由下列两个方程式组成的标准方程组：

$$\begin{cases} \sum y = na + b\sum x \\ \sum xy = a\sum x + b\sum x^2 \end{cases}$$

解这个方程组得：

$$b = \frac{\sum (x - \bar{x})(y - \bar{y})}{\sum (x - \bar{x})^2} = \frac{n\sum xy - \sum x \sum y}{n\sum x^2 - \left(\sum x\right)^2}$$

$$a = \frac{\sum y}{n} - b\frac{\sum x}{n} = \bar{y} - b\bar{x}$$

a、b 的值确定后，即可求出 y 关于 x 的回归方程 $y_c = a + bx$。

配合线性回归方程的前提条件是：两个变量之间确实存在显著的直线相关关系。否则，配合直线回归方程将毫无意义。因此，在进行回归分析之前，可以通过相关图及计算相关系数的方法，在确定其相关程度显著的条件下，再配合直线回归方程。

【例 8-2】

根据表 8-4 中资料，建立医用设备的使用年限与年维修费用的线性回归方程。

解 通过例 8-1 计算的相关系数 0.891 3，已知设备使用年限 x 和年维修费用 y 这两个变量有高度的线性相关关系。虽然各散点并不在一条直线上，但可配合一条直线，近似地表达现象变动的一般规律。

将表 8-5 中的资料代入参数 a 和 b 的求值公式，得到

$$b = \frac{n\sum xy - \sum x \sum y}{n\sum x^2 - \left(\sum x\right)^2} = \frac{12 \times 46\,560 - 60 \times 8\,520}{12 \times 352 - 60^2} \approx 76.15$$

$$a = \frac{\sum y}{n} - b\frac{\sum x}{n} = \frac{8\,520}{12} - 76.15 \times \frac{60}{12} \approx 329.25$$

将 a 和 b 的数值代入方程式 $y_c = a + bx$，求得直线回归方程为

$$y_c = 329.23 + 76.15x$$

在回归方程中，$a = 329.25$ 是回归直线在 y 轴上的截距，表示年维修费用的理论起点值；回归系数 $b = 76.15$，表示设备使用年限每增加一年，年维修费用平均增加 76.15 元。

（三）利用回归方程进行预测

利用所求的回归方程，只需把自变量的值代入上述回归直线回归方程，就可以得到对应的因变量的预测值。在例 8-2 中，当使用年限 $x = 8$ 年时，年维修费用的估计值 $y_c = 329.25 + 76.15 \times 8 = 938.45$（元）。

通过回归方程不仅可以推出已知值的估计值，而且可以预测超出现有数据范围的未知值，如：当使用年限 $x = 10$ 年时，维修费用的估计值为 $y_c = 329.25 + 76.15 \times 10 = 1\,090.75$（元）。

需要注意的是，预测超出现有数据的范围有时是靠不住的。例如：施肥量和农作物生产量只在一定范围内才具有正相关关系。施肥量超过一定限度，产量不但不会增加，反而会减少。其他许多现象也是如此。因此用相关分析和回归方程分析方法进行推算和预测时要注意其作用范围。

五、估计标准误差

（一）估计标准误差的概念

根据直线回归方程，按给定的自变量数值，就可以推算出相应的因变量的估计值。由于在研究社会经济现象的变动时，不可能把影响现象变动的各种因素都考虑到，因此，因变量的每一个实际值 y 和与其对应的估计值 y_c 并不完全相等。因此，需要对估计值的代表性进行评价。通常采用计算估计标准误差的方法。

估计标准误差是指因变量的实际值 y 与估计值 y_c 的平均离差，是用来说明回归方程代表性大小的一个统计分析指标，同时也可用来构造估计值的置信区间。

（二）估计标准误差的作用

(1) 说明以回归直线为中心的所有相关点的离散程度。估计标准误差数值大，则说明平均误差大，相关点与回归直线的离散程度大；反之则说明离散程度小。这个数值的大小，反映了利用回归直线进行估计或预测的准确程度。

(2) 说明回归直线的代表性大小。估计标准误差大，则回归直线的代表性小，它的实用价值也小；估计标准误差小，则回归直线的代表性大，它的实用价值也大。

从上述作用来看，估计标准误差和相关系数一样，也具有说明相关关系密切程度的作用。不同的是相关系数越大越好，估计标准误差越小越好。相关系数用相对数表现，密切程度的概念比较明确；估计标准误差用绝对数表现，关系密切的程度表示得不那么明显，它也不能说明是正相关还是负相关。

(3) 在抽样调查条件下，是计算回归抽样误差的一个根据。就像总体方差是计算平均指标抽样误差的根据一样，计算回归抽样误差时应该使用总体的估计标准误差。但总体的材料常常是没有的，要用样本的估计标准误差来代替。

（三）估计标准误差的计算

估计标准误差的计算原理与标准差基本相同，其公式为

$$S_y = \sqrt{\frac{\sum (y - y_c)^2}{n - 2}}$$

式中：S_y 代表估计标准误差；y 代表因变量实际观察值；y_c 代表根据回归方程推算出的因变量的估计值；$(n-2)$代表自由度。

S_y 数值的大小，说明回归估计值的准确程度和回归方程的代表性。S_y 值越大，说明估计值的准确程度越低，回归方程的代表性越小；S_y 值越小，说明估计值的准确程度越高，回归方程的代表性越大。若 $S_y=0$ 时，说明实际观察值 y 与估计值 y_c 没有差异，也

就是说变量之间的关系就是回归方程所表现出来的那种函数关系，从相关图中可以显示实际观察值全部落在直线上。

下面仍以表 8-4 的资料及其所建立的设备使用年限和维修费用的回归方程，通过列表来说明估计标准误差的计算过程，如表 8-6 所示。

表 8-6　估计标准误差计算表

序号	使用年限 x	维修费用 y	y_c	$y-y_c$	$(y-y_c)^2$
1	2	400	481.55	−81.55	6 650.402 5
2	2	540	481.55	58.45	3 416.402 5
3	3	520	557.7	−37.7	1 421.29
4	4	640	633.85	6.15	37.822 5
5	4	740	633.85	106.15	11 267.822 5
6	5	600	710	−110	12 100
7	5	800	710	90	8 100
8	6	700	786.15	−86.15	7 421.822 5
9	6	760	786.15	−26.15	683.822 5
10	6	900	786.15	113.85	12 961.822 5
11	8	840	938.45	−98.45	9 692.402 5
12	9	1 080	1 014.6	65.4	4 277.16
合计	60	8 520	8 520	—	78 030.77

将表 8-6 中的有关计算结果代入估计标准误差的计算公式，得到

$$S_y=\sqrt{\frac{\sum(y-y_c)^2}{n-2}}=\sqrt{\frac{78\,030.77}{12-2}}=88.335$$

计算结果表明，维修费用的实际值与估计值是有差距的，平均差距为 88.335 元。为了判断估计标准误差所表明的平均离差的大小，可计算离散系数：

$$v=\frac{S_y}{\bar{y}}=\frac{88.335}{710}=0.124\,4$$

这表明回归直线与所给点列(x,y)间的配合精度相当高，以回归值 y_c 来估计相应的实际值 y 误差相当小。只有在估计标准误差较小的情况下，用回归方程作估计或预测才具有实用价值。

实际工作中，使用定义公式计算估计标准误差比较麻烦。为了直接利用计算相关系数的有关数据，可根据已经建立的回归方程 $y_c=a+bx$，采用简捷法计算估计标准误差，计算公式为

$$S_y=\sqrt{\frac{\sum y^2-a\sum y-b\sum xy}{n-2}}$$

根据表 8-5 的资料及其所建立的设备使用年限和维修费用的回归方程，用简捷法计算的估计标准误差为

$$S_y=\sqrt{\frac{6\,428\,800-329.25\times 8\,520-76.15\times 46\,560}{12-2}}\approx 88.344$$

用定义公式和简捷公式计算估计标准误差，从理论上讲，其计算结果应该是相等的。两个式子的计算结果相差 0.009 元，这是由参数值计算过程中四舍五入所引起的，对我们分析问题影响不大。

本章小结

相关分析是为了揭示现象之间的联系方向和联系程度；回归分析则是在相关分析的基础上，进一步揭示一事物影响另一事物变动的一般水平。根据回归分析方法得出的数学表达式称为回归方程。

估计标准误差是衡量因变量的估计值与实际观测值之间平均误差大小的指标，利用此指标可以说明回归方程的代表性。估计标准误差值越大说明估计值的准确程度越低，回归方程的代表性越小；反之，说明估计值的准确程度也越高，回归方程的代表性越大。

同步测试

一、单项选择题

1. 直线相关系数的绝对值接近 1 时，说明两变量相关关系的密切程度是(　　)。

   A. 完全相关　　B. 微弱相关
   C. 无线性相关　　D. 高度相关

2. 在相关分析中，若一个变量递增时另一个变量递减，则两个变量间的关系是(　　)。

   A. 正相关　　B. 负相关　　C. 不相关　　D. 复相关

3. 相关分析与回归分析在是否需要确定自变量和因变量的问题上，(　　)。

   A. 前者无须确定，后者需要确定　　B. 前者需要确定，后者无须确定
   C. 两者均需确定　　D. 两者均无须确定

4. 下列关系中，属于正相关关系的有(　　)。

   A. 产品产量与单位产品成本之间的关系
   B. 商品流通费用与销售利润之间的关系
   C. 合理限度内，施肥量和平均单产量之间的关系
   D. 流通费用率与商品销售量之间的关系

5. 回归分析所研究的两个变量之间的关系是（　　），必须根据研究的目的，确定哪个是自变量，哪个是因变量。

A. 对等的　　B. 不对等的　　C. 无法确定　　D. 正相关的

二、判断题

1. 相关关系和函数关系都属于具有完全确定性的依存关系。（　　）

2. 估计标准误差是指因变量的实际值 y 与估计值 y_c 的平均离差。（　　）

3. 两个相关变量的数量按相同方向变化，即相互影响的变量同时递增或同时递减，这种相关关系称为负相关。（　　）

4. 回归分析所研究的两个变量是对等关系，即不必确定两个变量中哪个是自变量，哪个是因变量。（　　）

5. 在进行相关分析和回归分析时，必须以定性分析为前提，判定现象之间有无关系及其作用范围。（　　）

三、思考题

1. 什么是相关关系？相关关系有什么特点？

2. 简述相关关系的种类。

3. 相关分析的主要内容包括哪些？

4. 简述回归分析的概念与特点。

5. 什么是估计标准误差？其作用如何？

6. 应用相关与回归分析应注意哪些问题？

四、计算题

1. 某公司 2017 年上半年产品产量与单位成本资料，如表 8-7 所示。

表 8-7　某企业产品产量和单位成本资料表

月份	产量（千件）	单位成本（元/件）
1	2	73
2	3	72
3	4	71
4	3	73
5	4	69
6	5	68

要求：

(1) 根据资料确定回归方程，计算产量每增加 1 000 件时单位成本平均变动量。

(2) 当产量为 6 000 件时，单位成本为多少？

2. 考察某种化工原料在水中的溶解度与温度的关系，共作了 9 组试验。已知溶解度与温度线性相关，温度为自变量，溶解度为因变量，其数据如表 8-8 所示。

表 8-8　某种化工原料在水中的溶解度与温度资料表

温度/摄氏度	0	10	20	30	40	50	60	70	80
溶解度/克	14.0	17.5	21.2	26.1	29.2	33.3	40.0	48.0	54.8

要求：

(1) 根据资料确定回归方程。

(2) 温度每上升 1 摄氏度，溶解度将增加多少克？

吉林省 2017 年经济运行情况

第九章

统计分析与统计报告

知识目标

1. 通过本章学习，了解统计分析的概念和形式，掌握统计分析的步骤和方法。

2. 掌握统计分析报告的含义和作用，明确统计报告的重要性。

技能要求

1. 重点掌握统计分析的步骤，熟练运用统计分析的方式。

2. 准确把握统计分析报告的结构，能够针对具体经济现象和数据资料撰写分析报告。

学习导航

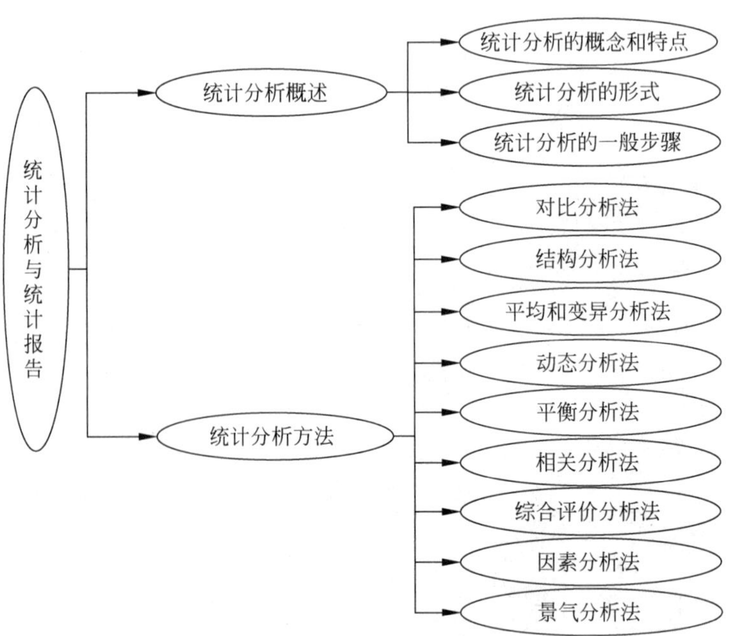

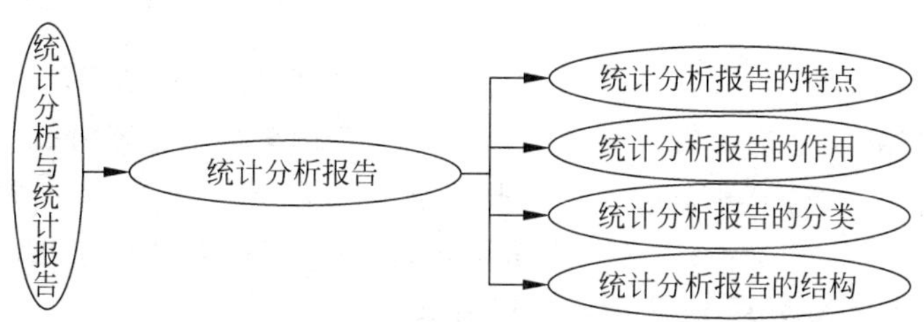

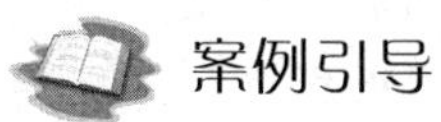

无车承运人试点一周年，开启智慧物流新时代

2018 年 5 月，交通运输部发布《无车承运人试点运行监测分析报告》，晒出一份亮眼"成绩单"。报告中指出：一年以来，无车承运人试点工作深入推进，相关政策逐步完善，试点企业不断探索创新，资源整合能力显著提高，综合效益加快释放，在促进物流降本增效，引领行业转型发展方面发挥了重要作用。

一、综合效益加快释放，降本增效成果初显

报告中显示，试点一年来，无车承运试点企业累计完成运单总数 1 200.6 万单，月均增长率超过 145.7%，其中，下半年完成运单量 1 080.3 万单，占全年运单总数的 90.0%；累计完成货运量 12 152.8 万吨，月均增幅 147.0%，其中，下半年完成货运量 11 090.6 万吨，占全年运量的 91.3%。

其中，江苏省作为试点省份表现相当突出，在运量方面，江苏省完成运量占全国总量的 22%，是第二位四川省运量的 3.12 倍；在运单总量方面，江苏省位列第二；在管理措施方面，江苏省编制了无车承运人平台技术规范，完善了数据信息接口交换标准。值得一提的是，在全国 229 家无车承运人试点企业中，南京中储智运运力整合能力最强，整合活跃车辆数 7.7 万辆，超出第二位、第三位企业整合车辆数的总和。

综合效益的不断提升，也让物流降成本的脚步加快。专家指出，由于无车承运模式减少了层层转包的中间环节，试点企业通过平台竞价、招标等模式，使运价变得公开化和透明化，单车平均运价和企业物流成本都能有效降低。

二、服务引领转型升级，创新助力提质增效

随着试点工作的深入推进，试点企业也不断改进和提升服务，加强与卡车司机之间的深度合作，有效改善了"多、小、散"的市场格局，行业组织化、集约化水平明显提升。

据平台数据统计，试点企业平均整合车辆数为 1 862 辆，18%的企业整合车辆数占全部企业整合车辆数的 80%。试点企业与个体司机之间的稳定合作关系进一步加强，与上半年相比，与试点企业合作 5 次以上的车辆占比从 22.9%增长至 24.7%，其中稳定合作 20 次以上的车辆占比从 6.4%提高到 9.0%，86%的车辆仅与一家企业合作，试点企业与

卡车司机的相互依存关系进一步增强。

在车辆利用率方面，试点企业车辆里程利用率提至70%～85%，特别是返程车辆配载率明显提高，有效改善了我国传统物流行业一直存在车辆等货时间长、闲置空驶率高等弊端。在信息技术方面，试点企业不断加大资金和人力投入，加快创新步伐，积极探索多式联运、甩挂运输等组织模式，完善无车承运信息平台，提升业务数字化、智能化水平。

三、激发市场深入推进，改革创新任重道远

报告指出，试点一年来，无车承运人发展取得了显著成效，丰富和拓展了物流业创新发展的理论和实践，激发了市场活力和创造力，对引领带动行业转型升级发挥了重要作用。目前，无车承运人发展还面临法规制度不适应、标准规范缺失、法律责任不清晰、税收保险等配套政策不完善等问题，在深入推进试点工作中，亟待完善。

交通运输部运输服务司有关负责人表示，此次以试点的方式赋予了无车承运人合法的身份和经营资质，但由于相关法规制度尚未修订完善，无车承运人的法律定位、责权关系、监管要求等相关管理制度有待建立。交通运输部还将进一步加大对典型企业发展经验和模式的总结，充分发挥示范引领带动作用，促进试点企业良性有序发展。在完善政策方面，交通运输部还将积极协调国家税务总局，进一步落实无车承运人相关税收政策的实施办法，切实减轻物流企业负担。

资料来源：根据中国物流与采购网资料汇编

引例分析

该分析报告具有较强的针对性，正确运用数字语言，注重定量分析，主体内容翔实、完整，结尾明确改进措施，强调看法和建议，并提出未来展望，完全符合统计分析报告的各种要素要求，是一份标准的、有价值的统计分析报告。

第一节 统计分析概述

一、统计分析的概念、作用和特点

（一）统计分析的概念

统计分析，就是运用各种统计综合指标和方法，将丰富的统计资料和生动的具体情况结合起来，对社会经济现象的各个方面进行分析研究，从而揭示其发展变化的规律性，提出解决问题的方法的一种逻辑思维活动。

（二）统计分析的作用

统计分析是整个统计工作的一个重要阶段，是统计工作的最终环节，是充分发挥统计整体职能的关键环节，其好坏直接影响统计的质量。在统计实践中，只有开展统计综合分析，才能更好地发挥统计的作用，为各级领导和有关方面的公众提供有数据、有分析的资料，为制订计划和规划，实行宏观调控提供科学依据。其作用具体表现在以下几个方面。

1. 全面准确反映客观情况

统计分析从数量上、总体上认识客观事物，既是人们认识上的需要，使认识更加清晰、明确，又可以避免以偏概全，使我们的认识较为全面和正确。

2. 深入把握社会经济现象规律

只有对客观现象总体的数量方面进行分析，才能获得规律性的认识。

3. 参与社会经济管理

统计分析把数据、情况、问题、建议等融为一体，既有定量分析，又有定性分析，比一般统计数据能更集中、更系统、更清楚地反映客观实际，又便于研究、理解和利用，因而是发挥统计信息咨询、监督作用的主要手段。与此同时，也提高了统计工作的社会地位。

（三）统计分析的特点

1. 以统计数据为基础，定量与定性分析相结合

统计数字是统计分析最主要的源泉，是统计分析的主要语言。一篇好的统计分析报告通常是自始至终利用统计数字进行分析。

2. 综合运用多种分析方法

统计分析要采用分组分析法、对比分析法、集中趋势分析法、离中趋势分析法、指数因素分析法、相关分析法、综合评价分析法等多种统计方法进行分析。

3. 统计分析要将数字与实际情况相结合

统计分析不能离开实际情况单纯地罗列数字。有些情况不可能用统计数字来反映，若单凭统计数字进行分析，往往难以把问题说清楚，也不易把问题产生的原因和情况弄明白，因此要密切结合数字背后的实际情况进行分析，以便得出具体而确切的分析结论。

4. 统计分析要具有时效性

这是保证统计信息具有价值的重要条件，不适时统计分析是无意义的活动。

二、统计分析的形式

（一）按照研究的内容划分，有综合分析和专题分析

1. 综合分析

综合分析是从整体上对研究对象的各个方面带有全局性的问题进行的系统性分析研究，如国民经济综合分析、部门综合分析、地区综合分析、企业综合分析等。

2. 专题分析

专题分析是对社会经济发展的某一方面、某一环节的现象中重大问题或关键问题所进行的专门分析和研究,如某企业的销售分析、某地区可持续发展分析等。

(二) 按照研究对象的层次划分,有宏观、中观和微观统计分析

1. 宏观分析

宏观分析主要是指对国民经济的发展目标和总任务、战略重点、战略步骤、总量变动及发展规律等问题所进行的分析。国民经济要保持长期、稳定、协调、持续的发展,就必须要有长远规划。

2. 中观分析

中观分析指针对地区、部门的长远发展规划和目标,通过对大量、全面的资料的研究和统计分析,可以对制定区域和行业的发展战略和制定有关方针政策提供依据,促进各项事业的发展。

3. 微观分析

微观分析主要是指对个别消费者、生产者、企业和单位的经济活动的数量变化和发展规律所进行的统计分析。在实际工作中,运用最广泛的是对企业经营管理、产品经营和经济效益方面的分析研究。

(三) 按照观察时间不同划分,有定期分析和预计分析

1. 定期分析

定期分析是指在一定时期内对生产经营活动情况的全面分析。

2. 预计分析

预计分析是指在报告期尚未结束前,根据计划完成进度,结合主观条件,预计到计划期结束前任务完成情况的一种分析。

此外,按照分析的类型划分,还可以划分为调查型、说明型、情报型、公报型、研究型、预测型和报道型分析等;按照统计认识作用的层次不同,可分为状态分析、规律分析和前景分析。统计分析的不同形式,反映的统计分析的内容和要求都不一样,因此,应根据不同情况搞好分析研究,写好分析报告,体现统计分析的广泛性和多样性特征,防止统计分析的公式化和固定化。

三、统计分析的一般步骤

统计分析的一般步骤如下:

1. 选择并确定研究课题

选择课题是指从客观存在的现实和大量的统计资料中选择出所要研究和反映的对

象，确定研究目的和范围，规划主题思想和基本内容。准确地选择研究课题，是统计分析成功的关键。选择准确可以提高统计分析的价值，并为以后的取材、构思、表达等打下一个良好的基础。

从实际工作来看，选题可以围绕以下几个方面：一是抓住领导关心的问题，特别是领导亲自出的选题；二是要抓具有现实意义的和与全局性工作有密切联系的课题；三要抓经济社会发展中带有苗头性、突发性的问题；四要抓改革开放和经济建设中的新情况、新问题、新经验；五要抓各方面有不同看法的重大问题；六要配合中心工作、重要会议提供的材料。

2. 拟定分析提纲

分析提纲要紧扣分析目的和分析题目。分析提纲一般包括下列内容：

(1) 统计分析的目的和要求。

(2) 从哪些方面进行分析，要列出分析大纲及分析的细目。

(3) 从哪些方面收集资料，以及资料的来源。

(4) 收集资料的方式和方法。

3. 搜集、鉴别与整理资料

统计分析的依据是统计资料，选择客观、详尽、代表性强、有说服力的统计资料，是搞好统计分析的又一重要前提。对于这些资料，需要分析人员注意通过收集抄录、现场调查、日常观察、广泛阅读等来获取。

统计分析所使用的资料内容广泛，来源渠道多，包括：

(1) 统计资料。

(2) 调查情况。指在统计调查中取得的活动情况，有的有文字记载，也有文字没有记载，需要统计分析人员去记录的。

(3) 见闻资料。

(4) 政策法规和有关名人言论等。

在整理资料时，要注意收集的资料是否符合客观实际，是否新颖，是否具有普遍意义。而且要注意数字资料的时效性、可比性、完整性等。对于由于种种条件的限制，不能直接取得而分析又必须使用的数字资料，可用统计中的各种估算方法来取得。

知识链接

制度解读

北京市统计局、国家统计局北京调查总队面向基层调查对象执行的统计报表制度的主要统计内容包括：法人和产业活动单位基本情况，生产经营、财务、信息化、电子商务和互联网应用情况，劳动工资情况，能源和水消费情况，价格情况，中关村国家自主创新示范区情况以及采购经理调查情况。

按调查对象规模，统计报表制度分为规模(限额)以上单位统计报表制度和规模(限额)以下单位统计报表制度。规模(限额)以上单位统计报表制度以分行业"一套表"为主要形式，共有7个行业的"一套表"制度，包括：工业、建筑业、批发和零售业、住宿和餐饮业、房地产开发业、服务业、金融业。规模(限额)以下单位统计报表制度共有6本，包括：规模以下工业、资质外建筑业、限额以下批发和零售业、限额以下住宿和餐饮业、规模以下服务业、规模(限额)以下中关村国家自主创新示范区单位制度。

4. 运用各种方法进行系统周密的分析

运用各种统计分析方法进行系统而严密的分析研究，如运用综合指标法、分组法、因素分析法、动态分析法等方法对资料进行加工整理、归纳分析，从定量入手，以求达到对质的认识。

5. 得出结论，提出建议

通过对事物现象的解析，并进行各种各样的比较分析后，应对所分析的问题，作出实事求是的结论，结合有关的数据、综合比较的结果，从中揭示其发展演变的规律性，对存在的问题提出建议。

6. 根据分析结果形成分析报告

统计分析报告是在对统计资料和有关情况进行研究的基础上，用简洁明确的文字叙述研究过程、表述分析研究结果的一种主要形式。

第二节　统计分析方法

前面章节介绍的各种统计方法，如分组法、静态指标法、动态分析法、指数法、相关法和方差分析法等属于传统的统计方法。科学地在统计工作中运用这些方法，对现象进行综合分析研究，能够全面、深入地认识问题。现从分析综述角度对常用分析方法作概要说明。

一、对比分析法

对比分析法是把客观事物加以比较，以达到认识事物的本质和规律并作出正确的评价。对比分析法通常是把两个相互联系的指标数据进行比较，从数量上展示和说明研究对象规模的大小、水平的高低、速度的快慢，以及各种关系是否协调。在对比分析中，选择合适的对比标准是十分关键的步骤，选择合适，才能作出客观的评价；选择不合适，评价可能得出错误的结论。对比标准存在以下几种选择。

1. 时间标准

即选择不同时间的指标数值作为对比标准。最常用的是与上年同期比较即同比，还可以与前一时期比较，此外还可以与达到历史最好水平的时期或历史上一些关键时期进行比较。

2. 空间标准

即选择不同空间指标数据进行比较，包括：

(1) 与相似的空间比较，如本市与某些条件相似的城市比较。

(2) 与先进空间比较，如我国与发达国家比较。

(3) 与扩大的空间标准比较，如我市水平与全国平均水平比较。

3. 经验或理论标准

经验标准是通过对大量历史资料的归纳总结而得到的标准，如衡量生活质量的恩格尔系数、反映社会收入差距程度的基尼系数等；理论标准则是通过已知理论经过推理得到的依据。

4. 计划标准

即与计划数、定额数、目标数对比。市场经济并不排斥科学合理的计划，因此，计划标准对统计评价仍有一定意义。

相联系的两个指标对比，表明现象的强度、密度、普遍程度，如人均国内生产总值、人口密度、人均收入以及某些技术经济指标等。

对比分析按说明的对象不同可分为单指标对比，即简单评价；多指标对比，即综合评价。

在进行对比分析时应遵循下面几个原则：指标的内涵和外延可比；指标的时间范围可比；指标的计算方法可比；总体性质可比。

二、结构分析法

结构分析法是在统计分组的基础上，计算各组成部分所占比重，进而分析某一总体现象的内部结构特征、总体的性质、总体内部结构依时间推移而表现出的变化规律性的统计方法。结构分析法的基本表现形式，就是计算结构指标，这是指总体各个部分占总体的比重，因此总体中各个部分的结构相对数之和，即等于100%。

通过结构分析可以认识总体构成的特征，例如，某地区近五年来高新技术产品比重第一年占20%，第三年占32%，第五年占51%，表明产业结构向高新技术产业的转变。结构分析也可以揭示现象之间的依存关系，如研究商业企业中商品销售额与流通费用的依存关系，可将各商品销售额分组，计算每个组相应的商品流通费用。例如，某市年销售额300万元以上的企业占15%，每万元商品销售额中的流通费为6.0元，而300万元以下的企业占85%，流通费用率为8.5～11.2元，说明销售规模越大的企业流通费用越少。

三、平均和变异分析法

平均和变异分析法是利用平均指标和变异指标分析社会经济现象的一般水平及差异

的方法。

平均指标是同质总体中各单位某一指标值的平均数字，反映总体在一定时间、地点条件下的一般水平，如平均工资、单位产品成本、单位面积产量、平均单价等。变异指标则是说明总体各单位标志值差异程度的指标，常用的变异指标是标准差和标准差系数。使用平均和变异分析法应注意以下几点：

(1) 正确地计算平均指标，必须是同质总体的平均数。

(2) 平均指标与变异指标结合运用，全面认识和评价总体，既能说明总体的一般水平，又能说明总体内部差异的程度。如甲单位月平均工资 1 600 元，标准差为 60 元，标准差系数为(60÷1 600)＝3.75％，乙单位月平均工资 800 元，标准差为 40 元，标准差系数为(40÷800)＝5％，说明甲单位工资水平高于乙单位，差异程度低于乙单位，平均工资的代表性高于乙单位。

(3) 用组平均数补充总平均数，正确认识总体结构对平均水平的影响。

(4) 结合典型事例进行分析。

四、动态分析法

动态分析法是以客观现象所显现出来的数量特征为标准，判断被研究现象是否符合正常发展趋势的要求，探求其偏离正常发展趋势的原因并对未来的发展趋势进行预测的一种统计分析方法。

动态分析法主要包括两个方面：

(1) 编制时间数列，观察客观现象发展变化的过程、趋势及其规律，计算相应的动态指标用以描述现象发展变化的特征。

(2) 编制较长时期的时间数列，在对现象变动规律性进行判断的基础上，测定其长期趋势、季节变动的规律，并据此进行统计预测，为决策提供依据。

观察编制好的时间数列，可以看出现象变化的大致过程和趋势，但要给予定量分析，必须计算各种动态分析指标：一类是动态比较指标，主要有增长量、发展速度、增长速度；一类是动态平均指标，主要有平均发展水平、平均发展速度、平均增长速度。

时间数列的形成是各种不同影响事物发展变化的因素共同作用的结果，为了便于分析事物发展变化的规律，通常将时间数列形成因素归纳为以下四类：长期趋势、季节变动、循环波动、不规则变动。

五、平衡分析法

所谓平衡就是各个相互联系的因素之间，在数量上保持一定的合理的对应关系。平衡分析法是分析事物之间相互关系的一种方法。它分析事物之间发展是否平衡，揭示事物间出现的不平衡状态、性质和原因，指引人们去研究积极平衡方法，促进事物的发展。

统计平衡分析的主要方法有编制平衡表和建立平衡关系式。

平衡表与一般统计表的区别在于：指标体系必须包括收入与支出、来源与使用两个对应平衡的指标。平衡表的主要形式有三种，即收付式平衡表、并列式平衡表和棋盘式平衡表，前两种形式如资产负债表、能源平衡表，后一种形式如投入产出表。

平衡关系式是用等式表示各相关指标间平衡关系的式子。如，期初库存＋本期入库＝本期出库＋期末库存，资产＝负债＋所有者权益，增加值＝总产出－中间投入。

统计中的平衡分析基本要求和特点如下：

(1) 通过有联系指标数值的对等关系来表现经济现象之间的联系。

(2) 通过有联系指标数值的比例关系来表现经济现象之间的联系。

(3) 通过任务的完成与时间进度之间的正比关系来表现经济现象的发展速度。

(4) 通过各有关指标的联系表现出全局平衡与局部平衡之间的联系。

六、相关分析法

相关分析法是测定经济现象之间相关关系的规律性，并据以进行预测和控制的分析方法。实践中进行相关分析主要依次解决以下问题：

(1) 确定现象之间有无相关关系以及相关关系的类型。对不熟悉的现象，则需收集变量之间大量的对应资料，用绘制相关图的方法做初步判断。从变量之间相互关系的方向看，变量之间有时存在着同增同减的同方向变动，是正相关关系；有时变量之间存在着一增一减的反方向变动，是负相关关系。从变量之间相关的表现形式看有直线相关和曲线相关；从相关关系涉及的变量的个数看，有一元相关或简单相关关系和多元相关或复相关关系。

(2) 判定现象之间相关关系的密切程度，通常是计算相关系数 R，必要时应对 R 进行显著性检验，相关系数绝对值在 0.8 以上表明高度相关。

(3) 拟合回归方程，如果现象间相关关系密切，就根据其关系的类型，建立数学模型，用相应的数学表达式——回归方程来反映这种数量关系，这就是回归分析。

(4) 判断回归分析的可靠性，要用数理统计的方法对回归方程进行检验。只有通过检验的回归方程才能用于预测和控制。

(5) 根据回归方程进行内插外推预测和控制。

七、综合评价分析法

随着统计分析活动的广泛开展，评价对象越来越复杂，简单评价方法的局限性也越来越明显。经常会出现从这几个指标看甲单位优于乙单位，从那几个指标看，乙单位优于丙单位，从其他指标看，丙单位又优于甲单位的情况，使分析者难以评价谁优谁劣，因此通过对实践活动的总结，逐步形成了一系列运用多个指标对多个参评单位进行评价的方法，称为多变量综合评价方法，或简称综合评价方法。其基本思想是将多个指标转化为一个能够反映综合情况的指标来进行评价。如不同国家经济实力，不同地区社会发展水平，企业经济效益评价等，都可以应用这种方法。

综合评价法的特点表现为：评价过程不是按逐个指标顺次完成的，而是通过一些特殊方法将多个指标的评价同时完成。在综合评价过程中，一般要根据指标的重要性进行加权处理，评价结果不再是具有具体含义的统计指标，而是以指数或分值表示参评单位"综合状况"的排序。

综合评价方法的步骤如下：

(1) 确定综合评价指标体系，这是综合评价的基础和依据。

(2) 收集数据，并对不同计量单位的指标数据进行同度量处理。

(3) 确定指标体系中各指标的权数，以保证评价的科学性。

(4) 对经过处理后的指标进行汇总，计算出综合评价指数或综合评价分值。

(5) 根据评价指数或分值对参评单位进行排序，并由此得出结论。

综合评价分析指标值的计算方法很多，主要有打分综合法、打分排队法、综合指数法、功效系数法等。

八、因素分析法

因素分析法是用来测定受多种因素影响的某种经济现象总变动中各个因素的影响方向和影响程度的一种统计分析方法。常用的因素分析方法主要有以下几种。

1. 相关联因素的剖析

其特点不是借助于数学模型，而是根据相关因素的性质，表明其数量变化对所研究对象变动的影响关系与制约关系。它从本质上讲属于经验方法。

 案例示范

2018 年 1—9 月份工业企业利润数据解读

国家统计局 10 月 27 日发布的工业企业财务数据显示，2018 年前 3 季度，全国规模以上工业企业利润总额增长 14.7%，增速比 1—8 月份减缓 1.5 个百分点，其中，9 月份利润增长 4.1%。

(1) 前 3 季度工业利润总体保持较快增长

一季度，规模以上工业企业利润增长 11.6%，上半年增长 17.2%，前 3 季度增长 14.7%，总体保持较快增长。前 3 季度，工业企业主营业务收入利润率为 6.44%，同比提高 0.29 个百分点。

(2) 新增利润主要来源于钢铁、建材、石油、化工行业

前3季度,钢铁行业利润增长71.1%,建材行业增长44.9%,石油开采行业增长4倍,石油加工行业增长30.8%,化工行业增长24.5%。5个行业合计对规模以上工业企业利润增长的贡献率为72.4%。

(3) 企业成本降低

前3季度,规模以上工业企业每百元主营业务收入中的成本和费用合计为92.6元,同比下降0.31元;其中,每百元主营业务收入中的成本为84.31元,同比下降0.29元。

(4) 资产负债率下降

9月末,规模以上工业企业资产负债率为56.7%,同比降低0.4个百分点。其中,国有控股企业资产负债率为59%,同比降低1.6个百分点。

从9月份当月情况看,主要受工业产销增速放缓、价格涨幅回落、上年利润基数偏高等因素影响,工业利润增速比8月份减缓。

2. 指数体系及其因素分析

在经济上有联系、在数字上存在等式关系的三个或三个以上的指数,称为指数体系。利用指数体系测定各影响因素对某种经济现象总体变动的方向和程度所产生的影响就是因素分析。主要有以下几种类型:对总量指标变动进行二因素分析、对总量指标变动进行多因素分析、平均指标的因素分析、指数因素分析法的扩展运用。

3. 相加因素的分析方法

在社会经济现象中,有一些现象的变动是由总体内各个组成部分(或称构成因素)变动影响的结果。如工业总产值的变动是由轻工业与重工业共同变动影响的结果。由此可见,相加因素是指现象变动是各个组成因素变动的总和,常采用比重法和差额法测定总体各个组成部分的变动。

九、景气分析法

景气是对经济发展状况的一种综合性描述,用以说明经济活跃的程度。所谓经济景气,是指总体经济呈上升发展趋势,呈现市场繁荣、经济总量增长速度加快的景气状态。经济不景气是指总体经济呈下滑的发展趋势,绝大部分经济活动处于收缩或半收缩状态,出现市场疲软、经济增长速度停止或迟缓、许多企业破产或倒闭、失业人数增加等现象。

景气分析法是统计分析中的一项重要内容,其研究对象是市场经济条件下宏观经济的波动,及经济运行过程中交替出现的扩张和收缩、繁荣与萧条、高涨与衰退现象。这种分析可以帮助宏观决策部门把握国民经济运行态势;帮助生产经营部门判断宏观经济走势;还可以帮助社会公众监测宏观和微观经济运行状况。

景气分析的方法主要采用时间序列分析方法、调查分析法、经济计量学方法和直接度

量法等分析方法，还采用灵活多样的景气调查方法作为总量分析方法的补充。

第三节 统计分析报告

统计分析报告就是根据统计学的基本原理和方法，运用大量统计数据来研究和反映社会经济活动的状况、成因、规律和结论的一种"报告"。首先，从写作角度看，"报告"是一种文体，它是对某种特定的客观现象，经过某种形式研究后得出的结论性认识的文字表达；其次，统计分析报告是一种"分析"报告，这种文体，将把对某种特定的客观现象的分析过程和结论表达出来；最后，统计分析报告是"统计"分析报告，"统计"一词实际上反映了统计分析报告的质的规定性。

一、统计分析报告的特点

1. 运用一整套统计特有的科学分析方法

运用的方法如对比分析法、动态分析法、因素分析法、统计推断等，同时结合统计指标体系，全面、深刻地研究和分析社会经济现象的发展变化。

2. 运用数字语言

运用数字语言(包括运用统计表和统计图)来描述和分析社会经济现象的发展情况，让统计数字来说话，通过确凿、翔实的数字和简练、生动的文字进行说明和分析。

3. 注重定量分析

利用统计部门的优势，从数量方面来表现事物的规模、水平、构成、速度、质量、效益等情况，并把定量分析与定性分析结合起来。

4. 具有很强的针对性

针对各级党政领导和社会各界普遍关心的难点、热点、焦点问题进行分析，只有这样才能有的放矢，针对性强。

5. 注重准确性和时效性

准确性是统计分析报告乃至整个统计工作的生命。统计分析报告的准确性除了数字准确，不能有丝毫差错，情况真实，不能有虚拟之外，还要求：论述有理，不能违反逻辑；观点正确，不能出现谬误；建议可行，不能脱离实际。

统计分析报告具有很强的时效性。失去了时效性，也就失去了实用性，统计分析报告写得再好，也成了无效劳动。要保证统计分析报告的时效性，统计人员要有"一叶知秋""见微知著"的敏感，要有争分夺秒的时间观念。争取"雪中送炭"，避免"雨后送伞"，把统计分析报告提供在领导决策之前和社会各界需要之时。

6. 具有很强的实用性

统计分析报告是统计工作的最终结果，它不但包含了统计数据反映的信息，更为重要的是，通过它还能进行分析研究，能进行预测，能指出工作中的不足和问题，能提出有益于今后工作的措施和建议，从而直接满足党政领导和社会各界在了解形势、制定政策、编制计划、经营管理、检察监督、总结评论、科研教学等方面的实际需要。

知识链接

统计年鉴中居民消费支出与居民现金消费支出的区别在哪里？

统计年鉴中居民消费支出是指居民用于满足家庭日常生活消费需要的全部支出，既包括现金消费支出，也包括实物消费支出。

居民现金消费支出可划分为食品烟酒、衣着、居住、生活用品及服务、交通和通信、教育文化和娱乐、医疗保健、其他用品及服务共八大类。

实物消费支出主要指居民从单位或雇主、政府和其他社会组织获得的实物产品和服务，如单位免费或低价提供的工作餐，政府免费或低价给低保户提供的住宿，过年过节慰问居民时发放的米面等。实物消费支出还包括居民自产自用的产品和服务，如居民在房前屋后种植的蔬菜、自己养殖的鸡鸭等。

二、统计分析报告的作用

1. 统计分析报告是衡量统计工作水平的综合标准

一般来说，高质量的统计分析报告，来自高质量的统计设计、统计调查、统计整理、统计分析和统计分析写作。但是，如果仅有较好的水平，统计设计、统计调查、统计整理、统计分析都是低质量的，也不可能产生高质量的统计分析报告，因此，统计分析报告写不好，当然是统计工作水平不高的表现。

2. 统计分析报告是传播统计信息的有效工具

现代社会是信息的时代，信息已成为重要资源。统计信息又是社会信息的主体，而且是最全面、最稳定、较准确的信息。统计信息要通过载体传播，而统计分析报告是主要载体之一，适合于在报纸杂志上发表，传播条件比较简便，具有较大的信息覆盖面，是传播统计信息的有效工具。

3. 统计分析报告是决策的重要依据

现代社会经济管理必须科学决策，而科学的决策又必须依据准确、真实的统计数据。统计分析报告把原始资料信息加工成决策信息，它比一般的统计资料更能深入地反映客观实际，更便于党政领导和社会各界接受利用，因而，统计分析报告是党政领导决策的重要依据。

4. 统计分析报告是统计服务与统计监督的主要手段

统计分析报告把数据、情况、问题、建议等融为一体，既有定量分析，又有定性分析，比一般的统计数据能更集中、更系统、更鲜明、更生动地反映客观实际，又便于人们阅读、理解和利用，是表现统计成果的好形式与传播统计信息的有效工具，自然也就成了统计服务与统计监督的主要手段。

三、统计分析报告的分类

统计分析报告的应用是很广泛的，由于它主要是报告社会经济情况的一种文体，因而属于应用文范畴。统计分析报告可以从不同角度来划分成很多种类。

1. 按统计领域划分

可分为工业、农业、商业、科技、教育、文化、卫生、体育、人口、财政、金融、政法、人民生活、国民经济综合、核算等统计分析报告。

2. 按写作对象的层次划分

可分为微观、中观和宏观统计分析报告。对于微观、中观、宏观的划分，目前尚无统一的标准。一般来讲，基层企事业单位、村、家庭及个人，属于社会经济的“细胞”，可视为“微观”；乡镇、县一级可视为“中观”；而地（市）及地（市）以上的地区和部门，由于地域较广，社会经济门类比较复杂，需要较多地注意平衡关系，可视为“宏观”。

3. 按内容范围分

可分为综合与专题统计分析报告。综合统计分析报告，是研究和反映一个地区、部门或单位的全面情况的分析报告，这种分析报告，一般是定期的。所谓综合，既包括各方面的意思，也包含着综合方法的意思。

专题统计分析报告，是研究和反映某一方面或某个专门问题的分析报告。专题统计分析报告有定期的，也有不定期的，以不定期的较多。

知识链接

什么是“四上”企业

“四上”企业是现阶段我国统计工作实践中对达到一定规模、资质或限额的法人单位的一种通俗称谓。包括规模以上工业、有资质的建筑业和全部房地产开发经营业、限额以上批发零售业和住宿餐饮业、规模以上服务业法人单位。确定以上法人单位的标准具体如下。

(1) 规模以上工业：年主营业务收入 2 000 万元及以上的工业法人单位。

(2) 有资质的建筑业：有总承包、专业承包和劳务分包资质的建筑业法人单位。

(3) 限额以上批发和零售业：年主营业务收入 2 000 万元及以上的批发业、年主营业务收入 500 万元及以上的零售业法人单位。

(4) 限额以上住宿和餐饮业：年主营业务收入 200 万元及以上的住宿和餐饮业法人单位。

(5) 房地产开发经营业：全部房地产开发经营业法人单位。

(6) 规模以上服务业：年营业收入 1 000 万元及以上，或年末从业人员 50 人及以上服务业法人单位，包括交通运输、仓储和邮政业，信息传输、软件和信息技术服务业，租赁和商务服务业，科学研究和技术服务业，水利、环境和公共设施管理业，教育，卫生和社会工作；以及物业管理、房地产中介服务、房地产租赁经营和其他房地产业等行业；年营业收入 500 万元及以上，或年末从业人员 50 人及以上服务业法人单位，包括居民服务、修理和其他服务业，文化、体育和娱乐业。

4. 按照时间长度分

可分为定期与不定期的统计分析报告。

定期统计分析报告，一般是利用当年的定期统计表制度的统计资料来定期研究和反映社会经济情况。根据期限不同，定期统计分析报告又可分为日、周、旬、半月、月度、季度、上半年、年度等统计分析报告。

不定期的统计分析报告，主要是用于研究和反映不需要经常性定期调查的社会经济情况。

5. 按写作类型分

可分为说明型、快报型、计划型、总结型、公报型、调查型、分析型、研究型、预测型、资料型、信息型、微型、综合型、文学型、系列型等 15 种类型的统计分析报告。

四、统计分析报告的结构

统计分析报告大致包括标题、导语、主体、结尾四部分。

（一）标题

恰当地选定标题，是进行统计分析的重要一步。常见的标题拟定形式如下：

1. 论点题

这种问题能揭示主题，摆明观点，如《我省在全国经济发展中的战略地位和作用》《调整产业结构是农村富裕的必由之路》等。

2. 设问题

这种题目能引起读者疑问、思考，刺激读者的阅读欲望，如《住房为什么紧张？》等。

3. 比喻、对比、加重语气题

这种题目能通过对比引人注意，如《“骨之不强”，肉将焉附？——谈投资结构问题》，显得新颖别致，醒目强烈。

（二）导语

导语是统计分析报告内容的引语，是整个分析报告的开头。它是关系到分析报告成效的一个重要因素，因此，对导语的基本要求，一是要能够吸引读者，使读者有读下去的兴趣；二是要为全文的展开厘清脉络，牵出头绪，确定格局；三是要短、精、新。统计分析报告中常用的导语形式如下。

1. 开门见山，揭示主题

其特点是简明扼要，直叙入题，这种导语是统计分析报告最常用的形式之一。如："根据全国人大财经委的通知要求，现对当前全国经济运行的主要特点、存在问题及发展趋势作一简要分析，供参考。"

2. 纵览全文的观点

如："4月份，江苏省货币信贷运行特征变动明显，各项贷款平稳增长，储蓄存款大幅下降，企业存款定期化增强；各项贷款增势明显回落……流动性水平略降。"

3. 交代写作的目的或动机

这也是目前常用的开头方式之一。这种开头的主要特点是：起因线索完整，时间、地点俱在，分析动机清楚，命题明显自然。如："充分研究这一时期我市工业性投资的发展状况及存在的问题，将对我市在实现GDP千亿元规划目标的过程中，如何合理确定工业性投资的规模、结构以及与其他投资的比例关系提供有益的借鉴。为此，我们对'十三五'以来我市工业性固定资产投资情况进行了如下分析。"

4. 突出矛盾，造成悬念

这是旨在分析问题或阐述观点之前，提出一个问题，以引起读者的注意和思考。如"……然而，从目前的情况来看，达到全国平均水平的任务较为艰巨。那么，究竟需要多长时间才能实现这一目标，两个五年计划？还是更长一些时间？对此，我们在全面分析某某省与全国人均GDP差距的基础上，就达到全国平均水平所需的时间和速度进行了初步测算，并对某省经济实现赶超的发展思路进行梳理，以期为省领导和有关经济管理部门指导经济工作提供参考。"

5. 设靶论战

即有意识地设置"对立面"，把不同观点列举出来，然后加以评论。如："这几年来，国民经济增长速度不断趋缓，引起国内外社会各界对我国未来经济发展趋势的极大关注。我国经济究竟是由快速进入低速发展呢？还是继续保持快速发展？双方各持己见，分歧很大。对此，本文就这一问题作一初步分析。"

此外，统计分析报告也可不写导语，直接进入主体部分。

（三）主体

主体结构的形式具体体现在层次段落上，层次即指内容的先后次序，常见的有如下几类：

1. 叙时连贯式

即按事物发展经过和时间顺序安排层次，各层意思之间是连贯关系。

2. 叙事递进式

即指文章各部分内容，按事理的发展顺序排列。它可以是先因后果，或先果后因的因果叙事式；也可以是按事理发展的连续性，每一阶段一个层次；也可以是按事理意义上层层深入的递进关系的递进式。

3. 总分式

即先总起来说，然后分开说；或者先分开说，后总起来说；或者前后都有总说，中间分开说。因分述内容的不同，可以是平行总分式、对比总分式、递进总分式和序时总分式。

4. 平列式

即各部分内容相对独立，各层意思之间是平行并列关系。这种结构形式可以是同事平列式，也可以是异事平列式。

5. 简要式

一般是篇幅短小、层次简单的分析报告，多用于快报、信息、简讯。

小贴士

修改统计分析报告的要点

修改统计分析报告要注意以下要点。

(1) 修改需要冷处理。写作统计分析报告时要争取“一气呵成”，以求文意贯通，语气畅达。但在修改的时候，却不能“趁热打铁”，而要冷处理，如果时间允许，可放一段时间，待头脑冷静后再修改，就能发现一些不妥之处。

(2) 要正确地听取意见。“当事者迷，旁观者清”，一方面听取领导同志的意见，一方面要听取其他统计人员的意见。

(3) 抓住重点修改。修改当然要推敲某些字句，但这不是重点，修改的重点主要是核实数字和情况是否准确，观点是否正确，论据是否充分，说理是否透彻，意义是否深刻。

(四) 结尾

结束语是统计分析报告的结尾，它是文章思想内容的必然归宿。一个好的文章结尾，可以帮助读者明确题旨、加深认识，引起读者的联想和思考。对结尾的要求是自然、简短、有力。统计分析报告的结尾写法没有硬性规定，主要由文章内容决定，要不落俗套，不断创新。

统计分析报告结尾常见的写法如下：

1. 总括全文，呼应开头

即报告在论证观点、结束全文之时予以归纳总结，突出中心思想，呼应主题。如：“通

过对以上经济效益指标的定量分析，说明工业品出厂价格和燃料购进价格的变动已成为影响工业经济效益的主要因素。因此，逐步理顺工业品的价格关系，已成为当前一个十分重要的问题。”

2. 强调看法和建议

以建议结束全文也是统计分析报告常见的方式；或没有结尾段，以最后一层次的若干建议来收笔；或专门有一个建议结尾段，用总结建议内容的方式收尾，如："既然在10.2%的速度下经济增长的产业协调性还有所增强，经济增长的动力仍具有可持续性，经济发展的瓶颈约束还有所减缓，经济增长的效益又明显提高，经济增长的金融环境整体平稳，那就不要轻言10.2%的速度'过热'了，更不要草率做出宏观调控政策需要紧缩的结论。”

3. 对未来进行展望

即以积极的心态提出新问题，展示发展前景，预测未来发展趋势，如："我们认为，只要趋利避害，操作得当，2008年我国国民经济仍可望继续保持'高增长、低通胀'的良好运行格局。”

本章小结

统计分析是运用各种统计综合指标和方法，将丰富的统计资料和生动的具体情况结合起来，对社会经济现象的各个方面进行分析研究，从而揭示其发展变化的规律并提出解决问题的方法。统计分析是整个统计工作的最终环节，是充分发挥统计整体职能的关键阶段，直接影响统计的工作质量。

在统计分析工作中科学地运用统计分析方法，对现象进行综合分析研究，能够全面、深入地认识问题。常用的分析方法有对比分析法、结构分析法、平均和变异分析法、动态分析法、平衡分析法、相关分析法、综合评价分析法、因素分析法和景气分析法。

统计分析报告是根据统计学的基本原理和方法，运用大量统计数据来研究和反映社会经济活动的状况、成因、规律和结论的一种文章，其结构大致包括标题、导语、主体和结尾四部分。统计分析报告的应用十分广泛。

同步测试

一、思考题

1. 统计分析的概念、特点和作用是什么？
2. 在统计实践中应该按照哪些步骤进行统计分析？
3. 统计分析报告从不同角度可以分为哪些类型？

4. 统计分析报告的写作步骤有哪些？

5. 统计分析有哪些方式方法？

6. 统计分析报告的概念、特点和作用是什么？

二、基础训练

1. 请同学们登录国家统计局网站或者本省、市统计局网站，进入统计分析栏目，阅读统计分析报告文章，并结合本章有关理论进行分析。

2. 请针对本班同学的手机使用情况进行调查，搜集有关资料并撰写一份统计分析报告。

3. 请结合本地区物流市场的运行状况进行调查，搜集资料，撰写统计分析报告。

农村改革书写辉煌历史　乡村振兴擘画宏伟蓝图

——改革开放40年经济社会发展成就系列报告

参考文献

参考书目

1. 延静. 调查技能与分析. 北京：清华大学出版社，2006
2. 李洁. 统计学. 长春：东北师范大学出版社，2008
3. 段雪妍，肖智明. 统计学原理. 上海：上海财经大学出版社，2009
4. 卜小玲，李洁. 统计学原理与实务. 北京：清华大学出版社，2010
5. 林侠，郑小丽. 统计学原理与实务. 北京：北京师范大学出版社，2011
6. 惠亚爱. 基础统计实务. 北京：人民邮电出版社，2014
7. 陈平. 统计实务. 北京：中国人民大学出版社，2014
8. 王海文. 统计学原理与实务（第 2 版）. 北京：清华大学出版社，2015
9. 何晓群，刘文卿. 应用回归分析. 北京：中国人民大学出版社，2015
10. 杨灿. 国民经济统计学（第 2 版）. 北京：科学出版社，2015
11. 徐晓岭，王磊. 统计学. 北京：人民邮电出版社，2015
12. 卢淑华. 社会统计学（第 4 版）. 北京：北京大学出版社，2015
13. 孙静娟. 统计学. 北京：清华大学出版社，2015
14. 王志电. 统计实务教程. 北京：中国统计出版社，2016
15. 刘桂荣. 统计学原理. 上海：华东理工大学出版社，2016
16. 王友丽. 物流统计实务. 上海：复旦大学出版社，2016
17. 孔锐，高孝伟. 统计学：原理及应用. 北京：清华大学出版社，2016
18. 田海霞，景刚. 统计学原理与 Excel 应用. 北京：机械工业出版社，2016
19. 瞿孙平. 统计学原理与实务. 北京：机械工业出版社，2017
20. 宫春子，刘卫东. 统计学原理（第 2 版）. 北京：机械工业出版社，2017
21. 宁自军，吴德彪. 统计学（第 3 版）习题集. 北京：科学出版社，2017
22. 贾俊平，金勇进. 统计学（第 7 版）. 北京：中国人民大学出版社，2018
23. 李文新. 统计学原理（第 4 版）. 上海：上海财经大学出版社，2018
24. 郭海玲. 统计实务. 广州：暨南大学出版社，2018
25. 刘强. 大数据时代的统计学思维. 北京：中国水利水电出版社，2018
26. 吴明隆. 问卷统计分析实务：SPSS 操作与应用. 重庆：重庆大学出版社，2018
27. 中国统计年鉴 2018. 北京：中国统计出版社，2018

参考网站

1. 中华人民共和国国家统计局网站 http://www.stats.gov.cn/
2. 中华人民共和国商务部 http://www.mofcom.gov.cn/

3. 中国物流与采购联合会 http://www.chinawuliu.com.cn/
4. 中华人民共和国海关总署 http://www.customs.gov.cn/publish/portal0/
5. 统计行业知识服务平台 http://tongjiku.cnki.net/
6. 北京统计信息网 http://www.bjstats.gov.cn/
7. 中国统计信息网 http://www.tjcn.org/
8. 吉林省统计信息网 http://tjj.jl.gov.cn/
9. 大数据世界 http://www.thebigdata.cn/
10. 辽宁省统计信息网 http://www.ln.stats.gov.cn/

教学支持说明

▶▶课件申请

尊敬的老师：

您好！感谢您选用清华大学出版社的教材！为更好地服务教学，我们为采用本书作为教材的老师提供教学辅助资源。该部分资源仅提供给授课教师使用，请您直接用手机扫描下方二维码完成认证及申请。

任课教师扫描二维码
可获取教学辅助资源

▶▶样书申请

为方便教师选用教材，我们为您提供免费赠送样书服务。授课教师扫描下方二维码即可获取清华大学出版社教材电子书目。在线填写个人信息，经审核认证后即可获取所选教材。我们会第一时间为您寄送样书。

任课教师扫描二维码
可获取教材电子书目

清华大学出版社

E-mail: tupfuwu@163.com
电话：8610-83470332 / 83470142
地址：北京市海淀区双清路学研大厦B座509室
网址：http://www.tup.com.cn/
传真：8610-83470107
邮编：100084